MARINA NEMAT

Marina Nemat vit au Canada. Son livre, *Prisonnière à Téhéran*, a déjà rencontré un énorme succès dans de nombreux pays européens, en Israël et aux États-Unis.

PRISONNIÈRE À TÉHÉRAN

MARINA NEMAT

PRISONNIÈRE
À TÉHÉRAN

*Traduit de l'anglais (Canada)
par Catherine Charmant*

Jean-Claude Gawsewitch Éditeur

Titre original : *Prisoner of Tehran*
Penguin Canada

Le papier de cet ouvrage est composé de fibres naturelles, renouvelables, recyclables et fabriquées à partir de bois provenant de forêts plantées et cultivées durablement pour la fabrication du papier.

Le Code de la propriété intellectuelle n'autorisant, aux termes de l'article L. 122-5, 2ᵉ et 3ᵉ alinéas, d'une part, que les « copies ou reproductions strictement réservées à l'usage privé du copiste et non destinées à une utilisation collective » et, d'autre part, que les analyses et les courtes citations dans un but d'exemple et d'illustration, « toute représentation ou reproduction intégrale ou partielle faite sans le consentement de l'auteur ou de ses ayants droit ou ayants cause est illicite » (art. L. 122-4).
Cette représentation ou reproduction, par quelque procédé que ce soit, constituerait donc une contrefaçon, sanctionnée par les articles L. 335-2 et suivants du Code de la propriété intellectuelle.

Copyright © 2007 by Marina Nemat
Tous droits réservés
© Jean-Claude Gawsewitch Éditeur, 2008

ISBN 978-2-266-18570-7

Bien qu'il s'agisse d'un récit et non d'une fiction, j'ai modifié les noms des protagonistes afin de protéger l'identité de mes compagnes de cellule, et j'ai mélangé leur histoire avec celle d'autres détenues. J'ai pu ainsi m'exprimer en toute sécurité sur la vie et la mort derrière les murs d'Evin et demeurer fidèle à ce que nous avons traversé. Je n'ai exposé personne au danger ni violé l'intimité de quiconque, mais je suis certaine que mes compagnes de cellule n'auront aucun mal à se reconnaître.

J'ai dû faire confiance à ma mémoire en écrivant ce livre. Or, comme toute mémoire, la mienne est sujette aux oublis et me joue des tours. Je me souviens de certains faits comme s'ils s'étaient produits la semaine dernière, alors que d'autres sont fragmentés et flous. Il faut dire que tout cela remonte à plus de vingt ans !

Au quotidien, le dialogue est notre principal moyen de communication, et je crois que l'on ne peut pas ranimer les souvenirs sans lui. Dans ce livre, j'ai rétabli les dialogues au mieux de mes possibilités, collant à la vérité autant qu'il est humainement possible de le faire.

À André, Michael et Thomas,
à toutes les prisonnières politiques d'Iran,
en particulier Sh. F. M., M. D., A. Sh et K. M.,
ainsi qu'à Zahra Kazemi

Si je prie, la seule prière
Qui remue mes lèvres pour moi,
C'est : « Laisse le cœur que je porte
Et me donne la liberté. »
Comme s'enfuient mes jours rapides,
Oui, c'est là tout ce que j'implore :
Vive ou morte, une âme sans chaînes,
Et le courage d'endurer [1].

Emily Brontë

---

1. Emily Jane Brontë, « Je fais peu de cas des richesses », in *Poèmes*, Paris, Gallimard, coll. « NRF Poésie », 1963.

Chapitre 1

Selon un vieux proverbe persan, « le ciel est de la même couleur où que nous allions ». Le ciel canadien était cependant différent de l'azur iranien, d'un bleu plus profond, et paraissait sans fin, comme défiant l'horizon.

Nous avons atterri à l'aéroport international Pearson à Toronto le 28 août 1991 par une belle journée ensoleillée. Mon frère nous y attendait. Avec mon mari et notre fils de deux ans et demi, nous habiterions chez lui le temps de trouver un appartement. Je n'avais pas revu mon frère depuis douze ans (j'en avais quatorze quand il était parti pour le Canada), mais je l'ai immédiatement repéré. La chevelure grisonnante et clairsemée, il mesurait dans les un mètre quatre-vingt-quinze et dépassait les têtes enthousiastes de la foule venue accueillir les passagers.

Alors que nous quittions Pearson en voiture, je regardai le paysage par la vitre, émerveillée par son immensité. Le passé était le passé et je savais que, dans l'intérêt de tous, il fallait l'oublier. Nous avions une vie nouvelle à construire dans ce pays étranger qui nous ouvrait ses portes. Nous n'avions pas d'autre endroit où aller. Je devais mettre toute mon énergie au service de ma survie. Il le fallait. Pour mon mari. Et pour mon fils.

Une nouvelle existence commença. Mon mari trouva un bon emploi, je donnai naissance à un second fils et je passai mon permis de conduire. En juillet 2000, soit neuf ans après notre arrivée, nous avons pu enfin acheter une maison de quatre pièces dans la banlieue de Toronto. Nous sommes devenus canadiens, bourgeois et fiers de l'être, avec un jardin à cultiver, des garçons à accompagner à la piscine, au foot, au cours de piano, et des amis à convier à nos barbecues.

C'est à cette époque que je suis devenue insomniaque. Cela a commencé par des images qui m'assaillaient dès que je fermais les yeux. Je tentai de les refouler, mais elles finirent par envahir mon esprit jour et nuit. Le passé me rattrapait et je ne parvenais pas à m'en défaire. Si je ne l'affrontais pas, il aurait raison de ma santé mentale. Puisque je ne pouvais pas oublier, la solution était peut-être de me souvenir. Me rappelant mon emprisonnement à Evin (prison de Téhéran tristement célèbre pour ses prisonniers politiques), je me mis à écrire sur la torture, la douleur, la mort et toutes les humiliations dont je n'avais jamais pu parler. Mes souvenirs se transformèrent en mots, se libérant ainsi de leur silence forcé. Je croyais me sentir mieux une fois les mots couchés sur le papier, mais cela ne suffisait pas. Il était impensable de garder mon histoire au fond d'un tiroir, j'avais le devoir de témoigner.

Mon premier lecteur fut mon mari, qui ignorait pratiquement tous les détails de mon emprisonnement.

Les pages que je lui confiai restèrent sur sa table de chevet pendant trois jours. Il les gardait sans y toucher. J'étais angoissée. Quand les lirait-il ? Allait-il comprendre ? Me pardonnerait-il d'avoir gardé cela secret ? Nous étions mariés depuis dix-sept ans.

– Pourquoi ne m'as-tu rien dit avant ? demanda-t-il, sa lecture terminée.

– J'ai essayé, mais je n'y arrivais pas... Me pardonneras-tu ?

– Te pardonner quoi ? Et toi, me pardonneras-tu ?

– Quoi ?

– De n'avoir pas posé de questions.

Mes doutes s'envolèrent un soir de l'été 2005, lors d'un dîner où je fis la connaissance d'un couple d'Iraniens. Le courant passait bien entre nous, nous discutions de notre travail, du marché immobilier, des études de nos enfants. L'air s'étant rafraîchi, la maîtresse de maison nous proposa de prendre le dessert à l'intérieur. Elle servit le café et me questionna sur l'avancement de mon livre. Parisa, l'Iranienne, voulut alors savoir quel en était le sujet.

– J'ai été arrêtée à seize ans et j'ai passé deux années à Evin comme prisonnière politique. J'écris mon histoire.

Elle blêmit.

– Vous allez bien ? lui demandai-je.

Elle marqua une pause avant de répondre qu'elle-même avait passé plusieurs mois à Evin.

Tout le monde s'interrompit pour nous dévisager.

Nous découvrîmes que nous avions été emprisonnées à la même époque dans deux ailes différentes de l'établissement pénitencier. Je citai les noms de quelques-unes de mes codétenues qui ne lui évoquaient rien, et elle fit de même avec les noms de ses compagnes de cellule, mais je n'en avais rencontré aucune. Pourtant, nous partagions des souvenirs communs, connus de la plupart des prisonniers d'Evin. C'était la première fois qu'elle parlait de son emprisonnement.

— On n'évoque jamais ces choses-là, dit-elle.

C'est précisément ce silence qui me retenait captive depuis plus de vingt ans.

À ma libération, ma famille s'était comportée comme si tout allait bien. Aucun membre de mon entourage n'avait fait allusion à Evin. Personne ne m'avait questionnée. De mon côté, je mourais d'envie de leur raconter mon existence de prisonnière, mais j'ignorais par où commencer. J'attendais qu'ils me posent des questions, quelque chose qui puisse m'inciter à parler, mais la vie reprit son cours comme si rien d'exceptionnel ne s'était produit. J'imagine que ma famille souhaitait que je redevienne la jeune fille innocente que j'étais avant la prison. Terrifiés par les horreurs et les souffrances que j'avais endurées, ils préféraient les ignorer.

J'encourageai Parisa à me téléphoner et elle le fit quelquefois. Sa voix tremblait invariablement à l'évocation de nos compagnes de cellule et des amitiés qui nous avaient permis de survivre.

Quelques semaines plus tard, elle m'annonça qu'elle ne désirait plus en parler, elle ne voulait pas se souvenir.

— Je ne peux pas, c'est trop dur, trop douloureux, dit-elle, la voix entrecoupée de sanglots.

Je compris, je n'essayai pas de la persuader. Elle avait fait son choix. Et moi le mien.

Chapitre 2

J'ai été arrêtée le 15 janvier 1982, vers 21 heures. J'avais seize ans.

Le matin même, je m'étais réveillée avant l'aube sans pouvoir me rendormir. Ma chambre me parut plus sombre et plus froide que d'habitude. Je restai sous mon duvet en laine de chameau à attendre le soleil, mais l'obscurité semblait tenace. Les jours de grand froid comme celui-là, j'aurais aimé que notre appartement soit mieux chauffé. Deux radiateurs à pétrole, c'était peu, mais mes parents me rappelaient sans cesse que j'étais la seule à trouver la maison trop fraîche en hiver.

Leur chambre à coucher était attenante à la mienne, et la cuisine se trouvait en face, séparée par l'étroit couloir qui reliait nos trois pièces. J'écoutais mon père se préparer. Malgré ses efforts pour ne pas faire de bruit, des sons feutrés me permettaient de suivre ses déplacements dans la salle de bains puis dans la cuisine. La bouilloire siffla. Le réfrigérateur s'ouvrit et se referma. Il devait probablement manger une tartine de pain beurrée avec de la confiture.

Une pâle lueur finit par s'infiltrer dans ma chambre. Mon père était déjà parti travailler et ma mère dormait encore. Elle ne se levait jamais avant neuf heures. Je me tournais et me retournais dans mon lit. J'attendais. Où était le soleil ? Je m'efforçais de planifier ma journée, faisais des projets, en vain. J'avais l'impression d'être hors du temps. Je sortis de mon lit. Le linoléum était encore plus froid que l'air, et la cuisine plus sombre que ma chambre. J'avais la sensation que jamais je ne me réchaufferais. Peut-être que le soleil ne se lèverait pas. Après avoir bu une tasse de thé, la seule idée qui me vint à l'esprit fut d'aller à l'église. J'enfilai le long manteau de laine brun confectionné par ma mère, couvris mes cheveux d'un grand châle beige et descendis les vingt-quatre marches de pierres grises jusqu'à l'entrée de l'immeuble. Je débouchai sur la rue commerçante du cen_e-ville. Les magasins étaient encore fermés, la circulation fluide. Je marchais en regardant le sol. Il n'y avait rien à voir. Les murs étaient couverts de portraits de l'ayatollah Khomeiny et de slogans haineux tels que : « Mort à l'Amérique », « Mort à Israël », « Mort aux communistes et à tous les ennemis de l'islam », « Mort aux contre-révolutionnaires ».

En cinq minutes, j'atteignis l'église. Alors que je posais la main sur la lourde porte de bois, je sentis les premiers flocons. Téhéran livrait toujours, sous la fluidité de ses courbes enneigées, son innocente beauté, et, bien que la beauté fût condamnée par le régime islamique, rien ne pouvait arrêter la neige de tomber. Le gouvernement avait imposé le port du voile et promulgué des décrets contre la musique, le maquillage, les peintures représentant des femmes non voilées et contre les livres occidentaux déclarés sataniques, donc illégaux. Je pénétrai dans l'église et m'assis dans un coin. Je fixai l'image de Jésus sur la Croix. L'église était vide. J'essayai de prier, mais les mots se bousculaient dans ma tête, dénués de sens. Au bout d'une demi-heure, je rejoignis le bureau de la paroisse pour saluer les prêtres. Je tombai nez à nez avec André, le séduisant organiste. Nous nous étions rencontrés quelques mois auparavant, et je le retrouvais fréquemment à l'église. Tout le monde savait que nous nous aimions, mais nous étions trop timides pour nous l'avouer ; sans doute parce qu'André avait sept ans de plus que moi. Je lui demandai, rougissante, la raison de sa présence si matinale. Il m'expliqua qu'il venait réparer un aspirateur.

— Voilà des jours que je ne t'ai pas vue. Où étais-tu passée ? J'ai téléphoné chez toi à plusieurs reprises et ta mère m'a répondu que tu ne te sentais pas bien. Je pensais te rendre visite aujourd'hui.

— Je n'étais pas en forme. Probablement un rhume ou quelque chose comme ça.

Il affirma qu'avec mon air pâle j'aurais dû garder le lit encore deux jours. J'acquiesçai. Il proposa de me raccompagner en voiture, mais j'avais besoin d'air et rentrai à pied. Si je n'avais pas été si déprimée et rongée d'inquiétude, j'aurais adoré passer du temps avec lui. Cependant, depuis l'arrestation de mes camarades d'école, Gita, Sarah et son frère Sirus, et leur détention à la prison d'Evin, je ne vivais plus. Sarah était ma meilleure amie depuis le cours préparatoire. Il y avait aussi plus de trois ans que je m'étais liée d'amitié avec Gita. Or celle-ci avait été arrêtée à la mi-novembre, Sarah et Sirus le 2 janvier. Je revoyais Gita, avec sa longue chevelure brune et soyeuse et son sourire de madone, assise sur un banc à proximité du terrain de basket. Je me demandais ce que Ramin, son amoureux, était devenu. À partir de l'été 1978, elle n'avait plus jamais entendu parler de lui. Ce fut le dernier été avant la révolution, avant le nouvel ordre du monde. Gita était en prison depuis maintenant deux mois et ses parents n'avaient pas obtenu de droit de visite. Je leur téléphonais une fois par semaine et, immanquablement, sa mère pleurait. Elle passait des heures sur le pas de sa porte à dévisager les passants dans l'espoir de voir revenir Gita. Les parents de Sarah, eux, étaient allés plusieurs fois à la prison, réclamant vainement la permission de rendre visite à leurs enfants.

Déjà, du temps du shah, Evin était un établissement pour prisonniers politiques. Dans chaque cœur, ce nom, synonyme de torture et de mort, suscitait la peur. Ses nombreux bâtiments étaient dispersés sur une grande zone dans le nord de Téhéran, au pied des monts Elbourz. Personne n'en parlait ; un silence mêlé de crainte élevait un mur supplémentaire autour de cette prison.

La nuit de l'arrestation de Sarah et de Sirus, je lisais, allongée sur mon lit, un recueil de poèmes de Forough Farrokhzad[1] quand ma mère ouvrit brusquement la porte et fit irruption devant moi.

– La mère de Sarah vient d'appeler...

Mon sang se glaça.

– Des gardes révolutionnaires ont arrêté Sarah et Sirus il y a une heure et les ont emmenés à Evin.

Je ne sentais plus mon corps.

---

1. Poétesse contemporaine majeure morte tragiquement en 1967 dans un accident de voiture (NdlT).

– Qu'ont-ils fait ? demanda ma mère.

Pauvres Sarah et Sirus. Ils avaient dû être terrorisés. Mais tout irait bien. Il le fallait.

– Marina, réponds-moi. Qu'ont-ils fait ?

Ma mère referma la porte derrière elle et s'y adossa.

– Rien. Enfin... Sarah... rien. Mais Sirus est membre des Moudjahidine.

Ma voix me parut faible et distante. Les Moudja-hidine-e Khalgh étaient un groupe de gauchistes musulmans qui s'opposaient au shah depuis les années 1960. Après la victoire de la révolution islamique, ses membres avaient contesté le pouvoir illimité de l'ayatollah Khomeiny en tant que chef suprême de l'Iran et déclaré que c'était un dictateur. Résultat : le gouvernement islamique décréta leur parti illégal.

– Je vois. Ils auraient pris Sarah à cause de Sirus.

– Peut-être.

– Leur pauvre mère ! Elle est anéantie.

– Et les gardes ?

– Ils ont dit aux parents de ne pas s'inquiéter, qu'ils avaient juste quelques questions à leur poser.

– Alors, ils pourraient être libres rapidement.

– D'après ce que tu dis, je suis sûre qu'ils laisseront Sarah partir, mais Sirus... Il aurait mieux fait de se méfier. Inutile de s'inquiéter.

Ma mère s'en alla. J'essayais de réfléchir, mais en vain. À bout de forces, je fermai les yeux et plongeai dans un profond sommeil dénué de rêves.

Les jours suivants, je passai le plus clair de mon temps à dormir. Tout me paraissait une montagne, même les choses les plus simples. L'arrestation de mes amis m'avait coupé l'appétit et la soif, l'envie de lire, de sortir et de parler à qui que ce soit. Chaque soir, ma mère me disait que l'on était sans nouvelles de Sarah et de Sirus. Depuis leur arrestation, je savais que mon tour viendrait. Mon nom figurait sur une liste de noms et d'adresses que ma prof de chimie, Khanoum Bahmann, avait repérée dans le bureau de la principale. Or celle-ci, Khanoum Mahmoudi, était une garde révolutionnaire. Ma prof de chimie m'avait prévenue que cette liste était destinée au tribunal révolutionnaire islamique. Il ne me restait qu'à attendre. Impossible de me cacher. Où irais-je ? Les gardes révolutionnaires étaient impitoyables. S'ils débarquaient chez vous pour vous arrêter et que vous n'étiez pas là, ils embarquaient quelqu'un d'autre. Je ne pouvais pas mettre la vie de mes parents en danger sous prétexte de sauver la mienne. Durant les mois qui venaient de s'écouler, il y avait eu des centaines d'arrestations. Pour un oui ou pour un non, on accusait les gens d'œuvrer contre le gouvernement.

À neuf heures du soir, je décidai de prendre un bain. Je venais d'ouvrir le robinet d'eau chaude quand la sonnette retentit à la porte d'entrée. Mon cœur se serra. Personne ne venait jamais à cette heure.

Une fois le robinet refermé, j'entendis mes parents à la porte d'entrée. Quelques secondes plus tard, ma mère m'appelait. Je tournai le loquet de la salle de bains et ouvris la porte. Deux gardes révolutionnaires, armés et barbus, se tenaient dans le couloir en tenue militaire kaki. L'un d'eux pointait son fusil sur moi. C'était comme un film. J'avais l'impression d'assister à une scène dont j'étais spectatrice ; ce n'était pas à moi que cela arrivait.

— Tu restes avec eux pendant que je fouille l'appartement, déclara l'un des gardes à son acolyte avant de se tourner vers moi pour que je lui indique ma chambre.

Son haleine qui empestait l'oignon me retourna l'estomac.

— Première porte à droite dans le couloir.

Ma mère tremblait, les mains plaquées contre sa bouche comme pour étouffer un cri qui ne s'arrêterait jamais. Elle était livide. Mon père me fixait du regard comme si je mourais d'une maladie soudaine et incurable et qu'il ne pouvait rien faire pour me sauver. Des larmes coulaient sur son visage. Je ne l'avais pas vu pleurer depuis la mort de ma grand-mère.

L'autre garde revint les bras chargés de tous mes romans occidentaux.

— Ils sont à toi ?

— Oui.

— On en prend quelques-uns comme preuves.

— Preuves de quoi ?

— De tes activités contre le gouvernement islamique.

— Je ne partage pas l'avis du gouvernement, mais je n'ai jamais rien fait contre le régime.

— Je ne suis pas là pour décider si tu es coupable ou pas. Je suis là pour t'arrêter. Mets un tchador.

— Je suis chrétienne, je n'ai pas de tchador.

Cela les surprit.

— Ça va, fit l'un d'eux. Mets un foulard sur la tête et en route.

— Où l'emmenez-vous ? demanda ma mère.

— À Evin.

Talonnée par l'un des gardes, je filai dans ma chambre, attrapai mon châle en cachemire beige et m'en couvris la tête. La nuit était glaciale, il me tiendrait chaud. Au moment de quitter ma chambre, je fixai du regard le rosaire posé sur mon bureau. Je le pris.

— Oh ! Attends ! C'est quoi ? questionna le garde.

— Mon chapelet de prières. Je peux l'emporter ?

— Montre-moi.

Je lui tendis le rosaire. Il l'examina, détaillant chacune de ses pierres bleu pâle et la croix en argent.

— D'accord. À Evin, tout ce que tu auras à faire, c'est prier.

Je fourrai le chapelet dans ma poche.

Les gardes m'entraînèrent vers une Mercedes noire garée devant chez nous. Ils ouvrirent la portière arrière pour que je monte. La voiture démarra. Je me retournai pour voir brièvement les fenêtres illuminées de notre maison et l'ombre de mes parents sur le pas de la porte. Il y avait de quoi être terrifiée. Je ressentais un grand vide.

— Un conseil, fit un des gardes, tu as intérêt à dire la vérité aux questions qu'on te pose ou tu le paieras cher. Tu as sûrement entendu dire qu'à Evin ils ont les moyens de faire avouer les gens. Tu peux éviter de souffrir si tu dis la vérité.

La voiture filait à toute allure vers les monts Elbourz. À cette heure, les rues étaient pratiquement désertes, seules quelques voitures circulaient. On voyait de loin les feux passer inlassablement du rouge au vert et du vert au rouge. Au bout d'une demi-heure, je distinguai sous le pâle clair de lune les murs d'Evin qui zigzaguaient sur les collines. Un des gardes parlait du futur mariage de sa sœur ; il racontait que le fiancé était un garde révolutionnaire de haut rang issu d'une famille traditionnelle nantie et s'en réjouissait. Je songeai à André. Mon estomac se contracta, une douleur sourde se propagea jusque dans mes os ; ce fut comme si quelque chose de terrible lui arrivait.

On emprunta une rue étroite où le vent s'engouffrait. Je découvris les briques rouges de la prison, sur ma droite. Des projecteurs étaient postés à intervalles réguliers sur des tours de guet, éclairant la nuit de leur lumière aveuglante. On atteignit une grande grille métallique. La voiture s'arrêta devant un groupe de gardes armés et barbus. Un enchevêtrement de fils barbelés couvrait le haut des murs, dont les ombres se projetaient sur la chaussée. Le conducteur descendit, et l'autre garde me tendit une bande de tissu épais pour me masquer les yeux.

– Attache-le correctement ou tu auras des ennuis ! aboya-t-il.

Les yeux bandés, je sentis la voiture franchir les grilles et rouler encore deux ou trois minutes avant de s'immobiliser à nouveau. On ouvrit les portières et l'on m'ordonna de sortir. Quelqu'un m'attacha les poignets à l'aide d'une corde et me tira derrière lui. Je trébuchai contre un obstacle.

– Tu es aveugle ? interrogea une voix.

Des rires fusèrent.

Bientôt, l'air se réchauffa, signe que l'on était entré dans un bâtiment. Le rai de lumière que j'entrevoyais sous mon bandeau me fit comprendre que nous marchions le long d'un couloir. Il y avait une odeur de transpiration et de vomi. On m'intima l'ordre d'attendre par terre. Je sentis d'autres personnes assises près de moi, mais je ne pouvais pas les voir. Le couloir était plongé dans le silence, mais je percevais confusément des voix en colère à travers des portes. De temps en temps, je distinguais un mot ou deux : « Menteuse ! », « Dis-moi ! », « Des noms ! »,

« Écris ! » Parfois, j'entendais hurler. Mon cœur se mit à battre si fort qu'une douleur m'oppressa. J'essayai de décompresser. Puis une voix commanda à quelqu'un de s'asseoir à côté de moi. C'était une fille et elle était en larmes.

– Pourquoi pleures-tu ? murmurai-je.

– J'ai peur. Je veux rentrer chez moi !

– Je sais, moi aussi. Ne pleure pas, ça ne sert à rien.

Puis je mentis :

– Je suis sûre qu'ils vont nous relâcher bientôt.

– Non, cria-t-elle. Je vais mourir ici. On va tous mourir ici !

– Il faut que tu sois courageuse.

Je regrettai aussitôt mes paroles. Elle avait peut-être été torturée. De quel droit lui demander d'être courageuse ?

– Voilà qui est intéressant, m'apostropha une voix masculine. Marina, viens avec moi. Lève-toi et avance de *dix pas*. Ensuite, tourne à droite.

Les pleurs de la fille s'intensifièrent. J'obéis à la voix qui m'ordonnait d'avancer. Une porte se referma derrière moi. On me dit de m'asseoir sur une chaise.

– Tu viens de faire preuve de courage. C'est une qualité rare à Evin. J'ai vu pas mal d'hommes solides s'effondrer ici. Alors, tu es arménienne ?

– Non.

– Mais tu as dit aux gardes que tu étais chrétienne.

– Je suis chrétienne.

– Dans ce cas, assyrienne ?

– Non.

– Tu dis n'importe quoi. Les chrétiens sont tous arméniens ou assyriens.

– La plupart des chrétiens d'Iran le sont, mais pas tous. Mes deux grands-mères ont émigré de Russie après la révolution de 1917.

Mes grands-mères avaient en effet épousé des Iraniens qui travaillaient en Russie avant la révolution communiste. Comme ils n'étaient pas citoyens soviétiques, ils avaient dû quitter l'Union soviétique après la révolution et mes grands-mères les avaient suivis en Iran.

– Alors, elles sont communistes.

– Si elles l'étaient, pourquoi auraient-elles quitté leur pays ? Elles sont parties parce qu'elles détestaient le communisme. Mes deux grands-mères étaient des chrétiennes convaincues.

Il précisa que, dans le Coran, il y avait un passage sur Marie, la mère de Jésus. Il me dit que les musulmans croyaient que Jésus était un grand prophète et qu'ils avaient beaucoup de respect pour Marie. Il proposa de me lire ce passage. Il parlait en arabe et j'écoutai sa voix, profonde et douce.

– Qu'en penses-tu ? m'interrogea-t-il après sa lecture.

Je voulais qu'il poursuive. Aussi longtemps qu'il lirait, je serais en sécurité, mais je savais aussi que je ne pouvais pas lui faire confiance. C'était probablement un garde révolutionnaire violent qui torturait et exécutait sans remords des innocents.

– Ça m'a beaucoup plu. J'ai étudié le Coran, je connaissais déjà ce passage.

Les mots que je venais de prononcer étaient légèrement hachés.

– Tu as étudié le Coran ? Voilà qui est encore plus intéressant ! Une chrétienne courageuse qui s'est plongée dans notre Livre ! Et tu es demeurée chrétienne même après avoir découvert notre Prophète et ses enseignements ?

– Oui.

Ma mère me disait toujours que je parlais sans réfléchir. Elle m'en faisait le reproche chaque fois que je répondais sincèrement, que je faisais de mon mieux pour être comprise.

– Intéressant ! fit le lecteur du Coran dans un éclat de rire. J'aimerais poursuivre cette conversation un jour plus propice, mais, maintenant, c'est au tour de frère Hamehd de te poser quelques questions.

Je devais l'amuser. J'étais peut-être la seule chrétienne qu'il avait rencontrée à Evin. Il s'attendait sans doute à ce que je sois douce, timide et soumise comme la plupart des musulmanes traditionnelles, mais je ne possédais aucune de ces qualités.

Je l'entendis se lever de sa chaise et quitter la pièce. Je me sentais engourdie. Au-delà de la peur, je me retrouvais coupée de mes émotions sans avoir eu la possibilité de lutter.

J'attendis, persuadée qu'ils n'avaient aucune raison de me torturer. La torture sert uniquement à soutirer des informations. Or je ne dissimulais rien qui puisse leur être utile ; je n'appartenais à aucun groupe politique.

La porte s'ouvrit et se referma. Je bondis. Le lecteur du Coran était revenu. Il se présenta sous le nom d'Ali et m'informa que Hamehd était en train d'interroger quelqu'un d'autre. Il m'expliqua qu'il travaillait pour la sixième division des tribunaux révolutionnaires islamiques et qu'il enquêtait sur mon cas. Il semblait calme et patient, mais il me prévint que je devais dire la vérité. Cela me paraissait étrange de discuter avec quelqu'un que je ne pouvais pas voir. Je ne savais pas à quoi il ressemblait, je n'avais aucune idée de son âge ni de la pièce dans laquelle je me trouvais.

Il m'apprit qu'il connaissait l'existence d'articles que j'avais rédigés contre le gouvernement dans le journal de mon école. Il affirmait que j'avais exprimé des idées antirévolutionnaires. Je ne niai pas. Ce n'était ni un secret ni un crime. Il me demanda si je travaillais pour un groupe communiste quelconque. Je répondis que non. Il savait que j'avais initié une grève à l'école. Pour lui, à moins d'avoir l'appui et la complicité de partis politiques illégaux, c'était impossible. Je me défendis en lui expliquant que je n'avais rien organisé du tout, ce qui était vrai. J'avais juste sommé la prof de mathématiques de nous enseigner le calcul et non la politique. Elle m'avait demandé de quitter la classe, j'étais partie, et mes camarades de classe m'avaient suivie. La nouvelle s'était répandue comme une traînée de poudre dans l'école, et la plupart des élèves avaient refusé de retourner en classe. Il refusait de croire que les choses aient été si simples et déclara que, selon ses renseignements, j'avais des liens solides avec des groupes communistes.

— Je ne sais pas qui vous informe, mais c'est totalement faux. J'ai étudié le communisme exactement comme j'ai étudié l'islam, et cela n'a pas fait de moi une communiste. Pas plus que l'islam n'a fait de moi une musulmane.

— Je m'amuse beaucoup ! s'esclaffa-t-il. Donne-moi les noms de tous les élèves communistes et antirévolutionnaires de ton école et je te croirai.

Pourquoi voulait-il que je lui donne les noms de mes camarades ? Il était au courant de la grève et du journal de l'école. Cela signifiait que Khanoum

Mahmoudi lui avait parlé et lui avait remis sa liste. Je ne pouvais cependant pas prendre le risque de divulguer des noms, car je ne savais pas qui figurait sur la liste.

– Je ne vous donnerai aucun nom.

– Je savais bien que tu étais avec eux.

– Je ne suis avec personne. Si je vous livre des noms, vous allez les arrêter et je ne le veux pas.

– Oui, nous les arrêterons pour nous assurer qu'ils ne font rien contre le gouvernement, et si c'est le cas, nous les relâcherons. Mais s'ils conspirent, ils seront punis et ne pourront s'en prendre qu'à eux-mêmes.

– Je ne vous donnerai aucun nom.

– Et Shahrzad ? Vas-tu nier que tu la connais ?

L'espace d'un instant, je ne sus pas de qui il parlait. Qui était Shahrzad ? Puis je me souvins que c'était une amie de Gita et qu'elle appartenait à un groupe communiste du nom de Fadayian-e Khalgh [1]. Environ deux semaines avant les vacances d'été, Gita avait souhaité me la présenter, espérant qu'elle arrive à me convaincre d'adhérer à leur groupe. Je ne l'avais rencontrée qu'une fois pour lui expliquer que j'étais chrétienne et pratiquante et n'avais nullement l'intention de devenir membre d'un groupe communiste.

Ali me confia qu'ils surveillaient Shahrzad. Elle s'en était aperçue et avait disparu dans la nature. Ils avaient lancé des recherches et pensaient qu'elle était peut-être entrée en contact avec moi. Ali était persuadé que Shahrzad avait de sérieux motifs de me rencontrer et que, étant donné sa position dans le groupe Fadayian-e Khalgh, ce n'était pas juste pour m'enrôler.

1. Organisation fondamentaliste marxiste créée en 1946 (NdlT).

J'eus beau employer tous les arguments pour tenter de le convaincre du contraire, il ne me crut pas.

— Il faut qu'on la trouve, conclut-il.

— Je ne peux pas vous aider car je ne sais pas où elle est.

Il avait gardé son calme pendant tout l'entretien sans jamais hausser le ton.

— Marina, écoute-moi bien. Je reconnais ton courage et le respecte, mais il faut que je sache ce que tu sais. Si tu y mets de la mauvaise volonté, frère Hamehd va se fâcher. Il n'est pas patient, et je n'ai pas envie de te voir souffrir.

— Je suis désolée. Je n'ai rien à vous dire.

— Moi aussi, je suis désolé.

Il me fit quitter la pièce et me conduisit à travers trois ou quatre couloirs. Un homme poussait des hurlements. On me dit de m'asseoir par terre. Cet homme, comme moi, ne voulait pas parler, mais, me précisa Ali, il n'allait pas tarder à changer d'avis.

Des cris de douleur emplissaient l'espace : lourds, profonds, désespérés, ils me paralysaient et résonnaient en moi. Ils étaient en train de fouetter ce pauvre homme. Je me sentais complètement oppressée.

Le claquement du fouet. Le cri de l'homme. Une seconde de silence. Puis cela recommençait.

Au bout de quelques minutes, on demanda à l'homme s'il était prêt à parler. Son silence lui valut de nouveaux coups de fouet. Les poignets attachés, j'essayais de me boucher les oreilles à l'aide de mes bras pour éloigner les cris. C'était inutile. Le fouet ne s'arrêtait pas ; coup après coup, cri après cri.

— Stop... s'il vous plaît... je vais parler, finit par gémir l'homme.

Le fouet s'arrêta.

Plus rien ne m'importait, et j'étais fermement décidée à ne donner aucun nom. Je n'étais pas à leur merci. J'allais me battre.

– Marina, comment ça va ? retentit la voix qui avait questionné l'homme fouetté. Ali m'a tout raconté. Tu l'as impressionné. Il n'a pas envie que tu souffres, mais c'est donnant, donnant. Tu as entendu cet homme ? Il n'a rien voulu dire au début, mais à la fin, il a avoué. Et toi, tu es décidée à parler ?

J'inspirai profondément avant de lâcher :

– Non.

– Dommage. Debout !

Il attrapa la corde qui enserrait mes poignets et me tira dans la pièce avant de me jeter à terre. Il enleva mon bandeau, et je le découvris : petit, brun, maigre, moustachu, les cheveux courts, il devait avoir quarante ans, portait un pantalon brun et une chemise blanche. La pièce était vide, à l'exception d'un lit en bois brut et d'une tête de lit en métal. Il détacha mes poignets.

Un autre homme entra. Il mesurait environ un mètre quatre-vingt-cinq et devait peser quatre-vingt-dix kilos. Les cheveux noirs très courts et la barbe bien fournie, il approchait la trentaine.

– Hamehd, elle a parlé ? demanda-t-il.

– Non, elle est têtue, mais ne t'inquiète pas. Bientôt, elle parlera.

– Marina, c'est ta dernière chance, fit le nouveau venu.

Je reconnus la voix d'Ali. Le nez un peu trop gros, il avait des yeux bruns expressifs et de longs cils épais.

– Tu vas finir par parler de toute façon. Alors, autant le faire maintenant. Vas-tu nous donner ces noms ?

– Non.

– Ce qui m'importe le plus, c'est l'endroit où se cache Shahrzad.

– Je n'en sais rien.

– Ali, regarde ses poignets, ils sont si fins ! Ils vont glisser des menottes, intervint Hamehd en m'enfilant une seule menotte pour emprisonner mes deux poignets.

Il m'attira ensuite jusqu'au lit. Le métal s'enfonçait dans ma chair. Je laissai échapper un cri, mais ne me débattis pas. Ma situation était désespérée et elle ne ferait qu'empirer si je résistais. Il referma l'autre menotte sur un barreau du lit et m'attacha également les chevilles après m'avoir retiré mes chaussures.

– Je vais te fouetter la plante des pieds avec ce câble, m'annonça Hamehd en brandissant un gros câble noir, devant mon visage. Ali, combien de coups à ton avis pour qu'elle parle ?

– Pas beaucoup.

– Je parie dix.

Le sifflement aigu et menaçant du câble fendit l'air avant de fouetter mes plantes de pied.

Je n'avais jamais ressenti pareille douleur. Je ne l'avais même pas imaginée. Une décharge, comme si je recevais la foudre.

Au deuxième coup de fouet, j'eus le souffle coupé. Comment cela pouvait-il faire aussi mal ? J'essayai de penser à un moyen de supporter ce calvaire. Impossible de hurler ; je n'avais plus assez d'air dans les poumons.

Troisième coup : le sifflement du câble et la fulgurance de la torture qui s'ensuivit. Le *Je vous salue, Marie* résonna dans ma tête.

Les coups défilèrent. L'un après l'autre. Et je priais, luttant contre la douleur. J'espérais perdre connaissance, mais rien n'y fit. Chaque coup de fouet me gardait éveillée pour le suivant.

Au dixième, j'implorai Dieu de soulager ma souffrance.

Le onzième me fit plus mal encore que les précédents.

Dieu, je t'en supplie, ne me laisse pas tomber. Je n'en peux plus.

Et cela continua. Encore et encore. Supplice sans fin.

Ils s'arrêteront si je leur donne quelques noms... Non, ils ne s'arrêteront pas. Ils veulent savoir où est Shahrzad. Je ne sais rien sur elle. Ils ne peuvent pas continuer éternellement. J'encaisse, coup après coup.

Au bout de seize coups, je renonçai à compter.

Trop mal.

– Où est Shahrzad ?

Je le leur aurais dit si je l'avais su. J'aurais fait n'importe quoi pour que les coups cessent.

Je reçus un nouveau coup de fouet.

J'avais connu d'autres formes de douleur auparavant. Je m'étais déjà cassé le bras. Là, c'était bien pire.

– Où est Shahrzad ?

– Je ne sais pas ! Vraiment !

Agonie.

Des voix.

Quand Hamehd cessa, je trouvai juste assez de force pour tourner la tête et le voir quitter la pièce. Ali libéra mes mains et me détacha les chevilles. Mes pieds me faisaient mal, puis la douleur aiguë fit place à un vide à l'intérieur de mes veines. Bientôt je ne sentis plus mon corps. Mes paupières se firent lourdes. Je reçus quelque chose de glacé en plein visage. De l'eau. Je secouai la tête.

– Tu t'évanouis, Marina. Reviens. Assieds-toi ! fit Ali.

Il me tira par les bras pour que je m'asseye. Mes pieds me brûlaient comme si une centaine d'abeilles m'avaient enfoncé leur dard. Je regardai leur couleur rouge et bleu, ils étaient très enflés. Je m'étonnai que ma peau n'ait pas éclaté.

– Tu as quelque chose à me dire maintenant ? interrogea Ali.

– Non.

– Ça ne vaut pas la peine ! s'exclama-t-il en me dévisageant. Tu en veux encore ? Tes pieds seront encore pires que ça si tu t'obstines à te taire.

– Je ne sais rien.

– Ce n'est plus du courage, c'est de la bêtise ! On pourrait facilement te faire exécuter pour refus de coopération avec le gouvernement. Ne t'inflige pas ça !

– Ne m'infligez pas ça ! rectifiai-je.

Il me regarda droit dans les yeux pour la première fois et m'expliqua qu'ils avaient tous les noms de mes camarades d'école. Khanoum Mahmoudi leur avait remis la liste. Il dit que mes aveux ne changeraient rien au sort de mes amis, mais m'épargneraient la torture. Il ajouta qu'ils seraient arrêtés de toute façon, mais que si j'écrivais leurs noms, je n'aurais plus besoin de souffrir.

– Je te crois à propos de Shahrzad, mais n'essaie pas d'être une héroïne, tu pourrais y perdre la vie. Hamehd est persuadé que tu es membre du Fadayian, mais je ne le pense pas. Un membre de ce groupe ne prierait pas Marie sous la torture.

Je n'avais pas conscience d'avoir prié tout haut.

Je demandai la permission d'aller aux toilettes. Il me prit par la main pour m'aider à me lever. Je chancelai. Il déposa une paire de tongs devant le lit. Elles étaient trois fois trop grandes pour moi, mais vu l'état de mes pieds, j'eus peine à les enfiler. Il m'accompagna jusqu'à la porte et j'eus du mal à garder l'équilibre. Il lâcha mon bras et me tendit le bandeau pour que je le mette. Il glissa un bout de corde entre mes mains et me guida jusqu'aux toilettes. J'entrai, ouvris le robinet et me lavai le visage à l'eau froide. Je fus prise d'une vague de nausée, mon estomac se contracta et je vomis. J'avais l'impression qu'un couteau m'avait coupée en deux. Un sifflement assourdissant m'emplit les oreilles et tout devint noir.

Quand je rouvris les yeux, je ne savais plus où j'étais. Reprenant mes esprits, je compris que je n'étais plus dans les toilettes, mais allongée sur mon lit de torture. Ali était assis sur une chaise et m'observait. J'avais la tête tout endolorie ; en la touchant, je sentis une grosse bosse sur ma tempe droite. Je demandai à Ali ce qui s'était passé. Il me répondit que je m'étais cogné la tête en tombant dans les toilettes. Il précisa qu'un médecin m'avait examinée et que ce n'était pas grave. Il m'aida à m'asseoir sur une chaise roulante, me remit mon bandeau et me poussa dehors. Quand il ôta mon bandeau, nous étions dans une toute petite pièce sans fenêtre avec un lavabo et un cabinet de toilette dans le coin. Deux couvertures militaires grises étaient posées par terre. Il me fit allonger et me couvrit d'une couverture rêche qui me grattait et sentait le moisi, mais cela m'était égal : je tremblais de froid. Il voulut savoir si je souffrais, mais je fis non de la tête en me demandant pourquoi il était si gentil avec moi.

Il partit et revint quelques instants plus tard avec un homme d'un certain âge en uniforme qu'il me présenta comme étant le Dr Sheikh.

Le docteur me fit une injection dans le bras. Ils quittèrent ensuite la pièce. Je fermai les yeux et pensai à la maison. Si seulement j'avais pu me glisser dans le lit de ma grand-mère comme lorsque j'étais enfant ! Elle m'aurait consolée en me disant qu'il n'y avait aucune raison d'avoir peur, que ce n'était qu'un cauchemar.

Chapitre 3

Quand j'étais enfant, j'adorais le silence et les couleurs de Téhéran au petit matin. Je me sentais libre et légère, presque invisible. C'était le seul moment de la journée où j'étais autorisée à flâner dans le salon de beauté de ma mère. Je pouvais vagabonder entre les fauteuils de coiffure et les sèche-cheveux sans éveiller sa colère. Un matin d'août 1972, alors âgée de sept ans, je pris son cendrier favori, un cendrier de cristal de la taille d'une assiette. Elle m'avait défendu d'y toucher une centaine de fois, mais il était magnifique et je ne pouvais m'empêcher de promener mes doigts sur ses reliefs délicats. Je devinais pourquoi elle l'aimait tant. C'était une sorte de flocon de neige géant qui ne fondait jamais. Ce cendrier ornait le milieu d'une table en verre à l'usage des clientes qui attendaient, assises dans les fauteuils blancs du salon. Dans mon souvenir, je revois les cigarettes entre leurs ongles vernis rouges ; parfois, un geste manqué, et les cendres atterrissaient sur la table. Ma mère détestait la saleté. Dès que je tachais quelque chose, elle me grondait et m'obligeait à nettoyer. À quoi bon ? Tout se salissait tout le temps.

Je brandis le cendrier dans la lumière et le regardai scintiller en transparence. Alors que je l'inclinai pour l'observer sous un angle différent, le cendrier me glissa des mains. Je tentai de le rattraper, mais trop tard ! Il heurta le sol et se brisa.

– Marina ! s'exclama ma mère depuis la chambre à coucher, attenante au salon.

Je m'enfuis par la gauche, franchis la porte qui donnait sur le couloir sombre et courus dans ma chambre me réfugier sous mon lit. Je faillis éternuer à cause de la poussière et retins ma respiration. Je ne voyais pas ma mère, mais j'entendais le caoutchouc de ses pantoufles sur le linoléum ; au son nerveux de ses pas, je me blottis davantage contre le mur. Elle ne cessait de crier mon nom ; je demeurai immobile. Je finis par l'entendre s'approcher de mon lit. Ma grand-mère demanda ce qui se passait. Ma mère répondit que j'avais cassé le cendrier. Ma grand-mère dit que c'était faux : elle l'avait laissé tomber en faisant le ménage. Je n'en crus pas mes oreilles ; grand-mère m'avait prévenue que les menteurs finissaient en enfer.

– C'est *toi* qui l'as cassé ?

– Oui. J'époussetais la table. C'est arrivé par accident. Je vais ramasser les morceaux.

Un moment plus tard, mon lit craqua sous le poids de quelqu'un. Je soulevai mon couvre-lit beige de quelques centimètres et découvris les fines chevilles de ma grand-mère dans ses chaussons bruns. Je m'extirpai de dessous le lit et vins m'asseoir à côté d'elle. Les cheveux gris toujours noués en chignon, elle portait une jupe noire et un chemisier blanc impeccablement repassés. Elle fixait le mur et ne paraissait pas fâchée.

– Bahbou, tu as menti.

– J'ai menti.

– Dieu ne sera pas furieux contre toi.

– Et pourquoi ? m'interrogea-t-elle en fronçant un sourcil.

– Parce que tu m'as sauvée.

Elle sourit. Ce n'était pas habituel. Serieuse, ma grand-mère savait toujours ce qu'il convenait de faire. Elle avait réponse aux questions les plus difficiles et pouvait guérir les maux d'estomac.

C'était la mère de mon père et elle vivait avec nous. Chaque jour, à huit heures, elle partait faire les courses. Je l'accompagnais souvent. Ce jour-là, à son habitude, elle prit son porte-monnaie et je lui emboîtai le pas dans l'escalier. Dès qu'elle ouvrit la porte en bois rose, le vacarme des voitures, des piétons et des commerçants envahit le couloir de l'entrée. À peine dehors, je tombai sur le vendeur de bananes Akbar Agha, au sourire édenté, qui avait au moins quatre-vingts ans. Un vieux chariot lui servait d'étal.

– Des bananes aujourd'hui ? nous interpella-t-il.

Ma grand-mère examina les bananes d'un jaune sans taches avant d'acquiescer. Elle montra huit doigts à Akbar Agha qui nous donna les huit bananes.

Sur la droite de l'avenue Rahzi, nous prîmes une ruelle aux trottoirs poussiéreux. Je regardai vers le nord et admirai le gris bleuté des monts Elbourz qui se détachaient dans le ciel de cette fin d'été. La neige avait fondu ; seul le sommet du volcan Demavend était blanc. Devant la blanchisserie, nous traversâmes un nuage de vapeur, embaumant l'odeur des draps fraîchement lavés et repassés.

– Bahbou, pourquoi tu n'as pas dit « huit » en persan ?

– Tu sais très bien que je n'aime pas parler persan. Le russe est tellement mieux.

– J'aime le persan.

– Nous ne parlons que russe.

– Quand je rentrerai à l'école en automne, j'apprendrai à lire et à écrire en persan et je te l'enseignerai.

Ma grand-mère soupira.

Je me mis à gambader devant elle, dans cette rue tranquille presque sans circulation. Deux femmes marchaient, leurs paniers à provisions se balançant au bout de leurs bras. Quand j'entrai dans la petite supérette, son propriétaire, Agha-yeh Rostami, discutait avec une femme dont le voile laissait à peine entrevoir son visage. Une autre femme en minijupe et teeshirt moulant attendait son tour. Nous étions au temps du shah et les femmes n'étaient pas contraintes de se conformer aux règles vestimentaires islamiques. Le magasin était exigu, mais les rayonnages étaient bien fournis : riz, épices, herbes aromatiques, beurre, lait, fromage de Tabriz, bonbons, cordes à sauter, ballons de foot en plastique. Agha-yeh Rostami, sa grosse moustache noire contrastant étrangement avec la minceur de son doux visage, me sourit en me tendant un berlingot de chocolat au lait. Il remit un sac de courses en papier marron à la femme en tchador. Grand-mère entra en pointant du doigt tout ce dont elle avait besoin. J'en profitai pour savourer mon lait, me délectant de sa fraîcheur veloutée. Sur le chemin du retour, nous croisâmes Agha Taghi, un vieil homme qui arpentait les rues chaque année à la même époque en criant : « Cardage de laine de chameau et de coton ! »

Les femmes ouvraient leurs fenêtres et l'invitaient à entrer chez elles afin qu'il prépare les duvets pour l'hiver en peignant leurs fibres de laine ou de coton.

De retour à la maison, je suivis grand-mère à la cuisine. Sur la gauche se trouvait notre fourneau avec deux brûleurs, le frigo blanc était à droite, et le placard à vaisselle contre le mur face à la porte. À deux dans la cuisine, nous pouvions à peine bouger. J'étais trop petite pour atteindre la minuscule fenêtre presque à hauteur du plafond qui s'ouvrait sur la cour d'une école de garçons. Grand-mère posa la vieille bouilloire sur le poêle pour préparer du thé avant d'ouvrir le placard.

– Ta mère est encore passée par là, je ne trouve plus rien ! Où est la poêle ?

Des pots et des casseroles tombèrent par terre et je me précipitai pour aider grand-mère à remettre de l'ordre dans le placard. La cuisine était son domaine réservé ; elle s'occupait aussi de moi et des tâches ménagères. Ma mère passait environ dix heures par jour dans son salon et détestait cuisiner.

– Ne t'en fais pas, Bahbou, je vais t'aider.

– Combien de fois lui ai-je répété de rester en dehors de cette pièce !

– Beaucoup.

Tout fut rapidement en ordre.

– Kolia ! appela ma grand-mère.

Elle cherchait mon père qui devait être dans son studio de danse, mais n'obtint pas de réponse.

– Marina, va demander à ton père s'il veut du thé, dit-elle en rangeant les courses dans le frigo.

Je m'engageai dans le couloir sombre où, face au salon de beauté de ma mère, se trouvait le studio de danse de mon père. La pièce était en forme de L, avec un plancher recouvert de linoléum marron et des posters fixés aux murs représentant des couples de danseurs. Dans la partie étroite du L, une table basse ronde était entourée de quatre fauteuils en cuir noir. Mon père, assis, lisait le journal. Il mesurait environ un mètre soixante-dix et était en bonne forme physique ; le visage toujours rasé de près, les cheveux gris, les yeux couleur d'ambre.

– Bonjour, papa, Bahbou demande si tu veux une tasse de thé.

– Non, rétorqua mon père sans lever les yeux.

Je fis demi-tour pour rejoindre ma grand-mère.

Lorsque je me réveillais tôt et que tout le monde était encore couché, je courais dans le studio de danse. Je me lançais dans une valse, ma danse favorite, et me mettais à tourner dans la salle, imaginant mon père applaudissant dans un coin de la pièce : « Bravo Marina ! Comme tu danses bien ! »

Quand je retournai dans la cuisine, je sentis les yeux me piquer : grand-mère épluchait des oignons, des larmes coulaient le long de ses joues.

– Je déteste les oignons crus.

– Tu les apprécieras plus tard. Quand tu seras grande et que tu auras envie de pleurer sans que personne le sache, tu n'auras qu'à éplucher des oignons.

– Tu pleures pour de bon ?

– Non, bien sûr que non.

Quand mes parents s'étaient mariés pendant la Seconde Guerre mondiale, ils avaient loué un appartement modeste à l'angle des avenues Shah et Rahzi dans le centre de la capitale, Téhéran, la plus grande ville d'Iran. C'est là que mon père, Gholamreza

Nikolaï Moradi-Bakht, créa son cours de danse, au-dessus d'un magasin d'ameublement et d'un petit restaurant. Comme de nombreux soldats anglais et américains avaient transité par l'Iran durant la guerre, la culture occidentale devint à la mode dans les milieux privilégiés. Ce qui permit à mon père d'avoir du succès auprès d'étudiants motivés qui désiraient apprendre à danser comme des Occidentaux.

Ma mère, Roghieh Natalia Fekri, donna naissance à mon frère en 1951. Quand il eut deux ans, ma mère partit prendre des cours de coiffure en Allemagne, bien qu'elle ne parlât pas un mot d'allemand. À son retour, six mois plus tard, elle décida d'ouvrir son salon. Mes parents louèrent alors l'appartement mitoyen au nôtre et relièrent les deux.

Je suis née le 22 avril 1965. Depuis 1941, le shah d'Iran était Mohammad Reza Shah-eh Pahlavi, un roi despotique et pro-occidental. Quatre mois avant ma naissance, Hassan Ali-eh Mansour, le Premier ministre, fut assassiné par des partisans du chef des fondamentalistes, l'ayatollah Khomeiny, qui voulait instaurer un régime théocratique en Iran. En 1971, le nouveau Premier ministre, Amir Abbas-eh Hoveida, organisa des cérémonies extrêmement fastueuses sur les anciennes ruines de Persépolis pour célébrer les deux mille cinq cents ans de la fondation de l'Empire perse. Deux mille cinq cents dignitaires du monde entier furent invités, dont des rois et des reines, des présidents, des Premiers ministres, des diplomates, pour un coût total de trois cents millions de dollars. Le shah entendait montrer au reste du monde les progrès récemment accomplis par l'Iran.

L'année de mes quatre ans, mon frère fut admis à l'université Pahlavi dans la ville de Shiraz, située au centre du pays. J'étais très fière de mon grand frère si beau, mais il nous rendait rarement visite. En ces occasions exceptionnelles, il se plantait devant la porte de ma chambre et me demandait : « Comment se porte ma petite sœur ? » J'adorais son sourire. J'aimais l'odeur de son eau de Cologne qui flottait dans l'air. Avec ma grand-mère, il était le seul à m'offrir des cadeaux à Noël. Pour mes parents, c'était un gaspillage de temps et d'argent.

Grand-mère m'emmenait à l'église tous les dimanches. La seule église russe orthodoxe de Téhéran se trouvait à deux heures de marche de notre appartement. Le chemin que nous empruntions nous entraînait à travers le centre-ville et ses rues commerçantes bordées de vieux érables. Les arômes divins des graines de tournesol et de courge grillées se répandaient dans l'air. Mon artère préférée était l'avenue Nahderi, avec ses magasins de jouets et ses pâtisseries qui sentaient la vanille, le chocolat et la cannelle des gâteaux fraîchement sortis du four. La rue résonnait de bruits divers et variés : coups de Klaxon, vendeurs haranguant la foule et musique traditionnelle. Grand-mère se refusait à m'acheter des jouets, mais elle m'offrait toujours un petit quelque chose.

Un dimanche, nous sommes sorties assez tôt pour rendre visite à une amie de grand-mère qui vivait dans un petit appartement. C'était une vieille femme russe, coquette, avec des cheveux blonds bouclés coupés court, les lèvres toujours maquillées en rouge et les yeux en bleu. Elle sentait bon la fleur. Son appartement au mobilier ancien regorgeait de bibelots ; elle possédait une très belle collection de porcelaines. Il y en avait partout : sur les guéridons, les étagères, le rebord des fenêtres et même sur les meubles de cuisine. J'aimais particulièrement les anges aux ailes délicates. Elle servit le thé dans de ravissantes tasses blanches de Chine, à côté desquelles elle disposa des petites cuillères dorées. Je sucrai mon thé rien que pour le plaisir de regarder les minuscules bulles se former à la surface quand je le remuais.

Quand je lui demandai pourquoi elle collectionnait autant d'anges, elle me répondit qu'ils lui tenaient compagnie. Elle voulut savoir si je croyais aux anges gardiens et je lui répondis que grand-mère m'avait appris que tout le monde en possédait un. Son regard bleu pâle m'impressionna à travers la loupe de ses lunettes ; elle m'expliqua que nous avions tous rencontré notre ange gardien un jour, mais que nous avions oublié de quoi il avait l'air.

— Il ne t'est jamais arrivé, au moment où tu t'apprêtais à faire une bêtise, d'entendre une voix te murmurer à l'oreille de ne pas la faire ?

— Oui... je crois.

Je pensai au cendrier.

— Eh bien, c'était ton ange qui te parlait. Si tu tends bien l'oreille, tu l'entendras mieux.

J'aurais voulu pouvoir me souvenir du mien. L'amie de grand-mère me suggéra de regarder chaque figurine, m'assurant que mon ange ressemblait à celle que je préférais. Après une longue observation, je finis par trouver mon préféré : un beau jeune homme en longue robe blanche. Je le montrai à ma grand-mère qui n'approuva pas mon choix car il n'avait pas d'ailes. Je répondis qu'elles étaient invisibles.

— Tu peux le garder, ma chérie.

L'amie de grand-mère me l'offrit. J'en fus enchantée.

Grand-mère m'emmenait tous les jours au parc. Il y en avait un grand, Park-eh Valiahd, à environ vingt minutes à pied de chez nous. Nous passions des heures à l'explorer, à en admirer les arbres et à respirer le parfum des fleurs. Les jours de grande chaleur, nous mangions des cônes glacés sur un banc. Au milieu du parc se trouvait une fontaine avec un jet qui s'élevait haut dans le ciel. J'aimais me faire éclabousser. Autour du bassin, des statues de bronze représentaient des petits garçons : un scrutant le ciel, un autre agenouillé au bord de l'eau semblant y chercher un objet précieux, un troisième brandissant un bâton en cuivre, un quatrième, jambe en l'air, prêt à s'élancer dans l'eau. Ces statues m'évoquaient une solitude et une tristesse infinies ; elles semblaient vivantes, mais figées dans un immobilisme funeste voué à l'éternité, incapables de se libérer.

Mon jeu favori était la balançoire. Grand-mère le savait et me poussait toujours le plus haut possible. J'adorais sentir le vent dans mes cheveux et voir le monde disparaître au moment où j'atteignais les airs. À sept ans, il me semblait que ma vie serait toujours ainsi.

Un après-midi que je courais dans le parc, grand-mère m'appela pour me dire de rentrer. Au lieu de m'appeler par mon nom, elle cria : « Tamara ! » Je me précipitai vers elle, déconcertée, pour savoir qui était Tamara. Elle s'excusa et répéta qu'il fallait rentrer car elle avait trop chaud. Sur la route, elle semblait fatiguée, ce qui me parut étrange car je ne l'avais jamais vue malade ou souffrante auparavant.

– Qui est Tamara ? questionnai-je à nouveau.

– Tamara est ma fille.

– Mais tu n'as pas de fille, Bahbou, tu n'as que moi, ta petite-fille.

Elle m'expliqua alors qu'elle avait une fille, Tamara, de quatre ans plus âgée que mon père, à qui je ressemblais beaucoup, presque une jumelle. Tamara avait épousé un Russe à l'âge de seize ans et elle était retournée vivre en Russie. Je demandai pourquoi elle ne nous avait jamais rendu visite, et grand-mère répondit qu'il lui était impossible de quitter la Russie : le gouvernement soviétique ne laissait pas sortir ses citoyens si facilement. Ma grand-mère lui envoyait de beaux vêtements, du savon et du dentifrice, car c'étaient des denrées rares là-bas, mais un jour, la Savak, police secrète du shah, lui avait écrit pour lui interdire toute communication avec l'Union soviétique. Je voulus savoir pourquoi.

– La police d'ici pense que la Russie est un pays ennemi. Ils ont ordonné de ne plus rien envoyer et de ne plus écrire à Tamara.

Pendant que j'essayais de digérer cette information à propos d'une tante dont j'ignorais l'existence, grand-mère continuait à soliloquer. Je ne comprenais pas grand-chose. Elle mentionnait des noms et des endroits dont je n'avais jamais entendu parler et employait des mots russes. Je pus seulement relever quelques bribes de phrases. Je l'entendis dire qu'elle était tombée amoureuse d'un jeune homme à dix-huit ans, tué pendant la révolution russe. Elle décrivit une maison avec une porte verte dans une petite rue, une grande rivière et un large pont, puis elle parla de cavaliers tirant sur une foule.

– ... quand je me suis retournée, je l'ai vu à terre. On lui avait tiré dessus. Il y avait du sang partout. Je l'ai tenu dans mes bras, et il est mort...

Je ne voulus pas l'écouter davantage, mais elle poursuivit. Je ne pouvais pas me boucher les oreilles, par respect pour elle, cela l'aurait mise en colère. J'aurais pu accélérer le pas et prendre de la distance, mais quelque chose clochait : elle n'allait pas bien, il fallait que je m'occupe d'elle. Je finis par fredonner et ma voix faisait écran à ses mots. Grand-mère me racontait toujours des histoires pour m'endormir, mais ses histoires se terminaient bien ; personne ne se faisait tuer. Je savais que les gentils allaient au paradis après leur mort, donc la mort ne pouvait pas être si cruelle. Pourtant, elle me terrifiait. C'était comme entrer dans le noir absolu et s'exposer à des choses terrifiantes. Je n'aimais pas du tout le noir.

Nous étions presque arrivées. Elle finit par se taire. Elle jeta un œil autour d'elle et sembla perdue. Je dus la prendre par la main jusqu'à la maison. La femme forte que j'avais connue toute ma vie, sur laquelle je comptais, celle qui était toujours là pour moi, devint subitement vulnérable. Elle n'était plus qu'une enfant, comme moi. Elle, toujours à l'écoute, n'employant jamais plus de mots qu'il n'était nécessaire, venait de me raconter sa vie. J'étais sous le choc des mots qu'elle avait prononcés : « sang », « violence », « mort ». Je m'étais toujours sentie en sécurité avec elle, mais elle venait de me faire comprendre que rien ne durait. D'une certaine manière, je sentis que grand-mère était en train de mourir. Je l'avais vu à son regard, comme un secret qui m'avait été révélé.

À la maison, je l'aidai à se mettre au lit. Elle ne dîna pas avec nous et ne se leva pas le lendemain matin. Mes parents l'accompagnèrent chez le médecin, et à son retour grand-mère se remit au lit. Mes parents ne me répondirent pas quand je les questionnai sur sa maladie.

J'allai dans sa chambre et la trouvai endormie. Je m'assis près d'elle et attendis longtemps avant qu'elle se réveille. C'est à ce moment-là que j'ai compris à quel point elle était devenue maigre et fragile.

– Qu'est-ce qui ne va pas, Bahbou ?

– Je meurs, Marina, fit-elle comme s'il s'agissait d'un fait banal.

Je lui demandai ce qui arrivait quand on mourait. Elle me dit d'observer un tableau qui avait toujours été accroché là. Elle voulut que je le lui décrive en détail. Il représentait une vieille femme avec des cheveux gris et une canne. Elle marchait sur le sentier d'une forêt obscure, et une lumière vive l'attendait au bout du chemin.

Grand-mère m'expliqua qu'elle était comme cette vieille femme. Elle avait marché toute sa vie et elle était fatiguée. Elle dit que sa vie avait été sinistre et difficile, qu'elle avait affronté beaucoup d'obstacles sans jamais baisser les bras.

– À présent, poursuivit-elle, c'est à mon tour de partir et d'aller enfin voir le visage de Dieu.

– Mais, Bahbou, protestai-je, pourquoi tu ne peux pas rester ici avec moi pour voir le visage de Dieu ? Si je promets de te laisser tranquille, tu n'auras besoin d'aller nulle part.

– Mon enfant, nous ne pouvons pas voir le visage de Dieu avec ces yeux-là, dit-elle avec un sourire en effleurant mes cils de ses doigts tremblants, seulement avec notre âme. Sache que la mort n'est qu'une étape à passer pour atteindre l'autre rive, et, de l'autre côté, c'est une autre vie.

– Je ne veux pas que ça change ; je veux que tout reste comme avant.

– Tu dois être courageuse, Marina.

Je ne voulais pas être courageuse. J'avais peur et j'étais triste. Courageuse était synonyme de menteuse tout à coup. Prétendre que tout allait bien quand ce n'était pas le cas.

Elle prit une inspiration et, haletante, m'indiqua le premier tiroir de sa commode. Je l'ouvris : il y avait une boîte dorée que je lui apportai. Elle me demanda ensuite d'aller chercher une paire de souliers noirs sous son lit. Dans la chaussure gauche se trouvait une clé dorée.

Elle m'en fit don, les yeux pleins de larmes.

– Marina, j'ai écrit l'histoire de ma vie, elle est dans cette boîte. Elle est à toi maintenant. Je veux que tu la gardes et que tu te souviennes de moi. Tu en prendras bien soin pour Bahbou ?

J'acquiesçai d'un signe de tête.

– Mets la boîte dans un endroit sûr. Et maintenant, pars sans inquiétude. Je dois me reposer.

Je la laissai et me réfugiai dans ma chambre qui me sembla plus vide que jamais. Je cachai la boîte sous mon lit, ouvris la fenêtre qui permettait d'accéder au balcon et fis un pas dehors. Il faisait chaud et lourd ; la rue passante était toujours aussi bruyante. Rien n'avait changé, mais tout semblait différent.

Grand-mère ne se réveilla pas. Elle souffrait d'un cancer du foie. Ma mère m'annonça qu'elle était dans le coma. Elle y resta presque deux semaines. Mon père faisait les cent pas dans le couloir et pleurait. Je restais assise à côté de grand-mère au moins deux heures par jour pour lui tenir compagnie et ne pas me sentir trop seule moi-même. Son visage était reposé, mais très pâle et amaigri. Je m'efforçais de ne pas pleurer tant je craignais que mes larmes ne précipitent sa mort.

Un matin, je me réveillai très tôt sans pouvoir me rendormir. Je décidai d'aller dans la chambre de grand-mère. J'allumai la lumière et vis que son visage avait perdu sa couleur. Je touchai sa main ; elle était froide. Je demeurai silencieuse, consciente qu'elle était morte, mais ne sachant que faire. J'avais besoin de lui parler, mais je n'étais pas certaine qu'elle m'entende. Il y avait comme une barrière infranchissable entre nous deux.

– Au revoir, Bahbou. Je te souhaite une belle vie avec Dieu, où qu'il soit.

J'eus l'étrange sensation que quelqu'un était dans la pièce avec nous. Je courus dans ma chambre, sautai dans mon lit et récitai des prières.

On emporta le corps de grand-mère le lendemain. Toute la journée, j'avais entendu les pleurs de mon père. Je me bouchai les oreilles et cherchai une chose à laquelle me raccrocher. Je n'avais nulle part où aller. Grand-mère était mon seul refuge et elle était partie. Je finis par prendre la figurine d'ange sur ma commode et me réfugiai sous mon lit. Je me mis à prier : « Je vous salue, Marie pleine de grâces ; le Seigneur est avec vous. Vous êtes bénie entre toutes les femmes et Jésus, le fruit de vos entrailles, est béni. Sainte Marie, Mère de Dieu, priez pour nous, pauvres pécheurs, maintenant et à l'heure de notre mort. »

On souleva les couvertures, et un rayon de lumière s'infiltra sous mon lit. Un visage inconnu me regardait ; le visage d'un jeune homme à la chevelure noire et ondulée avec des yeux noirs, les plus sombres que j'aie jamais vus. Sa peau blanche contrastait avec sa chevelure, il avait un sourire doux et chaleureux. Je voulus lui demander qui il était, mais je n'y arrivais pas.

— Bonjour, dit-il.

Sa voix était douce et délicate, m'apportant le courage dont j'avais besoin. Je sortis de dessous le lit. Il était vêtu d'une longue robe blanche et marchait pieds nus. Je les lui touchai. Ils étaient chauds. Il se pencha pour m'aider à me relever, s'assit sur mon lit et me prit sur ses genoux. Mes narines humèrent son parfum délicat, comme celui des jonquilles sous la pluie.

— Vous m'avez appelé et je suis venu.

Il se mit à me caresser la tête. Je fermai les yeux. Ses doigts dans mes cheveux me rappelaient la brise printanière mêlée à la chaleur du soleil se faufilant dans les branches. Je me blottis contre lui comme si je le connaissais depuis longtemps, ne sachant ni d'où ni depuis quand. Je levai les yeux et rencontrai son sourire, profond et accueillant.

— Pourquoi n'avez-vous pas de tongs ?

— On n'a pas besoin de tongs dans le pays d'où je viens.

— Êtes-vous mon ange gardien ?

— Qui croyez-vous que je sois ?

Je l'examinai un moment. Seul un ange pouvait avoir des yeux pareils.

— Vous êtes mon ange gardien.

— Vous avez raison.

— Comment vous appelez-vous ?

— Je suis l'ange de la mort.

Mon cœur faillit s'arrêter de battre.

— La mort est parfois difficile, mais elle n'est ni mauvaise ni effrayante. C'est comme un voyage vers

Dieu. Puisqu'en général on ne meurt qu'une fois, personne ne connaît le chemin. Je suis là pour guider et aider les gens.

— Vous êtes venu me chercher ?

— Non, pas encore.

— Avez-vous aidé Bahbou ?

— Oui.

— Est-elle heureuse ?

— Elle est très heureuse.

— Vous restez avec moi un moment ?

— Oui.

Je me blottis contre lui à nouveau et fermai les yeux. Je m'étais toujours demandé ce que les oiseaux ressentaient en planant dans le vent et le soleil, en osmose avec le ciel. Maintenant, je savais.

Quand je me réveillai le lendemain matin, j'étais dans mon lit, et l'ange avait disparu.

Chapitre 4

Je sortis d'un sommeil sans rêve, une forte douleur à l'épaule droite. Quelqu'un m'appelait. Je voyais flou. Debout devant moi, Hamehd me secouait l'épaule. Je me souvins qu'Ali m'avait laissée dans une cellule, mais je n'avais aucune idée du temps que j'y avais passé.

– Oui, oui !
– Debout !

J'avais les genoux qui tremblaient et les pieds en feu.

– Tu viens avec moi assister à l'arrestation de tes amis, fit Hamehd. Ceux que tu as voulu protéger. Nous avons leurs noms et leurs adresses depuis le début. Nous avions juste besoin d'en savoir plus sur ton compte. Nous avons la preuve que tu es une ennemie de la révolution, un danger pour la société islamique.

On me banda les yeux une fois de plus. Hamehd m'attacha les poignets avec une corde et me tira derrière lui. On me poussa dans une voiture et l'on retira mon bandeau après quelques minutes. Nous avions quitté la prison. J'avais perdu la notion du jour et de l'heure, mais ce devait être la fin de la journée, car le ciel était nuageux et sombre, mais pas encore complètement noir. Nous nous dirigions vers le sud sans croiser qui que ce soit. La route était bordée de murs d'argile abritant de grandes propriétés. Cela donnait l'impression de rouler dans le lit asséché d'une rivière. Les branches nues des arbres pliaient sous le vent. Nous prîmes la grand-route de Jordan. C'était un quartier récent, de grand standing. Une immense résidence se dressait sur le sommet d'une colline, entourée de villas et de grands bungalows. Je jetai un œil sur le conducteur barbu qui portait l'uniforme vert militaire des gardes révolutionnaires. Hamehd était sur le siège passager. Muets, les deux hommes regardaient droit devant. À un feu rouge, une fillette de trois ou quatre ans, assise à l'arrière d'une voiture blanche arrêtée à notre hauteur, m'adressa un sourire. L'homme et la femme discutaient à l'avant. Je me demandai soudain ce que mes parents étaient en train de faire. Se démenaient-ils pour me venir en aide ? Ou avaient-ils abandonné tout espoir ? J'avais parfaitement conscience qu'ils ne pouvaient rien pour moi. Et André ? Pensait-il à moi ?

Nous pénétrâmes dans le centre-ville. La circulation était dense, les trottoirs et les magasins grouillaient de monde. Les murs de la ville étaient couverts de slogans islamiques et de citations de Khomeiny. L'une attira particulièrement mon regard : « Qu'on laisse un infidèle poursuivre son rôle de corrupteur sur terre, cet infidèle souffrira moralement. Qu'on tue cet infidèle, on l'empêche de continuer ses méfaits et la mort sera pour lui une bénédiction. » Le meurtre, dans la pensée de Khomeiny, pouvait passer pour un bienfait, une « bénédiction ». Ainsi Hamehd pouvait-il me braquer une arme sur la tempe, appuyer sur la gâchette et croire qu'il m'avait rendu service et qu'il irait au paradis en paix.

Les piétons se faufilaient entre les voitures pour traverser. À un croisement, un jeune homme jeta un œil à l'intérieur de notre véhicule ; apercevant le garde au volant, il recula d'un pas et me regarda fixement. À ce moment, il se mit à neiger.

La voiture s'arrêta devant la maison de Minou, une camarade d'école. Une Mercedes noire se rangea à côté de la nôtre. Deux gardes en sortirent pour aller sonner à la porte. Sa mère vint ouvrir. Les gardes entrèrent. Hamehd se retourna pour me tendre une feuille de papier que je lus. Une trentaine de noms y figuraient. Je les connaissais tous. Nous venions tous de la même école. Je reconnus la signature de la principale en bas. Je tenais entre les mains la liste des indésirables de mon école.

– Nous ne pourrons pas tous les arrêter ce soir, mais ce sera réglé dans trois jours, fit Hamehd en souriant.

Les gardes ressortirent de la maison une demi-heure plus tard. Minou les accompagnait. Hamehd descendit de voiture pour ouvrir la porte arrière et lui demanda de s'asseoir à côté de moi. J'aperçus sa mère pleurer en parlant avec l'un des gardes. Hamehd informa Minou que j'avais été arrêtée deux jours plus tôt. Il me somma de l'encourager à coopérer si je ne voulais pas qu'elle souffre.

Minou me dévisageait, le regard terrifié.

– Dis-leur tout ce qu'ils veulent savoir, fis-je en montrant mes pieds. Ils...

– Ça suffit comme ça, interrompit Hamehd.

Minou aperçut l'état de mes pieds et pleura dans ses mains.

– Pourquoi pleures-tu ? questionna Hamehd.

Elle ne répondit pas.

J'avais l'impression que nous roulions depuis des heures. Nous allions de maison en maison. Quatre de mes camarades furent arrêtés cette nuit-là. Je fis mon possible pour prévenir Minou qu'elle avait intérêt à donner quelques noms pendant l'interrogatoire. J'essayai de lui dire qu'ils avaient la liste de toute façon, mais je n'étais pas certaine qu'elle entende mes chuchotements.

À peine étions-nous arrivés aux grilles de la prison qu'on nous banda les yeux. Quand la voiture s'immobilisa, ma portière s'ouvrit et Hamehd me demanda de descendre. Je le suivis en boitant à l'intérieur d'un bâtiment. Je dus m'asseoir par terre dans un couloir. J'y demeurai longtemps, au milieu des pleurs et des cris des prisonniers. J'avais des douleurs dans l'estomac et très mal à la tête.

– Marina, debout !

La voix de Hamehd me fit bondir. Je m'étais endormie.

Je parvins à trouver l'équilibre en me tenant au mur. Il me dit de m'accrocher au tchador d'une fille devant moi. Elle se mit à marcher et je boitai à sa suite, les pieds brûlants comme si je marchais sur du verre brisé. Dehors, le vent me cingla le visage. La fille se mit à tousser. La neige qui recouvrait mes tongs apaisait la sensation de brûlure, mais je sentais de moins en moins mes jambes, chaque pas était plus douloureux que le précédent. Je trébuchai sur une pierre et tombai à terre. J'en profitai pour manger de la neige et faire passer le goût amer et la sensation de sécheresse que j'avais dans la bouche. Je n'avais jamais eu aussi froid et soif de ma vie. Mon corps tremblait et mes dents claquaient. On me souleva brutalement du sol pour me forcer à me remettre debout.

Où m'emmenez-vous ?

— Marche correctement ou je te descends ici ! aboya Hamehd.

Je luttai pour avancer. On finit par nous dire de nous arrêter. Quelqu'un m'ôta mon bandeau et l'on me braqua une lumière aveuglante sur le visage ; j'eus l'impression que ma tête explosait. Je regardai autour de moi. Un projecteur déchirait l'obscurité ; autour, je vis les ombres des montagnes dans la nuit noire. Nous étions au milieu de nulle part ; aucune habitation en vue. Les nuages masquaient les étoiles. Quelques flocons de neige tombaient. Il y avait quatre autres prisonniers avec moi, deux filles et deux garçons. Quatre gardes révolutionnaires nous tenaient en joue.

— Mettez-vous près des poteaux ! hurla Hamehd.

Sa voix résonna dans les montagnes. Les poteaux se trouvaient à plus de cinq cents mètres. Nous allions être exécutés. Un spasme me paralysa la poitrine.

Voici venue ma fin. Personne ne mérite de mourir ainsi.

L'un des deux prisonniers se mit à réciter un passage du Coran en arabe, implorant le pardon de Dieu. Il avait une voix forte et profonde. L'autre, dont la chemise blanche était tachée de sang, fixait les poteaux du regard, l'œil amoché.

— Aux poteaux, immédiatement ! répéta Hamehd.

Nous obéîmes en silence. Mon cœur et mes poumons se contractèrent, le chagrin m'asphyxiait.

Doux Jésus, aide-moi. Ne laisse pas mon âme se perdre dans les ténèbres. « Quand je marche dans la vallée de l'ombre de la mort, je ne crains aucun mal car tu es avec moi... »

L'une des prisonnières tenta de prendre la fuite. Quelqu'un cria : « Stop ! », mais elle continua de courir. Un coup de feu retentit dans la nuit et elle s'écroula à terre. Je voulus l'aider, mais mes jambes fléchirent. La fille se tourna sur le flanc, pliée de douleur :

– Je vous en supplie... Ne tirez pas ! gémit-elle.

La neige qui recouvrait son tchador brillait dans la lumière blanche et crue. Debout, au-dessus d'elle, Hamehd pointait son arme sur sa tête. Elle mit ses bras sur son visage.

La fille à côté de moi commença à pleurer. Ses cris stridents semblaient lui déchirer la poitrine. Elle tomba à genoux.

– Attachez les autres aux poteaux ! hurla Hamehd.

L'un des gardes me souleva du sol et un autre me ligota. La corde pénétrait dans ma chair.

J'étais épuisée.

La mort sera-t-elle plus douloureuse que le fouet ?

Hamehd braquait toujours son arme sur la fille blessée.

– Gardes ! En joue !

La mort n'est qu'un endroit où je ne suis pas encore allée. Et l'ange va m'aider à trouver mon chemin. Il le faut. Il y a de la lumière au bout de l'obscurité. Quelque part au-delà des étoiles, le soleil se lève.

Ils pointèrent leurs fusils sur nous et je fermai les yeux.

J'espère qu'André sait que je l'aime. Je vous salue, Marie pleine de grâces ; le Seigneur est avec vous...

J'entendis une voiture arriver en trombe et rouvris les yeux. Je crus qu'elle allait nous écraser. Les pneus crissèrent et la Mercedes noire freina juste devant les gardes. Ali en sortit. Il se rua sur Hamehd et lui tendit une feuille de papier. Ils parlèrent un moment. Hamehd acquiesça d'un signe de tête. Il me fixait des yeux tandis qu'Ali s'avançait vers moi. Je ne voulais pas. Pourvu que Hamehd me tire dessus et mette fin à mes jours ! Ali me détacha du poteau. Je m'effondrai. Il me souleva et m'emmena vers la voiture. Je sentais les battements de son cœur contre moi. J'essayai vainement de me dégager.

— Où m'emmenez-vous ?

— Tout va bien. Je ne te ferai aucun mal, murmura-t-il.

Mon regard rencontra celui de la fille ligotée au poteau.

— Seigneur..., cria-t-elle avant de fermer les yeux.

Ali me posa sur le siège passager et claqua la portière. Je tentai de l'ouvrir, en vain. Il se mit au volant. Je rassemblai mes forces pour le frapper, mais il me maîtrisa d'une seule main. Les coups de feu retentirent alors que nous nous éloignions.

Je battis des paupières. Une ampoule pendait au plafond. J'essayai de bouger, mais je ne sentais plus mon corps. Ali m'observait, assis dans un coin. Nous étions dans une petite cellule ; j'étais couchée sur le sol.

Je fermai les yeux en priant pour qu'il s'en aille, mais quand je les rouvris deux minutes plus tard, il était toujours assis à la même place. Il secoua la tête. Il ne comprenait pas que je me sois infligé tout cela et s'étonnait de mon entêtement. Il me dit qu'il était allé voir l'ayatollah Khomeiny, un ami de son père, pour que ma peine soit réduite. Au lieu de la condamnation à mort, ce serait la prison à vie. L'ayatollah avait donné l'ordre de me gracier.

Je ne voulais pas de la grâce de l'ayatollah. Je voulais mourir.

– Je vais te chercher à manger, maintenant. Tu n'as rien avalé depuis longtemps, dit-il sans détacher son regard de moi.

Cependant il ne bougea pas. Ne pouvant plus supporter le poids de son regard, je tirai la couverture, la serrant si fort que j'en eus mal aux doigts. Il finit par se lever. Tous mes muscles se raidirent.

– Je te fais peur ?

– Non, dis-je en avalant ma salive.

– Tu n'as rien à craindre.

Le désir que je lisais dans ses yeux était bien réel. J'avais mal au ventre. Je sentis un cri se former dans ma gorge, mais Ali fit demi-tour et quitta la cellule. J'étais secouée de sanglots. Je le haïssais.

Ali revint avec un bol de soupe et s'assit à côté de moi.

– S'il te plaît, ne pleure pas.

Je ne pouvais pas m'arrêter.

– Tu veux que je m'en aille ?

Je fis signe que oui.

– Je m'en vais à condition que tu finisses ta soupe. Promis ?

Je hochai la tête à nouveau. Il s'arrêta à la porte et se retourna.

– Je viendrai vérifier plus tard, lâcha-t-il d'une voix lourde et fatiguée.

Qu'allait-il m'arriver ? Pourquoi m'avait-il arraché au peloton d'exécution ? Je n'en savais rien.

Avant de m'endormir, j'eus une pensée pour Sarah. Pourvu qu'elle aille bien. Tout ce que je pouvais faire, c'était prier ; pour nous deux, pour Sirus, Gita et tous mes amis qui s'étaient fait arrêter.

Et dire que, peu de temps auparavant, nous étions tous à l'école, jouant à chat ou à cache-cache pendant la récréation. Désormais, nous étions des prisonniers politiques.

Chapitre 5

Sous le shah, je fréquentais une école élémentaire construite en briques rouges et couverte de vigne. Je m'y rendais seule, j'avais dix minutes de marche de la maison. C'était un ancien hôtel particulier de deux étages que la principale, Khanoum Mortazavi, avait transformé en école après ses études à l'étranger, ainsi que mes amis me l'avaient appris. Bien que les salles de classe fussent pourvues de larges fenêtres, nous étions obligés d'allumer la lumière pour voir le tableau à cause de l'ombre que faisaient les vieux érables plantés dans la cour. Chaque jour après la sonnerie, Sarah et moi traversions ensemble la rue pour rentrer chez nous, puis elle bifurquait à gauche et moi à droite. Je poursuivais sur l'avenue Rahzi, dépassais les hauts murs d'enceinte de l'ambassade du Vatican, le restaurant *Ashna*, d'où s'échappait une bonne odeur de riz parfumé et de brochettes de bœuf, et un magasin de lingerie fine avec des chemises de nuit en dentelle exposées en vitrine. Ma mère n'étant pas avec moi pour me tirer par le bras ou me sommer de marcher convenablement, je m'amusais à imiter un petit nuage blanc passant dans le ciel bleu, une danseuse devant son public ou un bateau voguant sur une rivière magique.

Je n'avais pas besoin de me presser du moment que je ne rentrais pas trop tard. Cependant, je devais toujours faire attention à ne pas contrarier ma mère. Si elle avait des clientes, j'attendais dehors, sinon il fallait que je reste tranquille car elle avait souvent des migraines. Comme j'étais maladroite, je devais veiller à ne rien casser, à ne pas répandre de miettes partout en mangeant mon sandwich, à ne pas renverser mon thé glacé ou mon Pepsi. Ma mère était belle et avait un tempérament coléreux. Des yeux marron foncé, un nez sublime, des lèvres pulpeuses, de longues jambes ; elle adorait porter des robes décolletées qui laissaient voir sa peau blanche et soyeuse. Jamais une mèche ne dépassait de ses cheveux bruns coupés court. Si je la mettais en colère, elle m'enfermait sur le balcon de ma chambre, protégé par des panneaux de bambou fixés sur des barres métalliques en croisillons. De là, je pouvais voir les voitures et les piétons, les vendeurs vanter les mérites de leur marchandise, ainsi que les mendiants. Aux heures de pointe, la rue à quatre voies était envahie par la circulation et les gaz d'échappement. Sur le trottoir d'en face, Hassan Agha, le manchot, vendait des prunes vertes acides au printemps, des pêches et des abricots en été, préparait des betteraves cuites en automne et toutes sortes de petits gâteaux en hiver. J'adorais les betteraves dont le jus épais mijotait dans une grande poêle sur un réchaud ; il embaumait l'air d'un parfum sucré. De l'autre côté du carrefour, un vieillard aveugle, en costume élimé, tendait ses mains osseuses aux passants en quémandant du matin au soir : « Aidez-moi, pour l'amour de Dieu. » Face à notre appartement se dressait un gratte-ciel qui abritait des bureaux sur quinze étages. Ses vitres en miroir scintillaient dans le soleil et réfléchissaient la course des nuages. La nuit, j'aimais regarder les néons de couleur au-dessus des magasins.

Un jour, je décidai que n'importe quelle punition valait mieux que d'être cloîtrée sur le balcon. Je me penchai sur la rambarde, mais c'était trop haut pour sauter. J'aurais pu crier, mais je ne voulais pas ameuter tout le voisinage. J'avisai un petit sac plastique dans lequel ma mère rangeait les pinces à linge. Je regardai à nouveau en bas. Si je les jetais sur les passants, je ne leur ferais aucun mal, mais j'attirerais leur attention. Je pourrais ensuite leur demander de les rapporter à ma mère en la priant de me permettre de rentrer. Je savais que cela la mettrait en colère, mais qu'importe, je ne supportais plus cette situation. Nous étions en hiver, un vent glacial soufflait et il neigeait. Prenant mon courage à deux mains, je saisis une pince à linge, me penchai sur la rambarde et visai le trottoir. J'inspirai profondément avant de la lâcher. Malheureusement, elle tomba par terre sans toucher personne. À la deuxième tentative, elle atterrit sur une femme d'âge moyen aux longs cheveux bruns qui s'arrêta, se toucha le crâne et regarda autour d'elle. Elle se baissa pour ramasser la pince et l'examina. Elle finit par relever la tête et me regarda droit dans les yeux.

– À quoi joues-tu, petite ? demanda-t-elle, le visage rouge.

– Je suis désolée, je ne voulais pas vous faire mal, mais ma mère m'a enfermée sur le balcon et j'ai froid. Pourriez-vous sonner à la porte et lui dire de me laisser rentrer ?

– Certainement pas ! La façon dont ta mère te punit ne me regarde pas, mais tu m'as l'air de l'avoir bien mérité !

La pince à linge suivante toucha la tête d'une dame plus âgée en tchador noir. Elle leva directement les yeux vers moi.

– Que fais-tu ? demanda-t-elle.

Et je lui racontai mon histoire.

Elle sonna à la porte. Ma mère apparut sur le balcon d'à côté et demanda :

– Qui est-ce ?

Tandis que la femme lui parlait, je vis les yeux de ma mère se remplir de colère. La porte d'accès à mon balcon s'ouvrit au bout de quelques minutes.

– Rentre immédiatement, articula ma mère, les dents serrées.

Après une hésitation, je regagnai ma chambre.

– Tu es infernale !

Je tremblais, prête à recevoir une gifle, mais elle tourna les talons et sortit.

– Je m'en vais. Je suis fatiguée. Je hais cette vie. Je ne veux plus jamais te revoir ! lança-t-elle en partant.

J'avais mal au ventre. Elle n'allait quand même pas partir ! Elle avait l'air pourtant sincère. Comment allais-je vivre sans mère ? Je lui courus après en m'accrochant à sa jupe. Elle ne s'arrêta pas.

– S'il te plaît, ne t'en va pas ! Je m'excuse ! la suppliai-je. Je retourne sur le balcon et je reste sage, promis.

Elle se dirigea vers la cuisine, continuant de m'ignorer. Elle saisit son porte-monnaie et prit la direction de l'escalier. Je me mis à pleurer, paniquée, m'agrippai à sa jambe, mais elle continuait de descendre, me traînant sur les marches glaciales. Je la suppliai de rester. Elle finit par s'arrêter à la porte.

– Si tu ne veux pas que je parte, file dans ta chambre et restes-y sans un bruit.

Je la regardai fixement.

– Maintenant ! hurla-t-elle.

Après cet épisode, chaque fois que ma mère sortait faire une course, je restais assise à la fenêtre, tremblante de peur. Et si elle ne revenait pas ?

Je résolus de ne plus me trouver en travers de son chemin, le meilleur moyen étant de rester dans ma chambre le plus souvent possible. Chaque jour après l'école, je me rendais à la cuisine sur la pointe des pieds pour voir si elle y était. Si la voie était libre, je me faisais un sandwich ; sinon, je lui disais un bonjour rapide et j'allais attendre dans ma chambre qu'elle ait quitté les lieux. Après manger, je faisais mes devoirs, puis lisais les livres empruntés à la bibliothèque de l'école : *Peter Pan*, *Alice au pays des merveilles*, *La Petite Sirène*, *La Reine des neiges*, *Le Petit Soldat de plomb*, *Cendrillon*, *La Belle au bois dormant*, *Hansel et Gretel*, *Rapunzel*. Je les ai lus trois à quatre fois chacun. Le soir, ma mère venait dans ma chambre voir ce que je faisais et souriait de me voir lire. Dans un sens, c'est la lecture qui nous a sauvées.

Un jour, je pris mon courage à deux mains pour lui demander de m'acheter des livres. Elle accepta de m'en offrir un par mois ; cela coûtait cher et elle ne pouvait pas y consacrer tout son budget. Pour moi, ce n'était pas suffisant. Quelques jours plus tard, après avoir accompagné ma mère chez mon grand-père, je remarquai une petite librairie sur le chemin du retour. On pouvait lire sur l'enseigne : « livres d'occasion ».

Je savais qu'« occasion » signifiait bon marché, mais je n'osai pas demander à ma mère d'entrer.

Une semaine plus tard, au moment de rendre visite à mon grand-père, je prétendis que j'étais fatiguée, et ma mère m'autorisa à rester à la maison. Mon père était parti travailler. Peu après la mort de grand-mère, il avait fermé son cours de danse et trouvé un emploi dans une instance du ministère des Sports et de la Culture en charge des danses folkloriques. Il aimait son nouveau travail et partait parfois en tournée à l'étranger avec de jeunes danseurs représentant l'Iran dans des manifestations internationales. Après le départ de ma mère, je me précipitai dans la chambre de mes parents pour y dérober le double des clés qu'elle gardait dans le tiroir de sa commode. J'avais économisé une semaine de lait chocolaté en espérant pouvoir acheter un livre.

Je courus jusqu'à la librairie d'occasion. En cette fin de printemps, le soleil avait chauffé toute la journée et je sentais la chaleur monter du sol. J'arrivai à la librairie en nage ; des gouttes de sueur coulaient sur mon front et me piquaient les yeux. Je m'essuyai le visage avec mon tee-shirt avant de pousser la porte d'entrée. Le temps de m'habituer à la faible luminosité, je découvris des étagères entières de livres. Je n'en revenais pas : il y en avait du sol au plafond. J'étais entourée de centaines d'ouvrages. L'air était chargé de l'odeur du papier, de toutes les histoires et des rêves émanant des livres.

— Bonjour ! fis-je

Aucune réponse.

— Bonjour ! répétai-je un peu plus fort.

– Que puis-je faire pour vous ? entendis-je prononcer du fond d'un rayonnage avec un fort accent américain.

Je reculai d'un pas.

– Où êtes-vous ?

Je vis surgir une ombre grise qui m'effraya. L'ombre se mit à rire.

– Désolé, jeune fille, je ne voulais pas te faire peur. Que veux-tu ?

Il fallait que je reprenne ma respiration.

– Je... je voudrais acheter un livre.

– Lequel ?

Je sortis mon argent de poche pour le montrer à l'homme, âgé et svelte, qui se tenait devant moi.

– Je n'ai que ça. Peu importe le livre, du moment qu'il est bon.

Il sourit et passa sa main dans ses cheveux gris.

– Pourquoi tu ne vas pas à la pâtisserie d'à côté t'acheter quelques beignets ?

– Mais je veux un livre. Je n'ai pas assez d'argent ?

– Jeune fille, le problème, c'est que tous mes livres sont en anglais. Tu lis l'anglais ?

– Je suis très bonne. À l'école, on en fait une heure par jour. Je suis en troisième année.

– Soit, voyons ce que je peux trouver pour toi, dit-il dans un soupir avant de disparaître derrière les montagnes de livres.

Je l'attendis, ne voyant pas comment il pourrait trouver quoi que ce soit dans ce fouillis, quand il surgit miraculeusement avec un livre à la main.

– Voici pour toi, fit-il en me le tendant. *Le Lion, la Sorcière blanche et l'Armoire magique*. C'est le premier de la série des *Narnia* et il est merveilleux.

J'examinai la couverture bleu-gris sur laquelle se détachait un lion en train de bondir avec un garçon et une fillette sur le dos. Le livre avait l'air vieux mais en bon état.

— Et combien ça coûte ?

— Cinq tomans [1].

— Mais je n'en ai que quatre ! m'écriai-je presque en larmes.

— Ça fera l'affaire.

Je le remerciai, folle de joie, et courus chez moi.

Trois jours plus tard, j'avais terminé *Le Lion, la Sorcière blanche et l'Armoire magique*. J'étais tombée amoureuse de ce livre, il m'en fallait d'autres. Or je n'avais que deux tomans en poche, je n'étais pas certaine que le libraire soit aussi généreux cette fois, et j'avais peur de demander de l'argent à ma mère. Je décidai de vendre ma boîte de crayons à mon amie Sarah. Au début de l'année scolaire, elle m'avait demandé d'où elle venait, et je lui avais dit que ma mère l'avait achetée au grand magasin à l'intersection des avenues Shah et Pahlavi. Quand sa mère avait voulu lui offrir la même, il n'y en avait plus. Sarah avait été très déçue. C'était une boîte en plastique bleue avec un aimant pour fermer le couvercle. Le lendemain, je rattrapai Sarah sur le chemin de l'école. Elle avait de grands yeux bruns et d'épais cheveux noirs ondulés dont les boucles retombaient sur ses épaules. Elle portait une montre fantaisie avec

---

1. La monnaie officielle est le rial, mais on utilise couramment le terme de « toman », pourtant disparu en 1938, pour désigner l'unité monétaire.
Douze rials égalent un euro (NdlT).

Cendrillon et le prince charmant sur le cadran. Cendrillon était assise sur un tabouret, jambes croisées ; le prince lui enfilait sa pantoufle de vair ; sa jambe se croisait et se décroisait pour marquer les secondes. Elle l'avait rapportée d'Angleterre où ils avaient passé des vacances. Je lui proposai d'acheter ma boîte de crayons. Méfiante, elle voulut savoir pourquoi. Je lui parlai donc de la librairie. Elle consentit à me donner cinq tomans si j'ajoutais ma gomme parfumée. J'acceptai ses conditions.

À la sortie de l'école, nous nous précipitâmes chez elle. Elle habitait dans une rue en courbe dont les habitations jouissaient de petits jardins privés entourés de murs de briques pour protéger l'intimité des résidents. J'adorais sa rue calme sans voitures, ni magasins, ni marchands, ni mendiants. L'atmosphère était imprégnée d'odeurs d'ail et d'oignon frit qui donnaient l'eau à la bouche. Sarah avait son jeu de clés, car ses parents rentraient tard. Elle ouvrit la porte et nous pénétrâmes dans le jardin planté de pensées et de géraniums rouges et violets. J'enviais sa maison.

Sa mère travaillait dans une banque et portait toujours des tailleurs élégants et des chaussures vernies à talons. C'était une petite femme ronde aux cheveux noirs et courts. Elle m'embrassait chaque fois que je venais leur rendre visite et semblait heureuse de me voir. Son père, un homme de grande taille, était ingénieur. Il racontait toujours des blagues, riait fort et déclamait de magnifiques poèmes anciens. Sarah avait un frère, Sirus, âgé de douze ans, trois ans de plus que Sarah et moi. Contrairement au reste de la famille, il était très timide. Leur maison était pleine d'éclats de rire et de bruit.

Je remis ma boîte à Sarah en échange des cinq tomans avant de téléphoner à ma mère pour dire que je restais chez elle pour l'aider à faire ses devoirs. Cela lui fut égal. Je remerciai Sarah et courus chez le libraire. La librairie était aussi sombre, poussiéreuse et mystérieuse qu'à ma première visite. Une fois de plus, le vieux libraire émergea de la pénombre.

– Laisse-moi deviner : tu n'as pas compris un seul mot et tu viens me le rendre pour récupérer ton argent, dit-il plissant les yeux.

– Non, je l'ai lu deux fois et j'ai adoré ! Pour les mots que je ne connaissais pas, j'ai emprunté le dictionnaire de mon père. Je viens acheter le deuxième de la série. Vous l'avez ? J'ai vendu ma boîte de crayons et ma gomme parfumée à mon amie Sarah. Cette fois, j'ai assez d'argent pour le payer.

Le vieil homme me fixa sans bouger. Mon cœur se serra. Il ne l'avait peut-être pas.

– Alors, vous l'avez ?

– Oui, mais… tu n'as pas besoin de l'acheter. Tu peux l'emprunter si tu promets d'en prendre bien soin et de le rapporter quand tu l'auras lu… deux fois.

Je songeai à mon ange gardien. Cet homme n'avait de libraire que l'apparence. Je scrutai ses yeux et constatai qu'ils étaient presque aussi noirs, doux et profonds que ceux de l'ange. Je regardai le livre, c'était *Le Prince Caspian*, le deuxième de la série des *Narnia*.

– Comment t'appelles-tu ? demanda le libraire.

– Marina. Et vous ?

– Albert.

Hum, un ange prénommé Albert.

À partir de ce jour, j'allai à la librairie chaque semaine emprunter des livres.

J'entrai au collège à onze ans. À cette époque, toutes les écoles et les universités d'Iran étaient financées par l'État, mais certaines avaient meilleure réputation que d'autres. Anooshivaran-eh Dadgar, un collège et lycée de filles zoroastrien[1], faisait partie des meilleurs. Ce n'est pas pour sa réputation que mes parents avaient choisi celui-là, mais parce qu'il était proche de notre appartement.

Les zoroastriens suivent les enseignements du prophète Zarathoustra. Né en Perse il y a presque trois mille ans, celui-ci incita le peuple à adopter une religion monothéiste dont Ahura Mazda est le Dieu. Au collège, la majorité des élèves étaient soit zoroastriens, soit musulmans, mais on comptait aussi des bahaïs[2], des juifs et seulement trois ou quatre chrétiens.

Les hauts plafonds et les nombreuses fenêtres du bâtiment principal, construit quarante ans auparavant, donnaient une impression d'espace. Les couloirs paraissaient sans fin ; à chaque extrémité, un escalier reliait le rez-de-chaussée au premier étage. Deux immenses colonnes entouraient l'entrée, au-dessus de laquelle on pouvait lire en lettres capitales : « Bonnes pensées, bons mots, bonnes actions », maxime de la doctrine zoroastrienne. Dans un autre bâtiment se trouvait un gymnase avec des terrains de basket et de

---

1. Adeptes du zoroastrisme, religion fondée par Zoroastre (appelé aussi Zarathoustra), un prophète iranien du VIᵉ siècle av. J.-C. Première religion monothéiste, elle oppose esprit sain et mauvais esprit, lesquels coexistent dans chaque être humain.
2. Le bahaïsme est une religion fondée en Perse en 1863 afin d'unir tous les peuples du monde dans une cause universelle et une foi commune. Les bahaïs sont persécutés depuis la révolution islamique.

handball. La cour de récréation pavée était protégée par de hauts murs de briques.

Les moments forts de ma vie durant trois ans restèrent les visites à la librairie d'Albert. Il avait lu les centaines de livres qu'il vendait, connaissait l'emplacement exact de chaque ouvrage et adorait parler de leur contenu. Il m'apprit que son fils était parti aux États-Unis depuis deux ans avec sa femme, ses enfants et ses deux petits-fils. Le Noël qui suivit notre rencontre, Albert m'offrit un paquet rouge. Je l'ouvris pour y découvrir la série des *Narnia*, une magnifique boîte de crayons de couleurs et des gommes parfumées au chewing-gum.

Je vis Albert pour la dernière fois quelques jours après mon douzième anniversaire. C'était un beau jour de printemps, les oiseaux gazouillaient au soleil. Je poussai la lourde porte vitrée de sa librairie en souriant, *Les Quatre Filles du Dr March* serré contre mon cœur.

— Bonjour, Al...

La poussière volait dans le soleil et sur le linoléum. La librairie était vide. J'en eus le souffle coupé. Je vis Albert assis sur un gros carton au milieu de ce terrible désert. Il m'adressa un sourire empreint de tristesse.

— Où sont passés les livres ?

Il me répondit qu'il les avait tous vendus à un autre libraire, mais qu'il avait conservé mes préférés, et il me désigna le carton sur lequel il était assis. Il promit de me les apporter chez moi plus tard. Il aurait voulu me prévenir avant, mais en avait été incapable. Il m'annonça qu'il quittait l'Iran avec sa femme pour rejoindre leur fils aux États-Unis. Il n'en avait pas particulièrement envie, mais sa femme était malade et elle souhaitait passer ce qui lui restait de temps à vivre avec son fils et ses petits-enfants. Il ne pouvait pas le lui refuser. Ils étaient mariés depuis cinquante et un an ; c'était son dernier vœu.

Il sortit un mouchoir blanc de sa poche et se moucha. Je sentis mes bras et mes jambes faiblir. Il se leva, s'approcha de moi et me prit par les épaules.

— Je t'ai vue grandir. Tu as apporté de la joie et du bonheur à ma vie. Tu vas me manquer. Je te considère comme ma fille.

Je le serrai fort dans mes bras. Ce départ aux États-Unis me parut aussi déchirant et définitif que la mort.

Chapitre 6

Je me réveillai, assise, un goût de soupe au poulet dans la bouche. Le monde semblait recouvert d'un épais brouillard qui s'enroulait autour de moi. Aucune forme distincte, juste un grand flou. Quelqu'un m'appela. Encore la soupe. Je toussai.

— Avale, c'est bon pour toi.

Le liquide tiède coula dans ma gorge. C'était bon. J'en avalai encore. Il y avait un grand carré lumineux devant moi. J'essayai de distinguer. C'était une petite fenêtre à barreaux. J'avais mal partout et de la fièvre.

— C'est mieux, fit la voix.

Elle venait de derrière ; je tentai de bouger.

— Ne bouge pas, avale !

Bouger me faisait mal. J'avalai. Un filet de soupe dégoulinait sur mon menton. Ma vue se clarifia et je finis par voir la cellule.

— Je vais te laisser t'allonger, maintenant, poursuivit la voix.

C'était Ali. Il s'assit à un mètre de moi et dit qu'il allait m'envoyer dans un dortoir de filles d'Evin appelé « 246 », où je pourrais voir quelques-unes de mes amies ; je me sentirais mieux. Il m'apprit qu'il connaissait l'une des gardes du 246, sœur Maryam, et qu'il lui demanderait de s'occuper de moi.

— Je m'en vais pour un temps…, annonça-t-il.

Il ne décollait pas son regard et restait silencieux comme s'il attendait une réponse. Je n'avais aucune idée de ce que le 246 pouvait être. M'avait-il réellement parlé de prison à vie ou avais-je rêvé ?

— Est ce que je suis condamnée à perpétuité ?

Il acquiesça, esquissant un triste sourire.

J'essayai de retenir mes larmes, mais ce fut plus fort que moi. Je voulais lui demander pourquoi il m'avait sauvée. J'avais envie de lui expliquer que la prison à perpétuité était pire que la mort. Je voulais savoir de quel droit il avait agi de la sorte, mais rien ne vint.

— Que Dieu te protège ! dit-il en se levant.

Il disparut.

Je m'endormis immédiatement.

Au bout de quelques heures, il revint et m'accompagna jusqu'à la porte d'une petite chambre où une vingtaine de filles dormaient entassées par terre.

— Il te faudra attendre ici jusqu'à ce qu'on vienne te chercher pour t'emmener au 246. Prends soin de toi. Les choses vont s'arranger. Une fois assise, remets ton bandeau.

J'avisai un petit coin libre au fond. J'étais encore chancelante et j'avais mal aux pieds. Il me fallut fournir de gros efforts pour éviter les corps des autres filles. Personne ne réagit à mon arrivée. Comme il n'y avait pas assez d'espace pour se coucher, je restai assise. Je repliai mes genoux sur la poitrine, m'adossai au mur et pleurai.

Au bout d'un moment, un homme hurla une liste de dix noms, dont le mien.

– Toutes celles que j'ai appelées vont relever légèrement leur bandeau pour venir se mettre en rang devant la porte. Chacune de vous s'accroche au tchador de la personne de devant. N'oubliez pas : relevez votre bandeau, mais juste un peu. Si j'en vois une qui essaie de regarder ce qui se passe, elle le regrettera. Une fois que vous serez en file, remettez votre bandeau et rattachez-le comme il faut.

J'attrapai le tchador de la fille devant moi, et celle qui était derrière moi s'accrocha à mon châle. Nous marchâmes le long de deux couloirs et nous fûmes rapidement dehors. Il faisait froid. Je priai pour que nous arrivions vite à destination, car j'étais sur le point de m'évanouir. Je ne voyais que le revêtement gris du sol, le tchador et les pieds de la fille de devant. Elle portait une paire de tongs identiques aux miennes, au moins d ux pointures au-dessous. Je me demandai où étaient mes chaussures. Nous entrâmes dans un bâtiment, marchâmes le long d'un couloir et montâmes quelques marches. Le garde nous fit faire halte, appela mon nom et me demanda de sortir du rang.

– Accroche-toi là et suis-moi, dit-il en me tendant une corde.

Je m'exécutai et il m'aida à passer la porte.

– *Salam aleikoum*, ma sœur. Bonjour, voilà une nouvelle pour toi : Marina Moradi-Bakht. Voici ses papiers.

– Bonjour à toi, mon frère. Merci, dit la femme.

La porte se referma avec un léger déclic. La pièce dégageait une forte odeur de thé fraîchement préparé. Je me rendis compte que j'étais affamée.

– Marina, retire ton bandeau, exigea la femme.

J'obéis. Elle devait avoir vingt-cinq ans et me dépassait de vingt centimètres. Elle avait de grands yeux, un long nez et de petites lèvres fines ; ses traits lui donnaient l'air sévère. Elle portait un tchador noir. Je doutais qu'elle ait jamais souri de sa vie.

La pièce dans laquelle j'avais échoué était une sorte de cabinet de travail de quatre mètres sur trois, pourvu d'un bureau, de quatre chaises en métal et d'une table en fer recouverte de piles de papiers. Les premiers rayons du soleil filtraient à travers les barreaux.

– Marina, je suis sœur Maryam. Frère Ali m'a parlé de toi.

Elle m'expliqua que l`bâtiment où nous nous trouvions, le 246, comprenait deux étages, avec six chambres au rez-de-chaussée et sept au premier. Elle appela ensuite quelqu'un par haut-parleur. Une fille de mon âge entra dans la pièce quelques minutes plus tard. Elle me la présenta. Soheila était une détenue, responsable de la chambre 7.

Soheila portait un sweat-shirt bleu et un pantalon noir, mais pas de voile ; elle avait de courts cheveux noirs. Je pensai que le 246 étant réservé aux femmes, nous n'étions pas obligées de porter le hijab [1] en permanence. Le bureau donnait sur un hall vide de trois mètres de large sur sept mètres de long, et alors que nous le longions, je remarquai des escaliers qui descendaient vers un sous-sol. Je boitais en marchant derrière Soheila. Je finis par tomber. Elle s'arrêta et remarqua mes pieds lorsqu'elle se retourna.

– Je suis désolée… je n'avais pas vu… Agrippe-toi à mon épaule, je vais t'aider.

Nous atteignîmes une grille que Soheila ouvrit ; elle donnait sur un petit corridor envahi de filles. Après

1. Hijab : tout voile placé devant un être ou un objet pour le soustraire à la vue ou l'isoler (NdlT).

trois portes consécutives, nous poursuivîmes dans le couloir. Trois portes supplémentaires et nous arrivâmes à la dernière : la chambre 7. Je la parcourus du regard. Elle devait faire huit mètres sur cinq, le sol était recouvert d'un tapis brun complètement usé. Une étagère de métal était fixée sur la largeur du mur, légèrement au-dessus de ma ligne de vision. Des sacs plastique contenant des vêtements y étaient entreposés ; d'autres sacs plus petits pendaient à des crochets dessous. Une fine couche de peinture beige sale recouvrait les murs et les portes métalliques. Dans un coin se trouvaient des lits superposés. Sur le premier étaient empilés des carafes et toutes sortes de récipients ; sur le second, des habits emballés dans des sacs plastique. Dans un autre angle, à côté d'une fenêtre à barreaux, une pile de couvertures militaires grises s'amoncelait jusqu'au plafond. Il régnait une propreté surprenante dans cette pièce. Une cinquantaine de filles discutaient assises par terre, par groupes de trois ou quatre. Elles avaient toutes sensiblement le même âge que moi et me jetèrent un regard curieux. À bout de force, je me laissai tomber sur le sol.

– Les filles, faites-lui de la place pour qu'elle puisse se reposer ! s'écria Soheila en s'agenouillant près de moi. Je sais à quel point tes pieds te font souffrir, mais ne t'inquiète pas, ça va aller.

Je hochai la tête, au bord des larmes.

Une voix familière retentit :

– Marina !

Je levai les yeux et mis un moment à reconnaître la fille penchée au-dessus de moi.

– Sarah ! Dieu merci ! Je me suis fait tant de souci pour toi !

Le visage de Sarah s'était flétri, elle avait les yeux cernés, et sa peau autrefois lumineuse était ternie. Nous nous étreignîmes longuement.

– Tu vas bien ? demanda-t-elle en regardant mes pieds.

– Ça va, ça aurait pu être pire.

Je dénouai mon châle et me passai la main dans les cheveux ; mes mèches étaient toutes collées, je n'avais jamais été aussi sale de ma vie.

– Pourquoi ton nom est inscrit sur ton front ? me questionna Sarah.

– Quoi ?

– Tu as ton nom inscrit au marqueur noir.

Je me touchai le front et demandai un miroir, mais elle me répondit qu'il n'y en avait pas en prison. Elle ajouta que c'était la première fois depuis son arrivée à Evin qu'elle voyait quelqu'un avec son nom inscrit sur le front. Je ne parvenais pas à me rappeler comment c'était arrivé. Elle m'interrogea ensuite sur ma bosse et je lui expliquai que je m'étais évanouie dans les toilettes.

– Marina, donne-moi des nouvelles de mes parents ! Quand les as-tu vus pour la dernière fois ?

Sarah me regardait avec une intensité que je ne lui avais jamais connue, comme si j'étais une oasis dans le désert.

Je lui racontai que ses parents se faisaient du souci et lui dis qu'ils avaient essayé de lui rendre visite ainsi qu'à son frère. Je voulus savoir comment se portait Sirus, mais elle ignorait où il se trouvait. Je lui demandai si on l'avait fouettée.

Elle m'apprit que, la nuit de leur arrestation, les gardes l'avaient forcée à les regarder fouetter Sirus. Ils avaient essayé d'obtenir les noms de ses amis, mais il avait refusé de parler. Elle avait fermé les yeux pour se soustraire à ce spectacle odieux, mais ils l'avaient frappée pour l'obliger à regarder. Ils avaient ensuite détaché Sirus pour attacher Sarah sur le lit et l'avaient menacé d'infliger le même sort à sa sœur s'il ne divulguait pas les noms. Comme Sirus s'obstinait à ne rien dire, ils avaient également torturé Sarah. Ils lui avaient demandé si elle connaissait les amis de son frère, mais elle n'en connaissait aucun. Ils l'avaient ensuite questionnée sur ses amis à elle.

— Je leur ai donné ton nom, Marina... Je suis désolée... mais je n'en pouvais plus.

Je ne lui en voulus pas, j'aurais agi de même si Hamehd m'avait fouettée davantage.

Je lui parlai de la liste. Elle enragea que les gardes nous aient fouettés pour nous faire avouer ce qu'ils savaient déjà. Elle s'étonna que je ne lui aie pas mentionné la liste plus tôt et je lui expliquai que j'ignorais qui y figurait ; je ne voulais nuire à personne.

— Tu as vu Gita ? lui demandai-je.

— Avant de me torturer, Hamehd m'a appris que Gita avait donné mon nom et mes coordonnées. Je l'ai cru et j'en ai voulu à mort à Gita. J'ai pensé que j'avais été arrêtée par sa faute. Ensuite, il m'a fouettée et j'ai fini par avouer tout ce que je savais. Je me suis haïe d'avoir jugé Gita.

Malgré ses efforts pour réprimer sa douleur, Sarah s'effondra dans mes bras, laissant sa souffrance s'exprimer.

Elle finit par relever la tête.

— Juste avant de m'envoyer ici, Hamehd m'a confié que Gita avait été exécutée la veille. Il a menacé de faire subir le même sort à Sirus s'il ne coopérait pas.

J'ai compris alors qu'il m'avait menti en disant que Gita avait révélé mon nom et mon adresse. Si elle avait parlé, elle serait encore vivante. Elle s'est tue et voilà pourquoi on l'a exécutée. Ce n'était pas sa faute.

— Gita est vraiment morte ?

Sarah acquiesça d'un hochement de tête.

Je n'arrivais pas à le croire.

J'entendis une petite voix me dire : « Tu es vivante et tu ne le mérites pas. »

Je me rappelais le jour exact où nous étions devenues amies, Gita et moi, cet été 1978, il y avait trois ans et demi. Je séjournais avec ma famille dans notre maison de vacances dans le Nord. Ce fut aussi l'été où je rencontrai Arash.

Chapitre 7

L'année de ma naissance, mes parents avaient acheté une maison de vacances dans la petite ville de Ghazian, au bord de la mer Caspienne, dans un coin paisible entouré de verdure, accessible par un pont depuis Bandar-eh Pahlavi. Posséder une maison au bord de la mer pourrait passer pour un signe de richesse, mais ma famille n'était pas spécialement aisée. Seulement, mon père, qui était un amoureux de la nature et sensible à la beauté du nord de l'Iran, préféra investir dans une maison de vacances plutôt que d'en acheter une à Téhéran. Comme il n'avait pas les moyens de la financer seul, il s'associa à un ami, un Russo-Arménien du nom de Partef. Patron d'une usine d'Inox à Téhéran, oncle Partef, comme je l'appelais, était un célibataire très occupé qui n'avait guère le temps de profiter de la maison, aussi l'avions-nous pratiquement pour nous tout seuls.

Elle se trouvait dans un quartier boisé derrière le port, dans une petite rue calme qui menait à la plage. Le propriétaire précédent, un médecin russe proche de mes parents, l'avait bâtie lui-même avec du bois importé spécialement d'Union Soviétique. Elle comprenait quatre chambres, un salon-salle à manger, une petite cuisine et une salle de bains. Les murs extérieurs étaient peints en vert pâle. Douze marches de pierre conduisaient à l'entrée.

Nous mettions environ quatre heures en voiture pour arriver à destination. Il fallait prendre à l'ouest en sortant de Téhéran et traverser des régions plates avant d'atteindre la ville de Ghazvin, puis bifurquer ensuite vers le nord en direction des monts Elbourz qui formaient un mur de séparation entre les déserts du Centre et la mer Caspienne. La route de montagne était vallonnée, pleine de tunnels et de virages. Elle longeait la vallée de Sefid Roud, la « rivière blanche », avec ses forêts denses à flanc de colline et ses rizières parfumées.

Une haie grillagée, bleu ciel, entourait notre propriété. Quand mon père arrêtait notre Oldsmobile bleue à la grille d'entrée, je me précipitais hors de la voiture pour ouvrir. Nous remontions alors la longue allée qui menait à notre maison et disparaissait sous les érables, les pins, les peupliers et les mûriers. Par terre, les cailloux colorés brillaient sous les rayons de soleil qui filtraient entre les branchages touffus. Puis nous débouchions sur l'escalier de pierres blanches qui grimpait jusqu'à la maison.

Nous étions accueillis par cette odeur familière d'humidité et de renfermé dont l'air s'était chargé durant les mois d'absence. Le sol était recouvert d'une moquette vert sombre sur laquelle nous pouvions marcher une fois nos chaussures enlevées. Ma mère refusait qu'il y ait le moindre grain de sable dans la maison. Mes parents avaient aménagé le salon avec du mobilier en fer forgé blanc déniché dans une brocante et y avaient ajouté des coussins violets. La table était recouverte d'un plateau de verre. Les chambres, simples, étaient équipées d'armoires et de lits et décorées de rideaux fleuris. Le soir, en me couchant, je laissais les fenêtres de ma chambre ouvertes pour pouvoir entendre le chant du coq le matin. Les jours de pluie, les canards jouaient dans les flaques d'eau ; les gouttes ruisselaient le long des feuilles des citronniers sauvages embaumant de leur parfum.

Chaque matin, je récitais le *Notre Père*, ainsi que me l'avait enseigné ma grand-mère. Pour prier, je me mettais dans un endroit précis de la propriété qui, de loin, ressemblait à une énorme roche couverte de mousse. De près, on découvrait un tas de petits rochers avec un mât rouillé qui se dressait à l'un des angles. Ces minéraux dataient de l'époque où la mer occupait pratiquement toute la surface de la terre. Jadis utilisé par les pêcheurs pour y amarrer leurs bateaux, cet endroit semblait incongru dans ce coin perdu de la propriété. J'adorais me hisser dessus, les bras grands ouverts pour recevoir la brise. Je fermais les yeux et m'imaginais être encerclée par la mer houleuse que les rayons du soleil transformaient en liquide doré. Je nommais cet endroit étrange le « rocher aux prières ».

Je me réveillais généralement au lever du soleil et partais en balade. Une nappe de brouillard flottait entre les arbres et recouvrait les hautes herbes, m'enveloppant les jambes. Quand j'atteignais le rocher aux prières, le soleil colorait la nappe de brouillard en rose. Le sommet du rocher formait une île sur cette mer de brouillard. Je m'étendais sur la pierre pour exposer ma peau au soleil et me sentais légère, comme si j'étais faite de brume et de lumière.

Chaque été, je séjournais dans notre maison deux mois avec ma mère, alors que mon père qui ne pouvait abandonner son travail aussi longtemps nous rejoignait pour une quinzaine de jours et environ un week-end sur deux. J'ai passé ces années à faire de la bicyclette, à construire des châteaux de sable, à me baigner, à courir après les canards et à jouer avec les autres enfants. Libre comme l'air, je ne rentrais que pour manger et dormir. Au fil des années, mes vacances ne variaient pas beaucoup, mais j'explorais plus d'endroits et m'aventurais de plus en plus loin. À douze ans, je sillonnais la ville à bicyclette la moitié de la journée. Je me rendais au marché par les petites rues, entre les maisons blanches, pour y faire provision de gâteaux de riz et de *kolooceh*[1] ainsi que de tartes au sucre qui me permettaient de survivre à tous les déjeuners que je sautais. Pour trouver le marché aux poissons, il suffisait de se laisser guider par les vendeurs à la criée, la forte odeur de mer et le parfum des herbes fraîches.

J'adorais me tenir sur le pont qui reliait les deux rives du port, pour regarder les navires à perte de vue sur la mer déchirée par l'écume à leur passage ; mes poumons se remplissaient d'air iodé. J'aimais particulièrement le brouillard qui rendait le port brumeux et irréel et masquait les bateaux dont j'entendais les hélices fouetter l'eau.

L'année de mes dix ans, la sœur aînée de ma mère, Zenia, acheta une villa à quelques kilomètres de Ghazian, dans un complexe récent équipé de courts de tennis, de terrains de basket, de piscines et de restaurants, où des enfants à bicyclette pédalaient dans des rues impeccablement propres ; de somptueuses

1. Noix en poudre.

maisons aux gazons parfaitement tondus étaient séparées par des clôtures de métal blanc.

Tante Zenia était différente du reste de la famille. Blonde aux yeux bleus, elle voyait la vie en grand. Elle avait une vaste maison à Téhéran, une grosse voiture, et même un chauffeur. Son mari s'était tué dans un accident de voiture deux ans après la mort de grand-mère. Il possédait une usine de traitement de viande dans la ville de Rasht, à trente-cinq kilomètres de chez nous. Ma tante avait repris l'affaire et se débrouillait très bien. Elle avait une fille prénommée Marina comme moi, mais que tout le monde appelait Marie. C'était elle que ma mère préférait. Elle avait vingt ans de plus que moi et entretenait des rapports tendus avec sa mère ; toutes deux avaient un caractère bien trempé et se disputaient fréquemment.

En 1978, l'année de mes treize ans, Marie passa toutes ses vacances avec son mari dans la villa de sa mère, et nous lui rendions visite ma mère et moi presque chaque jour. Tante Zenia passait le plus clair de son temps à l'usine et logeait dans un petit appartement confortable qu'elle possédait non loin. Le reste du temps, elle était à Téhéran, mais rarement dans sa maison de Ghazian.

Lors de mes promenades à vélo, j'avais remarqué que des adolescents se réunissaient tous les soirs vers cinq heures sur l'un des terrains de basket. Les garçons jouaient au basket et les filles bavardaient à l'ombre en les encourageant. Un jour, je me décidai à les aborder. Une quinzaine de filles étaient assises dans l'herbe par groupes de deux ou trois. Je posai ma bicyclette contre un arbre et me dirigeai vers elles. Personne ne parut me remarquer, mais mon attention fut attirée par une fille assise à l'écart sur une table de pique-nique, et je pris place à côté d'elle. Elle me regarda en souriant. Les cheveux châtains, raides, jusqu'à la taille, elle portait un short et un tee-shirt blancs. J'avais l'impression de la connaître. Lorsque je me présentai, elle eut l'air surprise : nous nous aperçûmes que nous venions de la même école. Elle avait deux ans de plus que moi et nous ne nous étions jamais adressé la parole. Comme la mienne, sa tante était propriétaire d'une maison dans les environs ; elle y passait ses vacances avec sa famille. Elle s'appelait Gita.

L'un des garçons marqua un but et les filles applaudirent. Il se tourna vers une fille assise à proximité :

– Neda, tu veux bien m'apporter un Coca ? Je meurs de soif.

Il devait mesurer un mètre soixante-quinze, avait de grands yeux noirs, des pommettes saillantes et de beaux cheveux qui se soulevaient quand il courait. Neda, une brune avec les cheveux derrière les oreilles, se leva à contrecœur en époussetant son short blanc pour ôter les brins d'herbe collés dessus.

– Qui m'accompagne ? demanda-t-elle à la cantonade.

Quelques filles la rejoignirent. Elles traversèrent la rue et disparurent dans un restaurant du nom de *Moby Dick*.

Gita chuchota à mon oreille en me montrant un jeune homme d'une vingtaine d'années à l'autre bout du terrain de basket. Il devait mesurer environ un mètre quatre-vingt-dix pour quatre-vingt-dix kilos. La jeune fille à ses côtés ne lui arrivait même pas à l'épaule. Gita m'apprit qu'il s'appelait Ramin et m'avoua qu'elle n'avait jamais rencontré de garçon plus séduisant.

– Un jour, je promets de l'avoir pour moi, fit-elle.

Je n'avais jamais envisagé le fait d'« avoir » un garçon, n'ayant eu que des copines de mon âge. Mes expériences amoureuses étaient limitées.

– Salut ! lança une voix féminine dans notre dos. Gita, tu me présentes ta nouvelle amie ?

C'était Neda. Gita nous présenta et je découvris qu'elle avait une cousine, ancienne élève de notre école, que je connaissais bien. À la fin de la conversation, Neda m'invita à son anniversaire qu'elle fêtait le lendemain.

J'avais une tenue parfaite pour cette fête. Quelques mois plus tôt, ma mère avait passé commande par correspondance dans un catalogue allemand et m'avait proposé de choisir quelque chose pour moi. Mon choix s'était arrêté sur une robe blanche légère en dentelle avec un décolleté rond, pas trop chère et ravissante. Au programme de l'après-midi, Neda avait prévu que nous irions d'abord nager, puis dîner et danser chez elle. Gita m'avait conseillé d'enfiler mon maillot sous mes vêtements et d'emporter ma robe pour me changer.

Le jour J, je me réveillai encore plus tôt que d'habitude et passai des heures dans la salle de bains. J'essayai tous mes maillots devant le miroir. Je trouvais mes bras trop maigres, mes hanches trop larges, ma poitrine trop plate ; j'en fus démoralisée. J'optai finalement pour le maillot blanc que m'avait donné Marie. Récemment rentrée d'un voyage en Europe où elle s'était acheté de nouveaux maillots de bain, elle m'avait donné ceux qu'elle ne mettait plus. Je mis mes sandales blanches dans un sac plastique, pliai ma robe et fourrai le tout dans un sac de plage.

Il était dix heures du matin. Habituellement, nous quittions la maison à dix heures et demie pour nous rendre chez Marie. Ma mère ne conduisant pas, en l'absence de mon père, nous y allions en taxi. À mon grand étonnement, j'entendis ma mère s'agiter dans la cuisine. Elle n'était jamais dans cette pièce à une heure pareille.

— Maman, je suis prête, fis-je, mon sac à la main, dans l'embrasure de la porte.

Ça sentait le poisson. Elle était en train de laver une planche à découper et m'adressa un regard en coin.

— Pour quoi faire ? Nous n'allons nulle part aujourd'hui.

Le plan de travail était couvert de bols, de récipients et de casseroles.

— Mais...

— Il n'y a pas de « mais ». Ton oncle Ismael et sa femme arrivent de Téhéran pour voir Marie. Ta tante Zenia sera là aussi. Ils viennent tous déjeuner et dîner aujourd'hui, et nous jouerons aux cartes. Ils resteront probablement dormir.

— Mais je suis invitée à un anniversaire !

— Eh bien, tu n'iras pas.

— Mais...

Elle se tourna face à moi, en colère :

— Tu ne comprends pas ce que veut dire « non » ?

Je fis demi-tour, regagnai ma chambre et m'effondrai sur mon lit. J'avais de quoi prendre un taxi toute seule, mais ma mère s'y opposerait. Je pouvais aussi faire le mur, mais il me faudrait rentrer avant la nuit.

J'entendis les pneus d'une voiture crisser sur le sable dans le chemin et, par la fenêtre, je vis Mortezah, le chauffeur de tante Zenia, un homme d'une vingtaine d'années, poli, ouvrir la portière de la Chevrolet toute neuve. Ma mère se précipita dans les escaliers pour accueillir sa sœur. Mortezah sortit une petite valise du coffre. Tous rentrèrent à l'intérieur et je restai collée au carreau, le cœur lourd.

La voix aiguë et exigeante de ma tante résonna :

– Roohi, donne-moi vite un verre d'eau ! Marie a accompagné Ismael et Kahmi en ville, ils vont bientôt arriver. Où est Marina ? J'ai quelque chose pour elle.

– Elle est par là, probablement en train de bouder dans sa chambre.

Ma tante débloula dans ma chambre.

– Que se passe-t-il, Marina ? Tu ne viens même plus dire bonjour à ta tante ?

Je m'avançai pour la serrer dans mes bras et l'embrasser. Sa peau sentait *Numéro 5* de Chanel en dépit de sa transpiration. Elle me pressa fort et m'étreignit contre sa grosse poitrine. Elle finit par relâcher son étreinte. Elle sortit un fin bracelet de son sac et me le glissa autour du poignet. Il était très joli. Tante Zenia m'offrait toujours de beaux cadeaux. J'essuyai mes yeux.

– Mais tu as pleuré ! Pourquoi ?

– Je suis invitée à un anniversaire ce soir et je ne peux pas y aller.

– Et pourquoi donc ? dit-elle en riant.

– C'est-à-dire...

– C'est parce que je suis là ?

– Oui, répondis-je en baissant les yeux.

– Je n'ai pas toujours été vieille, tu sais. J'ai été jeune et jolie. Et tu peux me croire, je suis passée par là.

Je retins ma respiration.

– Mortezah va t'accompagner et il ira te rechercher.

– C'est vrai ?

– Oui, Cendrillon. Tu as ma permission. Mais reviens avant minuit.

Je remerciai Mortezah qui me déposa chez Neda et promis de m'attendre au même endroit à minuit. Après l'avoir salué de la main, je suivis les dalles grises sur le gazon qui conduisaient à la cour de Neda. Elle bavardait sur la terrasse avec deux autres filles. L'arrière de la maison était en front de mer et j'entendais les vagues rouler sur le sable. Tout le monde fut bientôt au complet. Les filles laissèrent leur sac dans la chambre de Neda et les garçons dans celle de son frère avant de se ruer sur la plage. Après avoir couru sur le sable et joué au water-polo, nous rentrâmes affamés. Quand j'ouvris mon sac dans la chambre de Neda, je m'aperçus que j'avais oublié de prendre un soutien-gorge et une culotte de rechange. Je gardai donc mon maillot mouillé ; heureusement qu'il était blanc, cela ne se verrait pas trop.

Après un buffet de crudités et de salades, nous avions déplacé les meubles. La musique des Bee Gees avait fait le reste. Neda dansait avec Aram, le séduisant joueur de basket qui lui avait demandé un Coca la première fois que je l'avais rencontrée. Le corps bronzé de Neda était mis en valeur par sa robe blanche, et je la surpris à rire d'une confidence que venait de lui glisser Aram à l'oreille. La plupart des invités dansaient en couple, et rapidement je me retrouvai seule à siroter un Coca dans un coin. Quand le morceau fut terminé, je me servis une nouvelle assiette de chips et ouvris un autre Coca. Danse après danse, j'avais englouti tellement de chips que mon ventre était prêt à exploser. Personne ne m'avait encore invitée. Gita dansait avec Ramin, le garçon du terrain de basket, qui laissait glisser ses mains le long de son dos. Gita rougissait. Je jetai un œil à ma montre : dix heures. Cela faisait une heure que j'étais plantée là, et depuis tout ce temps personne ne m'avait adressé la parole. J'étais gênée, ne me sentant pas à ma place, maladroite et triste à la fois ; la seule chose qui me tentait était de m'enfuir.

La porte de derrière était juste à côté. Je l'ouvris et, avant de sortir, jetai un dernier regard à la piste de danse. La mer reflétait la lune et l'air était calme. J'avais besoin d'action. Pourquoi ne pas nager ? Cela me faisait toujours tellement de bien. Il m'arrivait souvent de me baigner la nuit. Au clair de lune, le ciel et la mer se fondaient en un noir argenté. Je descendis les quelques marches du perron et commençai de défaire ma robe. Alors qu'elle glissait par terre, une voix retentit :

— Que fais-tu ? demanda un jeune homme debout près d'une chaise longue dans un coin de la cour, ses mains masquant ses yeux.

— Tu m'as fait une de ces peurs ! m'écriai-je, le cœur battant, essayant de récupérer mon rythme cardiaque. Qu'est-ce qui te prend de te cacher comme ça ?

— Je ne me cache pas ! Je prenais l'air, assis ici, sur cette chaise. Arrive alors une fille qui se déshabille sous mes yeux !

Le plus drôle, c'est qu'il avait l'air plus effrayé que moi. Il ne devait pas avoir plus de seize ans. Il gardait les mains devant ses yeux.

— Tu as remis ta robe ?

— Je ne suis pas nue, où est le mal ? J'ai un maillot de bain et je vais nager.

– Tu es folle ! s'exclama-t-il en ôtant ses mains de son visage. Tu vas nager au milieu de la nuit, tout est noir !

– Il ne fait pas si noir. Il y a la lune.

– Non ! Tu vas te noyer et je ne me le pardonnerai jamais !

– Aucun risque de me noyer.

– Je ne te laisserai pas faire.

Il s'était rapproché de moi et se tenait tout près.

– OK, d'accord, je renonce, je n'y vais pas, fis-je en remettant ma robe.

Ses yeux noirs, au-dessus de pommettes saillantes, me fixaient. Sa bouche un peu enfantine formait un contraste avec le reste de son visage, plus mature. Il devait mesurer cinq centimètres de plus que moi. Il avait des cheveux noirs très courts. L'intensité de son regard me fit me sentir unique, extraordinaire, magnifique. Il se prénommait Arash.

Puisque je ne pouvais pas aller nager, je résolus de m'asseoir. Je pris une chaise longue, mais la présence d'Arash me troublait. Je l'entendais respirer. Dix minutes s'écoulèrent. Il se leva. Je fis un bond.

– Ça t'amuse de me faire peur ?

– Excuse-moi, je n'ai pas fait exprès. Je dois y aller. Tu ne vas pas à l'eau, OK ?

– OK.

Je le regardai s'éloigner et rentrer chez Neda. Une minute après, elle sortait pour m'appeler. Elle s'apprêtait à couper le gâteau.

Quelques jours plus tard, je roulais à bicyclette en direction de la plage pour rejoindre Gita. Sur la route ensablée, je pris un virage trop rapidement et dérapai avec mon vélo. Je réussis à me relever, mais je saignais à l'épaule et au genou. Il devait être deux heures de l'après-midi, et par cette canicule la rue était déserte. Comme j'essayais de dégager mon vélo du milieu de la route, je sentis une présence derrière moi. C'était Arash. Il avait l'air aussi surpris que moi.

– Tu surgis toujours de nulle part ? demandai-je.

– Quel kamikaze !

Il rit et examina mes égratignures.

– Il faut te désinfecter. Voilà la maison de ma tante, dit-il en pointant du doigt la villa au coin de la rue.

Il porta ma bicyclette et je le suivis. Je retenais mes larmes, j'avais mal, mais je pris une profonde inspiration sans me plaindre. Je ne voulais pas qu'il pense que j'étais douillette.

– J'étais assis sur le perron à regarder la rue, et voilà que tu déboules à cent à l'heure et patatras ! Tu as de la chance de ne pas t'être fait plus mal encore !

Des hortensias bleus et roses bordaient les murs blancs de la maison, les branches d'un gigantesque saule pleureur balayaient les galets rouges qui recouvraient le toit.

Arash me tint la porte et me pria d'entrer. L'air embaumait les gâteaux fraîchement préparés.

– Grand-mère, j'ai une invitée !

Une belle dame aux cheveux gris argent arriva de la cuisine, vêtue d'une robe bleue et d'un tablier blanc sur lequel elle s'essuyait les mains. Elle me rappelait ma grand-mère.

– Que s'est-il passé ? s'écria-t-elle en russe, ayant remarqué le sang.

Je n'en revenais pas, elle parlait russe comme ma grand-mère. Elle me saisit par le bras pour m'entraîner vers la cuisine tout en écoutant les explications d'Arash. Elle prit soin de moi comme grand-mère aurait fait, et avant même que je m'en rende compte, elle avait nettoyé, désinfecté mes égratignures et mis des pansements. Elle me servit ensuite une tasse de thé et un gâteau maison.

– Sers-toi, je te prie, dit-elle en persan avec un accent russe prononcé.

– Merci, répondis-je en russe.

Elle écarquilla les yeux.

– Une Russe ! s'exclama-t-elle avec un large sourire. C'est merveilleux ! Tu as une petite amie ! Et pas n'importe laquelle ! Une Russe !

Arash devint écarlate.

– Grand-mère, arrête ! Ce n'est pas ma petite amie ! Je ris.

– Tu peux dire ce que tu veux, mais c'est magnifique. Bon, je vous laisse tous les deux, dit-elle en s'éloignant.

Et elle ajouta :

– C'est merveilleux !

– Il faut excuser ma grand-mère. Elle est très âgée et, parfois, elle s'embrouille.

– Tu lui as montré ta flûte ? cria-t-elle de loin.

Arash blêmit.

– Quelle flûte ?

– C'est sans importance. Je joue de la flûte traversière pour m'amuser. Il n'y a pas de quoi se pavaner.

– Je n'ai jamais connu personne qui jouait de cet instrument. Tu veux bien me montrer ?

– Certainement, répondit-il sans enthousiasme.

Je le suivis dans sa chambre. Il sortit une flûte chromée d'un long étui noir et fit courir ses doigts sur l'instrument lustré. Une musique triste se mit à envahir la pièce. J'étais assise sur son lit, la tête appuyée contre le mur ; il était debout et bougeait avec les notes comme si elles faisaient partie de lui, comme s'il les créait. Ses yeux rêveurs semblaient voir ce que personne d'autre ne voyait. Le rideau de coton blanc se gonflait devant la fenêtre ouverte, oscillant de l'ombre à la lumière. Je n'avais jamais entendu plus belle musique. À la fin du morceau, j'étais sans voix. J'appris qu'il l'avait composé lui-même ; il était d'une grande modestie. Il voulut savoir si je jouais d'un instrument. Puis il me demanda mon âge et fut surpris d'apprendre que j'avais treize ans, il m'en donnait au moins seize. Je fus étonnée qu'il en eût dix-huit.

J'aimais la façon qu'il avait de me dévisager quand je lui parlais. Il se rassit, une épaule contre le bras du fauteuil, une main soutenant son menton, il souriait avec un regard très attentionné. À sa manière de prendre le temps pour me répondre, je sentais qu'il s'intéressait vraiment à notre conversation. Je lui proposai de venir se promener avec moi le lendemain matin et il accepta.

Le lendemain, sa grand-mère nous fit de grands signes depuis le perron.

— Elle me rend fou. Elle croit toujours que tu es ma petite amie et veut que tu viennes déjeuner chez nous.

— J'aimerais bien si tu es d'accord.

Il m'adressa un regard interrogateur.

— Si c'est juste une idée de ta grand-mère, mais que tu n'en as pas envie, tu peux me le dire, ajoutai-je.

— Bien sûr que je suis d'accord.

— Tant mieux parce que j'ai encore envie de t'écouter jouer de la flûte.

Sur la plage, nous cherchâmes un coin tranquille et reculé. Je remarquai au loin des personnes allongées sur le sable et quelques baigneurs. Les vagues roulaient et formaient une écume blanche avant de se briser sur le rivage. J'ôtai mes sandales pour me tremper les pieds.

L'eau était agréable. Je le questionnai sur sa famille et appris que son père était un homme d'affaires et que sa mère ne travaillait pas. Ses parents se rendaient en Europe tous les étés. Il passait ses vacances avec son frère et sa grand-mère dans la maison de sa tante. Il m'apprit que son frère, plus jeune de deux ans, s'appelait Aram.

– Tu plaisantes ? Aram est ton frère ! fis-je, surprise.

– Ouais, tu le connais ?

– Disons que je l'ai rencontré. Il sort beaucoup. Je le vois toujours avec les autres, alors que je ne t'ai jamais vu avant l'anniversaire de Neda. Où te caches-tu ?

Il me répondit qu'il n'aimait pas être en bande comme son frère et qu'il préférait lire ou jouer de la flûte. Il n'était venu à l'anniversaire de Neda que parce qu'elle était sa voisine à Téhéran et la petite amie de son frère.

Arash venait de terminer sa première année de médecine à l'université de Téhéran et il était sorti premier de sa promotion. Je lui confiai que j'étais aussi une bonne élève et que j'avais également l'intention d'étudier la médecine. Je lui proposai de venir nager avec moi, mais il préféra rester lire sur la plage.

Sa grand-mère, Irena, avait préparé un repas de fête. Comme il faisait très beau, elle avait dressé la table, recouverte d'une nappe blanche impeccablement repassée, dans la cour arrière sous le saule pleureur. Je la regardai verser de la limonade dans mon verre, quelques mèches de cheveux argentées soulevées par la brise marine. Malgré mes protestations, elle me servit une assiette de riz avec du poisson grillé et de la salade.

– Tu devrais manger plus, Marina, tu es trop maigre. Ta mère ne te nourrit pas assez.

Depuis qu'elle avait découvert que je parlais russe, Irena n'échangeait plus un mot de persan avec moi. Elle était fière et, comme ma grand-mère, quoiqu'elle le parlât très bien, ne communiquait en persan qu'en cas d'absolue nécessité. Mon russe s'était rouillé. Mes parents le parlaient à la maison, mais depuis la mort de ma grand-mère, je refusais d'en faire autant, car je ne voulais pas partager cette langue avec quelqu'un d'autre qu'elle. L'aisance d'Arash en la matière valait la mienne, je n'étais donc pas gênée de parler russe devant lui. Je goûtais au plaisir de dialoguer à nouveau en russe avec Irena, en souvenir de mon enfance.

Après le déjeuner, elle partit se reposer tandis qu'Arash et moi faisions la vaisselle. J'entrepris de laver les plats dans l'évier et il mit les restes au réfrigérateur dans des Tupperware. Il se débrouillait très bien. Quand il eut terminé avec les restes, il m'aida à essuyer la vaisselle. Au moment où je lui tendis la première assiette, nos regards se croisèrent et je dus refréner mon envie de lui toucher le visage.

– Je dois faire mes prières avant le coucher du soleil, me dit Arash le soir même.

Nous étions assis dans l'arrière-cour.

– Je peux te regarder ?

– Tu as des idées bizarres !

Il accepta et je le regardai, muette. Il se positionna en direction de La Mecque et accomplit les rites du *namaz*. Il ferma les yeux, murmura ses prières en arabe, s'agenouilla, se releva et posa son front sur sa pierre de prière.

— Pourquoi es-tu musulman ? le questionnai-je quand il eut terminé.

— Tu es la personne la plus étrange que je connaisse, répondit-il en riant.

Il m'expliqua qu'il était musulman car il croyait que l'islam pouvait sauver le monde.

— Et ton âme ?

Ma question le surprit.

— Je suis sûr qu'il peut sauver mon âme aussi. Tu es chrétienne ?

— Oui.

— Pourquoi ? Parce que tes parents le sont ?

Je lui répondis que mes parents n'étaient pas pratiquants.

— Alors pourquoi ? insista-t-il.

Je me rendis compte que je n'en savais rien. Je dis que j'avais étudié l'islam et que cela ne me correspondait pas, sans pouvoir en fournir la raison. J'en connaissais certainement plus sur Mahomet que sur Jésus. J'avais plus lu le Coran que la Bible, et cependant Jésus me semblait plus proche ; comme un lien de cœur. Arash me souriait. J'imaginais qu'il s'attendait à une explication plus théorique, mais je n'en avais pas. Pour moi, c'était une histoire de cœur.

Je voulus savoir si ses parents étaient religieux. Il m'apprit que son père était musulman par tradition et croyait en Dieu, mais ni en Mahomet, ni en Jésus, ni en aucun prophète. Irena était issue d'une famille chrétienne non pratiquante, et son mari, décédé depuis plusieurs années, n'avait jamais cru en Dieu. La mère d'Arash était chrétienne, et bien qu'elle n'allât jamais à l'église, elle priait à la maison. Je lui demandai ce que sa famille pensait de ses convictions religieuses. Il me répondit que même s'il n'avait jamais failli à aucune de ses prières quotidiennes depuis l'âge de treize ans, ses parents restaient persuadés que ce n'était qu'une passade.

Le lendemain soir, chez moi, assise sur le perron, j'admirais le coucher du soleil. Les nuages rougeoyants prirent des teintes violettes à la tombée de la nuit. Je ne cessais de penser à Arash. Avec lui, j'éprouvais un bien-être simple ; un bonheur doux et joyeux qui surpassait tout et me rendait le reste du monde tout à fait insignifiant. Je fermai les yeux pour écouter la nuit. J'entendais le battement d'ailes des chauves-souris à la recherche de nourriture et la corne d'un bateau dans le port. Arash m'avait lu des poèmes de Hafez[1], de Sadi[2] et de Rumi[3], de sa voix grave et tendre. Leurs vers paraissaient encore plus magiques que lorsque je les lisais moi-même. Il les déclamait avec autorité comme si c'étaient les siens, comme s'il les avait composés lui-même, prononçant chaque mot dans une parfaite mélodie. C'était peut-être ça, l'amour ; l'indice que je l'aimais.

Comme j'avais envie de lui montrer mon rocher, un matin, j'invitai Arash chez moi.

— Pourquoi l'as-tu baptisé le rocher aux prières ? demanda-t-il en franchissant mon portail.

---

1. Poète et mystique persan (v. 1320-v. 1389), né à Chiraz (NdlT).

2. Poète iranien majeur du XIIIᵉ siècle (v. 1200-v. 1291), né à Chiraz (NdlT).

3. Mystique persan (1207-1273) qui a profondément influencé le soufisme (NdlT).

– Quand j'étais petite, j'ai prié là un jour et j'en ai ressenti une sensation très forte. Depuis, j'y retourne. C'est devenu mon lieu magique.

Nous atteignîmes bientôt le rocher. Je ne l'avais jamais montré à personne auparavant. L'espace d'un instant, je me suis demandé si je faisais bien. Après tout, ce n'était qu'un tas de pierres bizarre recouvert de mousse.

– Tu me crois folle ?

– Non. Je crois que tu désires autant que moi trouver un moyen de te rapprocher de Dieu. Moi avec ma flûte, toi avec tes prières sur ce rocher.

– Prions ensemble, lui proposai-je. Tu auras peut-être la sensation d'ouvrir une fenêtre sur le paradis.

Nous grimpâmes sur le rocher, et les mains tendues vers le ciel, je me mis à réciter un passage du Cantique de David (psaume 23) : « L'Éternel est mon berger : je ne manquerai de rien. Il me fait reposer dans de verts pâturages, Il me dirige près des eaux paisibles. Il restaure mon âme, Il me conduit dans les sentiers de la justice, à cause de Son nom. Quand je marche dans la vallée de l'ombre de la mort, je ne crains aucun mal, car Tu es avec moi : Ta houlette et Ton bâton me rassurent. »

– Magnifique ! s'écria-t-il quand j'eus terminé. Qu'est-ce que c'est ?

Je lui expliquai que les Psaumes de David étaient dans la Bible ; il n'en avait jamais entendu parler. C'est ma grand-mère qui me les lisait autrefois ; celui-ci était mon préféré.

Nous étions assis sur le rocher, côte à côte. Il regardait fixement dans le lointain.

– Tu t'es déjà demandé ce qui nous arrive après la mort ?

Je répondis que oui. Il pensait que la mort était un mystère insoluble ; le seul endroit qui, une fois franchi, ne permettait pas de revenir raconter ce qu'on y avait vu. Et pourtant personne n'y échappait.

– Je trouve insupportable que les gens qu'on aime meurent. La douleur ne s'efface jamais, dis-je.

– Ça ne m'est jamais vraiment arrivé ; ma grand-mère est morte quand j'étais tout petit, mais je ne me rappelle pas.

– Je me souviens de la mort de ma grand-mère.

Je sentais mes larmes monter. Une fois de plus, je désirais toucher le visage d'Arash, en dessiner les traits de mes doigts. J'avais envie de l'embrasser. Dépassée par mes émotions, je me levai. Il sauta à terre et atterrit juste devant moi. Ses lèvres frôlèrent les miennes. Nous reculâmes instantanément, comme touchés par la foudre.

– Je suis désolé, dit-il.

– Pourquoi désolé ?

– C'est contre la loi de Dieu pour un homme de toucher une femme ainsi, à moins d'être marié.

– Ce n'est pas grave.

– Si. Je veux que tu saches que je te respecte et te veux du bien. Je n'aurais pas dû. Et tu es tellement plus jeune que moi. Il faudra attendre.

– Tu es en train de me dire que tu m'aimes ?

– Oui, je t'aime.

Je ne compris pas tout à fait pourquoi il se sentait coupable de ce baiser, mais je savais que la religion y était pour quelque chose. Pendant l'été, j'avais surpris des garçons et des filles s'embrasser dans les buissons, et chaque fois je m'étais demandé quel effet cela faisait. S'il n'avait tenu qu'à moi, j'aurais continué à l'embrasser, mais je n'osais pas et ne voulais pas le contrarier. Il était plus vieux et connaissait mieux la vie. Je lui faisais confiance.

Cette nuit-là, je dormis chez tante Zenia avec ma mère. Je me réveillai à six heures du matin et me rendis à la cuisine sur la pointe des pieds pour me préparer du thé. Ma tasse à la main, je me dirigeai ensuite vers la salle à manger. J'eus la surprise de découvrir ma tante assise à table, entourée de piles de papiers. Elle portait une chemise de nuit rose en dentelle qui aurait été plus adaptée à une jeune fille qu'à une femme corpulente de soixante ans. Je m'approchai et vis qu'elle était occupée à écrire dans un petit carnet. Je marquai une pause, ne sachant pas si je devais lui dire bonjour ou pas, tant elle était absorbée.

— Pourquoi t'es-tu réveillée si tôt, Marina ? Tu es amoureuse ou quoi ? demanda-t-elle si fort que je faillis renverser mon thé.

— Bonjour, tante Zenia, bafouillai-je.

— C'est peut-être un bon jour pour toi, persifla-t-elle sans cesser d'écrire. Tu sors ? ajouta-t-elle.

— Oui.

— Et où vas-tu ?

Ma mère me demandait rarement où j'allais.

— Me promener.

— Ta mère est au courant que tu sors si tôt ?

— Je n'en sais rien.

Elle me regarda de ses yeux bleu pâle.

— C'est dur, mais tu es plus forte que ça.

Je ne comprenais rien.

— Ne sois pas bête et ne me regarde pas comme ça ! Tu sais de quoi je parle. Ta mère et ma fille sont faites du même bois. Dieu n'a pas été très attentif quand il a créé ces deux spécimens. Va me chercher une tasse de thé.

Je tournai les talons et obéis. Je lui tendis son thé, les mains un peu tremblantes.

— Assieds-toi, ordonna-t-elle en m'examinant de la tête aux pieds. Quel âge as-tu maintenant ?

— Treize ans.

— Tu n'as pas perdu ta virginité, au moins ?

— Excuse-moi ? murmurai-je.

— Bien, fit-elle en souriant. Je te connais mieux que ta propre mère. Je regarde et je vois, mais elle, elle regarde et refuse de voir. C'est la première fois que je te vois sans livre. Tu veux que je les énumère pour toi ?

— Énumérer quoi ?

— Les livres que tu as lus.

J'avais des bouffées de chaleur.

— *Hamlet*, *Roméo et Juliette*, *Autant en emporte le vent*, *Les Quatre Filles du Dr March*, *Les Grandes Espérances*, *Le Docteur Jivago*, *Guerre et Paix* et tous les autres. Qu'as-tu donc retenu de toutes ces lectures ?

— Plein de choses.

— Ne fais pas de bêtises ! Tu n'es pas impliquée dans cette révolution, n'est-ce pas ?

— Tante Zenia, de quoi tu parles ? Quelle révolution ?

— Tu me prends pour une imbécile ?

Je hochai la tête négativement. Je n'avais pas la moindre idée de ce dont elle me parlait.

— Je suis ravie d'aborder la question avec toi, parce que j'en connais un bout sur les révolutions. Écoute-moi attentivement. Il se passe des choses terribles dans ce pays, c'est dans l'air que je respire, et je sens l'odeur du sang et du désastre. Il y a des protestations et des rassemblements contre le shah. Cela fait des années que cet ayatollah dont le nom m'échappe s'oppose au gouvernement, et permets-moi de te dire qu'il n'est pas animé de bonnes intentions. Une dictature meurt, et une autre – bien pire – la remplace ; la même chose qu'en Russie sauf que, cette fois, elle prend un nom différent, et ce sera encore plus dangereux, car cette révolution-là est brandie au nom de Dieu. Des intellectuels, des gens éduqués se mettent à suivre cet ayatollah. Même ma fille et son mari s'y mettent. Ma propre famille ! Il a beau être en exil, ça ne les a pas dissuadés. Éloigne-toi de lui. Il prétend que le shah est trop riche. Le shah est le shah, il n'est pas parfait, mais qui l'est ? L'ayatollah dit qu'il y a trop de pauvres en Iran. Il y a des pauvres partout. N'oublie pas ce qui s'est passé en Russie. Ils ont assassiné le tsar, et tu t'imagines que les choses vont mieux ? Crois-tu vraiment que le peuple russe est libre, riche et heureux ? Le communisme n'est pas la solution aux problèmes sociaux, pas plus que la religion. Tu comprends ce que je dis ?

J'acquiesçai en silence, choquée et déconcertée. Elle se remit à écrire dans son carnet.

Plus tard dans la matinée, alors que je m'apprêtais à aller me promener avec Arash, Aram nous appela depuis le porche pour nous demander où nous allions.

– Pourquoi tu veux le savoir ? questionna Arash.

Son frère répondit qu'il s'ennuyait et voulait nous accompagner. Arash lui conseilla de retourner se coucher, mais il insista et nous finîmes par céder. En chemin, Aram demanda à Arash ce que nous faisions toute la journée, tous les jours. Cette question énerva Arash et provoqua une dispute qui me fit rire.

À la plage, Aram vint se baigner avec moi. Arash n'aimait pas l'eau et passait son temps à lire pendant que je nageais. Je l'observai sur le rivage et me rendis compte qu'il ne s'intéressait pas à son livre. Il nous regardait.

Arash demeura silencieux le reste de la journée. Le soir, alors que je l'écoutais jouer de la flûte dans sa chambre, les yeux clos, il s'interrompit au beau milieu de son morceau favori. Je rouvris les yeux de surprise.

– Que se passe-t-il ?

– Rien.

Il baissa les yeux pour éviter mon regard.

– Arash, parle ! Que se passe-t-il ?

Il s'assit sur le lit à côté de moi.

– Tu m'aimes vraiment ? demanda-t-il.

– Oui. Dis-moi ce qui ne va pas ?

– Tu avais l'air tellement heureuse avec mon frère aujourd'hui. Tu t'amusais si bien que je me suis dit que peut-être... Je ne sais pas...

– Tu as cru que j'éprouvais quelque chose pour lui ?

– C'est la vérité ?

– Tu devrais me connaître suffisamment maintenant. Il est drôle, mais pas du tout mon genre.

– Et que veux-tu dire par ton « genre » ?

– C'est toi mon genre, pas lui. C'est tout. Je n'aime pas ton frère, je t'aime, toi.

– Désolé, je ne sais pas ce qui m'a pris. Aram a toujours eu beaucoup de succès auprès des filles. Je ne veux pas te perdre.

– Ça n'arrivera pas.

Il n'avait toujours pas l'air bien.

– Tu ne me crois pas ?

– Si.

Il se leva pour s'approcher de la fenêtre. Il y avait du vent et de la houle ; les vagues grondaient. Il m'annonça brusquement qu'il avait quelque chose de très important à me dire. Je ne m'y attendais pas. Il m'expliqua qu'il y avait un grand mouvement contre le shah, qu'une révolution se préparait et que le nombre de manifestations et d'arrestations augmentait. Je lui confiai que tante Zenia m'avait parlé de la révolution le matin même.

Je l'interrogeai sur les raisons de cette révolution, et il répondit que le shah, sa famille et le gouvernement étaient tous corrompus. Ils s'étaient enrichis jour après jour, tandis que le peuple iranien luttait contre la misère. Je lui répliquai que, selon tante Zenia, il se passerait en Iran la même chose que ce qui s'était produit en Russie.

– La révolution russe ne se fondait pas sur de bonnes bases ; le communisme n'était pas la solution à leurs problèmes. Leurs chefs ne croyaient pas en Dieu et ils se sont laissé corrompre, affirma Arash.

– Mais comment peux-tu être certain que celui qui prendra la place du shah sera meilleur ?

Il me demanda si j'avais entendu parler de l'ayatollah Khomeiny.

– Ma tante a mentionné un ayatollah, mais elle était incapable de se rappeler son nom. Qui est Khomeiny ?

Il m'apprit que ce Khomeiny était un envoyé de Dieu et qu'il avait été chassé d'Iran par le shah. L'ayatollah désirait que le peuple d'Iran vive selon les lois islamiques. Il voulait que les richesses du pays soient partagées entre tous au lieu d'être aux mains de quelques personnes. Cela faisait plusieurs années déjà qu'il était à la tête du mouvement contre le shah.

Je confiai à Arash que j'avais un mauvais pressentiment à propos de cette révolution. Autant que je sache, ni sa famille ni la mienne n'étaient riches. Nos parents n'occupaient pas de postes à responsabilité au sein du gouvernement, et pourtant nous vivions confortablement. Nous recevions un bon enseignement, gratuit, et il allait à l'université pour devenir médecin. Pourquoi aurions-nous besoin d'une révolution ?

— Il ne s'agit pas seulement de nous, Marina, dit-il avec ferveur. Il s'agit de ceux qui vivent dans la misère. Le gouvernement gagne des tonnes d'argent grâce au pétrole qui appartient au peuple iranien. Et la majeure partie de cet argent finit sur les comptes personnels du shah et de ses ministres. Et tu sais que, depuis des années, tous ceux qui critiquent le shah et son gouvernement se font arrêter par la Savak, la police secrète ? Ils sont torturés et exécutés.

— Non, je ne te crois pas.

— C'est la vérité.

— Comment sais-tu tout ça ?

— J'ai rencontré quelques prisonniers politiques. Ils se passent des choses horribles dans les prisons, des choses qui te rendraient malade si tu les entendais.

— C'est terrible. Je n'en savais rien.

— Maintenant, tu le sais.

Je voulus savoir si ses parents savaient qu'il soutenait la révolution. Il me rétorqua qu'il ne pouvait rien dire, car ils ne le comprendraient pas.

— Ça fait beaucoup de morts, les révolutions.

— Je m'en sortirai. Tu dois être courageuse, Marina.

J'étais inquiète ; je ne voulais pas qu'il lui arrive quoi que ce soit. Je fus parcourue de frissons. Il me prit les mains.

– Marina, ne t'en fais pas, s'il te plaît. Je m'en sortirai, c'est promis.

Je m'efforçais de le croire. J'essayais d'être courageuse. Après tout, je n'avais que treize ans.

Tout le reste de l'été, je ne parlai plus politique avec Arash. J'avais envie d'oublier la révolution ; peut-être disparaîtrait-elle. Arash me jouait de la flûte tous les jours, nous allions marcher et faire de la bicyclette sur la plage, nous lisions des poèmes sur la balancelle dans son arrière-cour.

Arash dut retourner à Téhéran deux semaines avant moi. Ma mère et moi rentrions en général début septembre. Cela me laissait le temps de préparer la rentrée scolaire qui débutait le 21 septembre, premier jour de l'automne. Je regardai Arash disparaître au volant de la Paykan blanche de son père, sa grand-mère sur le siège passager et son frère à l'arrière. Nous nous fîmes signe de la main jusqu'à ce qu'ils soient hors de ma vue.

J'arrivai à Téhéran le jeudi 7 septembre et téléphonai aussitôt à Arash. Nous convînmes d'un rendez-vous dans une librairie le surlendemain à dix heures du matin.

Ce jour-là, je me réveillai avant l'aube. Saisie d'inquiétude, je sortis sur le balcon. À cette heure matinale, la rue, d'ordinaire passante, était calme dans la brise légère qui secouait les feuilles des érables. J'avais envie d'appeler Arash pour lui dire de venir plus tôt, mais c'était de la folie. Il me fallait attendre.

Tout à coup, j'entendis un sifflement étrange et scrutai l'obscurité. Quelque chose bougeait de l'autre côté de la rue. Je regardai plus attentivement : une silhouette noire dans le faisceau lumineux d'un réverbère se mit à écrire à la bombe sur le mur d'un magasin. Une voix dont je ne perçus pas l'origine en raison de l'écho cria : « Stop ! » La silhouette prit la fuite. J'entendis une déflagration. Elle disparut au coin de la rue. L'ombre de deux soldats armés apparut à la place. Je courus dans ma chambre.

Après le lever du soleil, je retournai sur le balcon. Sur le mur d'en face était inscrit en grosses lettres rouges : « À bas le shah. »

J'arrivai à la librairie légèrement en avance et parcourus les étagères jusqu'à dix heures et quart. Arash n'était jamais en retard. Je vérifiai l'heure à plusieurs reprises. Chaque fois que la porte s'ouvrait et que quelqu'un entrait, j'avais bon espoir. Il ne vint pas. J'attendis jusqu'à onze heures, ne cessant de me persuader qu'il n'avait rien, qu'il était probablement coincé dans la circulation ou qu'il avait eu une panne de voiture.

De retour chez moi, je fonçai directement sur le téléphone. C'est Aram qui décrocha, et, à sa manière de dire bonjour, je compris que quelque chose n'allait pas. Je lui expliquai que son frère était censé me retrouver à la librairie et qu'il n'était pas venu.

— Aram, où est-il ? questionnai-je le plus calmement possible.

Il n'en savait rien. Arash était parti le matin précédent ; il était censé être de retour pour le dîner, mais il n'était pas rentré. Ses parents avaient téléphoné partout, personne ne savait où il était. Dans la journée, un grand rassemblement de manifestants contre le shah s'était tenu place Jaleh, à l'initiative des sympathisants de Khomeiny. L'intervention de l'armée avait fait de nombreux blessés. Un ami d'Arash venait d'apprendre à son père qu'il était allé place Jaleh avec lui, mais qu'ils s'étaient perdus de vue. Les parents d'Arash avaient appelé tous les hôpitaux de Téhéran. Son père s'était même rendu à Evin. Toutes leurs recherches étaient restées vaines.

« Ils font des choses horribles aux prisonniers politiques, des choses qui te rendraient malade si tu les entendais. » Je repoussai cette pensée tout en faisant promettre à Aram de me rappeler dès qu'il aurait du nouveau.

Je sentis un froid et un vide immenses s'immiscer en moi. Le ronronnement de la circulation qui me parvenait de la rue m'indifférait. Je reconnus ce sentiment. C'était le chagrin.

Le lendemain matin, je sonnai à la porte d'Arash et c'est Aram qui m'ouvrit. Nous nous étreignîmes et eûmes du mal à nous détacher. J'ouvris les yeux pour constater qu'Irena nous dévisageait. Il fallait que je sois forte. Je m'éloignai d'Aram et allai embrasser sa grand-mère avant de l'aider à s'installer sur le canapé du salon. Son père nous rejoignit et Aram me le présenta. Je trouvai qu'Arash lui ressemblait terriblement.

— Merci d'être venue, dit-il. Arash m'a beaucoup parlé de toi. J'aurais préféré te rencontrer dans d'autres circonstances.

Assise à côté d'Irena, je lui tenais la main. Elle pleurait. La mère d'Arash arriva et je me levai pour l'embrasser. Elle avait le visage blême et les yeux gonflés. La pièce était remplie de photos de famille ; je ne m'étais jamais fait photographier avec Arash.

Je priai Aram de me montrer la chambre de son frère. Elle était simple ; ni photo ni poster au mur. L'étui de sa flûte noir était posé sur son bureau, à côté d'une petite boîte blanche qu'Aram me tendit.

– Il a acheté ça pour toi il y a quelques jours.

J'ouvris la boîte pour y découvrir un magnifique collier en or. Je la refermai et la reposai sur le bureau.

– J'ai trouvé une lettre dans l'un de ses tiroirs. Je n'avais pas l'intention de fouiller dans ses affaires, j'espérais juste trouver un indice qui puisse nous guider.

Aram me la donna et je reconnus l'écriture d'Arash. Elle était adressée à ses parents, sa grand-mère, son frère et moi. Il y révélait qu'il se faisait un devoir d'être fidèle à ses convictions, qu'il lui fallait lutter contre toutes les formes du mal. Il expliquait qu'il œuvrait de son mieux pour le mouvement islamique contre le shah et qu'il était conscient du danger que cela représentait. Il ajoutait qu'il ne s'était jamais senti très courageux, mais qu'il avait décidé de vaincre ses peurs au risque d'y perdre la vie. Il terminait en disant que si nous lisions cette lettre, c'est qu'il était probablement déjà mort et nous demandait pardon pour le mal qu'il nous faisait.

Je regardai Aram.

– Mes parents ignoraient à quel point il était impliqué dans cette stupide révolution, mais moi, je savais. J'ai tenté de le dissuader, mais tu le connais ; il ne m'écoute jamais. Je suis le petit frère qui n'y comprend rien.

Je m'assis sur le lit d'Arash et rendis la lettre à Aram. Sur son oreiller, il y avait un tee-shirt bleu. Je le pris et le sentis, reconnaissant son parfum ; il l'avait souvent porté pendant l'été, c'était l'un de ses préférés. Je m'attendais à le voir entrer avec son beau sourire ; de sa voix douce, il m'appellerait par mon nom.

J'avais regardé les nouvelles la veille au soir et aucune information n'avait été divulguée concernant la manifestation de Jaleh. Il faut dire que les chaînes télévisées ne parlaient pas des événements récents, car la plupart étaient aux mains de l'État. Je ne comprenais pas pourquoi le shah ordonnait à l'armée de tirer sur le peuple. Pourquoi n'écoutait-il pas les revendications des manifestants ? Pourquoi refusait-il le dialogue ?

Collée à la fenêtre pour regarder dehors, je me demandai s'il était arrivé à Arash de faire la même chose en pensant à moi. Aram était à mes côtés, fixant le lointain, et j'eus un pincement au cœur pour lui. Ils étaient très différents et pourtant très proches.

Dans la salle à manger, une photo avait attiré mon attention : les deux frères, à sept et neuf ans environ, se tenant par le cou en riant.

Chapitre 8

– Nous aurons de l'eau chaude ce soir, m'annonça Sarah. C'est au tour de notre bâtiment.

C'était ma première nuit au 246. L'eau chaude ne nous était accordée que toutes les deux à trois semaines, à raison de quelques heures. Notre chambrée disposerait des douches aux alentours de deux heures du matin.

– Dix minutes chacune. Je viendrai te réveiller, précisa-t-elle.

C'était l'heure de se coucher. L'extinction des feux avait lieu à onze heures chaque soir, mais le couloir restait éclairé en permanence. Sarah me présenta celle qui était chargée des « lits ». Nous avions droit à trois couvertures par personne. Nous dormions toutes par terre, côte à côte, et chacune se voyait attribuer un endroit précis, par roulement. Comme nous étions en surnombre, certaines devaient utiliser le couloir. J'avais ma place à côté de Sarah. Avec une couverture pliée en trois, je me fis un matelas, la deuxième me servit d'oreiller, et la troisième à me couvrir. Une fois tout le monde installé, il ne restait plus d'espace libre. Se rendre aux toilettes en pleine nuit relevait de la prouesse ; il était quasiment impossible de ne pas piétiner quelqu'un. Du temps du shah, le 246, les deux étages confondus, comptait une cinquantaine de prisonniers. Nous étions désormais six cent cinquante.

Sarah me réveilla comme prévu. D'abord désorientée, ne sachant pas où je me trouvais, je compris que je n'étais pas dans mon lit. J'étais à Evin. Des bruits d'eau et de tuyauterie mêlés aux voix des filles parvinrent à mes oreilles. Sarah m'aida à me relever et j'avançai en boitant jusqu'aux douches. Le sol et les murs étaient en ciment, peints en vert foncé, séparés par six rideaux en plastique épais. Nous avions droit à dix minutes chacune, à raison de deux filles par douche. Les cabines, saturées de vapeur, sentaient le savon bon marché. Je me frottai fort et fondis en larmes.

Je compris que ma vie avait basculé au moment où j'avais enlevé mon bandeau la nuit de l'exécution. J'avais pourtant vécu des événements douloureux avant cette nuit, mais ni la perte d'un être cher, ni mon arrestation, ni la torture n'avaient entamé mon essence vitale. Or, ce soir-là, j'avais franchi une limite. L'heure de ma mort avait sonné, et j'étais encore en vie. C'était la limite de séparation entre la vie et la mort, et je n'étais ni vivante, ni morte.

Après la douche, nous retournâmes nous coucher. L'espace était si exigu que je ne pouvais pas m'allonger sur le dos sans gêner mes voisines. Je me mis sur le flanc, face à Sarah, en dépliant mes jambes au maximum. Elle ouvrit les yeux et me sourit.

– Marina, ne le prends pas mal, mais je suis contente que tu sois ici avec moi. Je reconnais que c'est idiot. Je me sentais si seule !

– Moi aussi, je suis heureuse de ne plus être seule.

Elle ferma les yeux, je l'imitai. J'avais envie de lui raconter la nuit de l'exécution, mais j'en fus incapable. Je ne trouvais pas les mots pour la décrire. Et je voulais éviter de l'affoler en lui parlant de ma condamnation à mort. Je paniquais à la perspective de rester enfermée toute ma vie à Evin. Je n'embrasserais jamais plus ma mère, ne verrais plus André, n'irais plus à l'église ou en vacances au bord de la mer Caspienne. Non, c'était impossible, ils souhaitaient m'intimider et me voir perdre espoir. Il fallait que je prie, que j'implore Dieu de me sauver. Je prierais non seulement pour moi, mais aussi pour Sarah. Nous rentrerions chez nous. Toutes les deux. Oui, nous serions bientôt chez nous.

Je croyais m'être assoupie depuis deux minutes quand la voix du muezzin pénétrant dans notre chambre par les haut-parleurs, au son d'*Allabo akbar, Allabo akbar...*, me fit comprendre que c'était l'heure du *namaz*, la prière rituelle d'avant le lever du jour. Sarah et la plupart des filles se précipitèrent aux toilettes pour le *wudhû* : lavage des mains, des bras et des pieds préconisé avant chaque *namaz*. Je pus enfin m'allonger sur le dos. Soudain, quelqu'un vint me secouer par l'épaule. J'ouvris les yeux et découvris Soheila.

— Tu ne te lèves pas pour le *namaz* ?

— Je suis chrétienne, fis-je en souriant.

— Tu es la première que je vois ici ! Chez moi, nous avions... je veux dire *avons* des voisins de palier chrétiens. Ils s'appellent Jalalian. Leur fille, Nancy, est mon amie. Ils nous ont invités à prendre le café chez eux une fois. Du café turc. Tu connais les Jalalian ?

Je répondis que non.

Elle s'excusa de m'avoir réveillée et demanda si les chrétiens priaient. Je lui expliquai que, contrairement aux musulmans, nous ne priions pas à heures fixes.

La chambre devait être nettoyée à sept heures du matin. La rapidité avec laquelle le rangement fut expédié, la montagne de couvertures pliée et empilée me surprit. Les deux responsables des repas disposèrent par terre de fines nappes plastifiées d'environ cinquante centimètres de large, appelées *sofreh*, et distribuèrent des cuillères en métal ainsi que des assiettes en plastique. Nous n'avions ni fourchette ni couteau. Elles allèrent ensuite à l'intendance prendre un grand récipient en métal contenant du thé. Elles le tenaient chacune par une anse et chancelaient sous son poids. Elles rapportèrent aussi notre ration de pain et de feta. Nous fîmes la queue et retournâmes autour des *sofreh* pour manger. J'étais tellement affamée que j'engloutis ma part en une seconde. Le pain était relativement frais. J'appris qu'il était cuit sur place. Le thé, servi chaud, avait une odeur bizarre. Sarah m'expliqua que les gardes y ajoutaient du camphre. Elle avait entendu dire que cela altérait les menstruations ; la plupart des filles n'avaient plus leurs règles. Cela entraînait d'autres effets secondaires, notamment des états dépressifs et un gonflement des tissus. Je lui demandai quelle raison avaient les gardes d'empêcher le cycle menstruel. Elle me confia que les serviettes hygiéniques étaient coûteuses. Après manger, les filles chargées de la vaisselle ramassèrent assiettes et couverts dans des poubelles en plastique et partirent les laver dans les douches à l'eau froide.

Je mémorisai rapidement chaque règle. Il était interdit de franchir les grilles au bout du couloir, sauf sur convocation de la sœur, par haut-parleur, quand nous étions appelées pour un interrogatoire ou une visite. Les visites avaient lieu une fois par mois ; la prochaine serait dans deux semaines. Personne n'avait encore rendu visite à Sarah ; elle espérait que ses parents viendraient la voir bientôt. J'appris que seuls les membres de la famille étaient autorisés à venir et qu'ils pouvaient apporter des vêtements. Il y avait un poste de télévision dans chaque chambre diffusant des programmes uniquement religieux. Nous avions des livres, mais uniquement sur l'islam.

Le déjeuner consistait en une petite ration de soupe ou de riz, et le dîner se composait de dattes et de pain. Des morceaux de poulet étaient censés compléter le riz ou la soupe, et si, par bonheur, une chanceuse trouvait un minuscule morceau de viande dans son assiette, elle s'empressait de l'exhiber aux yeux des autres. La responsable de chambre, désignée soit par nous, soit par les gardes, organisait la distribution des repas, la répartition des travaux et renseignait la direction en cas de maladie grave ou de problème.

Un jour, postée dans mon coin, plus d'une semaine après mon enfermement, j'observai attentivement les filles dire leurs prières de la mi-journée. Elles étaient toutes alignées face à La Mecque. La première fois que j'avais vu un musulman prier remontait à ma rencontre avec Arash dans la maison de sa tante. J'adorais le regarder se courber, s'agenouiller et réciter ses prières avec ferveur. Je me demandai si, aujourd'hui, il approuverait le nouveau gouvernement, s'il accepterait ce que ses dirigeants imposaient au nom de Dieu. J'en conclus que non ; Arash était bon et généreux, il n'aurait jamais admis de telles injustices. Comme moi, il aurait aussi échoué à Evin.

L'une des codétenues m'adressa la parole, venant interrompre le fil de mes pensées. Je sursautai. C'était une jeune fille de vingt et un ans, Taraneh, menue et fragile avec de grands yeux couleur d'ambre et des cheveux courts. La plupart du temps, elle restait dans son coin à lire le Coran. Chaque fois qu'elle se levait pour la prière, elle se couvrait de son tchador, et quand elle l'enlevait, ses yeux étaient rouges et gonflés. Pourtant, elle souriait tout le temps.

– Tu as l'air d'une statue, immobile depuis tout à l'heure. Tu n'as même pas cligné des paupières.

– J'étais perdue dans mes pensées.

– Tu pensais à quoi ?

– À un ami.

Je l'interrogeai sur les motifs de son arrestation.

– C'est une longue histoire, me répondit-elle.

– On dirait que ce n'est pas le temps qui manque ici.

– Ne crois pas.

Sa réponse me saisit d'effroi. Sarah m'avait confié que deux détenues étaient condamnées à mort, mais, à ma connaissance, Taraneh n'en faisait pas partie.

– Mais Sarah m'a dit…

– Personne n'est au courant, murmura-t-elle.

– Pourquoi n'en as-tu pas parlé ?

– À quoi ça sert ? Après, tout le monde parle dans ton dos, on a pitié de toi. Je déteste ça. S'il te plaît, ne le dis à personne.

– Et pourquoi me le dire dans ce cas ?

– Tu étais censée y passer, non ?

Mon sang se glaça ; je ne pouvais pas lui mentir. Je pris mon courage à deux mains pour lui raconter mon exécution et l'intervention *in extremis* d'Ali. Elle voulut savoir pourquoi il m'avait sauvée et je ne sus que répondre. Elle finit par me faire part de ses véritables craintes.

— Il t'a déjà touchée ?

— Non. Que veux-tu dire ?

— Tu sais bien ce que je veux dire. Les hommes ne doivent pas toucher une femme avant de l'épouser.

— Non !

— C'est bizarre.

— Quoi ?

— J'ai entendu circuler des choses.

— Quelles choses ?

— Deux filles m'ont avoué qu'elles s'étaient fait violer et qu'on menaçait de les exécuter si elles dénonçaient les coupables.

L'idée de viol restait très abstraite dans mon esprit, je n'en avais qu'une vague notion. Je savais que c'était un acte terrible commis par un homme contre une femme et dont on ne devait pas parler. Je mourais d'envie d'en savoir plus, mais je n'osais pas poser de questions.

— Et avant de t'emmener sur le lieu d'exécution, ils ne t'ont pas touchée, même pas à ce moment-là ?

— Non !

Elle s'excusa de m'avoir énervée. J'essayai de retenir mes larmes. Je lui fis part de ma souffrance d'avoir survécu alors que les autres étaient morts. Elle dit que cela n'aurait rien changé pour eux si j'y étais passée aussi.

— Comment tu savais pour ma condamnation à mort ?

— Quand tu es arrivée, ton nom était inscrit sur ton front.

Je ne compris pas le sens de ses paroles.

– Après mon arrestation, ils m'ont battue pendant deux jours, mais je n'ai pas coopéré, dit-elle. Celui qui m'interrogeait m'a ensuite traînée dehors un soir et m'a enlevé mon bandeau… Il y avait des corps… couverts de sang. Ils venaient d'être exécutés… Dix à douze personnes. J'ai vomi. Il m'a dit que je subirais le même sort si je ne parlais pas. Il a sorti sa lampe torche et l'a braquée sur le visage d'un jeune homme mort. Il y avait son nom, Mehran Kabiri, inscrit sur son front.

J'avais beau me souvenir de tout ce qui s'était passé le soir de l'exécution, j'avais enfoui le cauchemar dans un coin de ma mémoire, un coin le plus reculé possible. Pourtant, tout me revenait. J'avais du mal à respirer. Taraneh était susceptible de subir ce dont j'avais été témoin, et je ne pouvais rien faire.

Elle avait entendu dire que les gardes violaient les jeunes filles avant de les exécuter, car ils croyaient que les vierges allaient au paradis.

– Marina, ils peuvent me tuer s'ils le veulent, mais je ne veux pas être violée.

Il y avait une femme enceinte dans notre chambre. Sheida, cheveux châtains, yeux bruns, devait avoir vingt ans et elle était condamnée à mort. On avait remis son exécution à plus tard, la loi islamique interdisant de tuer une femme enceinte ou qui allaite. Son mari aussi allait être exécuté. Nous ne la laissions jamais seule. Il y avait au moins deux filles en permanence pour l'entourer et la rassurer. Quoiqu'elle gardât toujours son calme, cela ne l'empêchait pas de pleurer de temps en temps. J'imaginais aisément son angoisse, non seulement pour elle, mais aussi pour son mari et l'enfant qu'elle portait.

Une nuit, nous fûmes réveillées par des fusillades. Tout le monde se redressa pour regarder par la fenêtre. Chaque balle équivalait à une vie en moins, un dernier souffle, un être cher pulvérisé qu'une famille attendait dans l'espoir de le voir revenir. Ils seraient enterrés dans des tombes anonymes et personne ne graverait leur nom sur la pierre.

– Sirus, murmura Sarah.

Je mentis :

– Sirus va bien. Je sais qu'il va bien.

Les yeux noirs de Sarah brillaient comme un mirage au milieu des ténèbres. Elle se mit à sangloter de plus en plus fort. Je la pris dans mes bras pour la réconforter. Elle me repoussa et se mit à hurler.

– Chut... Sarah ! Respire profondément, lui conseillèrent quelques filles en se rapprochant pour tenter de la calmer.

Elle commença alors à se frapper la tête. J'essayai de retenir ses poignets, mais elle déployait une force surprenante. Il fallut nous mettre à quatre pour la maîtriser. Et elle luttait toujours. Une minute plus tard, la lumière s'alluma, et sœur Maryam, assistée d'une autre garde, sœur Masoumeh, fit irruption dans la chambre.

– Que se passe-t-il ? demanda sœur Maryam.

– C'est Sarah, répondit Soheila. Elle pleurait, criait. Et tout à coup elle a commencé à se frapper très fort.

– Va chercher l'infirmière, ordonna sœur Maryam à sœur Masoumeh qui se précipita hors de la chambre.

L'infirmière arriva en moins de dix minutes et fit à Sarah une injection dans le bras. Elle arrêta de se débattre et s'évanouit. Sœur Maryam préconisa de l'emmener à l'infirmerie pour qu'elle ne puisse plus se faire du mal. Les sœurs et l'infirmière la transportèrent sur une couverture. Sa petite main pendait sur le côté, hors de la couverture. Je suppliai Dieu de ne pas l'abandonner. Sa famille comptait sur son retour, de la même manière que la famille d'Arash avait attendu celui de son fils.

Chapitre 9

Nous attendions tous le retour d'Arash, même si nous savions que c'était illusoire.

Le shah remplaçait un ministre par un autre pour essayer de garder le pays sous contrôle ; il faisait des discours et assurait au peuple qu'il avait entendu leur cri réclamant justice et qu'il instaurerait des changements. En vain. Chaque jour, les rangs des contestataires grossissaient, les rassemblements et les manifestations contre le shah s'intensifiaient. Au fil de l'année scolaire 1978-1979, l'inquiétude grandit, personne ne savait de quoi l'avenir serait fait. Le monde dans lequel j'avais grandi et les règles que je croyais immuables s'écroulaient. Je haïssais la révolution, cause de violence et de carnage, et ce n'était – j'en avais la certitude – que le début. Très vite, on décréta le couvre-feu ; des soldats et des véhicules militaires apparurent à tous les coins de rue. J'étais une étrangère dans ma propre vie.

Un jour, notre appartement se mit à trembler. Ce tremblement fut suivi d'un grondement qui me glaça les os. Je mis le nez à la fenêtre et vis un char avancer dans la rue. J'en fus terrifiée ; j'ignorais qu'un char fût si bruyant et si monstrueux. Après son passage, je remarquai que ses roues avaient laissé des traces profondes sur l'asphalte.

La peur grandissait au fil des semaines. Un nombre important de membres du gouvernement et de l'armée fuyaient le pays. On ferma les écoles à la fin de l'automne 1978. L'hᵢver qui suivit fut glacial. Les grèves dans les raffineries de pétrole et l'incertitude économique entraînèrent une pénurie d'essence affectant les transports et le chauffage. Nous ne pouvions chauffer qu'une seule pièce. Aux stations-service, il y avait des kilomètres de queue pour faire le plein ; les gens étaient contraints de dormir dans leur voiture pour être sûrs de remplir leur réservoir. Je restais confinée à la maison et n'avais rien à faire d'autre que de trembler de froid, de regarder par la fenêtre et de m'angoisser. Notre rue, l'avenue Shah, habituellement embouteillée, était maintenant déserte. Les trottoirs, autrefois bondés, étaient vides. Les gens ne flânaient plus et ne marchandaient plus avec les vendeurs de rue. Les clochards aussi avaient disparu. De temps à autre, on voyait débarquer des bandes d'une dizaine d'hommes qui mettaient le feu aux pneus et écrivaient : « Mort au shah » et « Longue vie à Khomeiny » sur les murs, laissant derrière eux une odeur de caoutchouc brûlé accompagnée de fumée noire. À plusieurs reprises, je vis dans ma propre rue des manifestants en colère, hommes en tête, femmes en tchador noir à leur suite, brandir le poing en criant des slogans contre le shah et les États-Unis et en agitant des bannières avec le portrait de l'ayatollah Khomeiny.

Je rendais visite à Aram et à sa famille une fois par semaine. Je marchais le plus vite possible en rasant les murs – les balles perdues avaient déjà fait de nombreux blessés et des morts. Je faisais attention à ne pas croiser de manifestants ou de soldats. Une fois dans le bus, je m'asseyais si possible dans un coin abrité. Cela rendait Aram paranoïaque de me savoir dehors ; il sortait rarement et me suppliait d'en faire autant, mais je m'escrimais à lui expliquer que rester confinée chez moi me tuerait d'ennui. Il exigea alors que je lui téléphone juste avant de quitter la maison.

– À quoi ça servira ?

– Si je ne te vois pas arriver, je pourrai au moins agir.

– Agir comment ?

Il me fixa d'un œil perplexe.

– Je pourrai venir te chercher.

– Où ça ?

Je vis son air blessé et me rendis compte que j'avais été cruelle. Il se souciait de moi et n'avait pas envie de voir l'histoire se répéter.

Je pris sa main dans la mienne.

– Aram, je suis désolée ! Pardonne-moi ! Je ne sais pas ce qui m'a pris. Je suis bête ! À quoi je pensais ! J'appellerai avant de quitter la maison, je te le promets.

Il m'adressa un sourire sceptique.

Je demandai à Irena de m'apprendre à tricoter pour occuper son esprit. Quand j'allais chez eux, nous nous installions tous au salon pour boire du thé et écouter la BBC, puisque la télévision et les autres stations de radio étaient censurées. Le seul moyen de savoir ce qui se passait en Iran était d'écouter la station britannique. Parfois, des coups de feu éclataient au loin, et leurs déflagrations interrompaient nos conversations, nous faisant dresser attentivement l'oreille. Irena était très fragile ; quant à la mère d'Aram, elle maigrissait de semaine en semaine. Son père, qui n'avait que quarante-six ans, en paraissait beaucoup plus. De grosses rides marquaient son front et ses cheveux étaient devenus gris.

Je parlais presque tous les jours au téléphone avec Sarah, me rendais parfois chez elle, et elle chez moi. Contrairement aux miens, ses parents étaient favorables à la révolution. Ils avaient participé à certaines manifestations, mais sans y impliquer leurs enfants. Sarah m'apprit que sa mère portait le tchador quand elle allait manifester ; ce que j'avais du mal à imaginer, car elle était l'une des femmes les plus élégamment habillées que je connaisse. Sarah me dit aussi que Sirus avait l'intention de sortir en cachette de chez lui pour se rendre à un rassemblement. Elle lui avait demandé la permission de l'accompagner, mais il avait refusé, estimant qu'elle était trop jeune et que c'était dangereux. Je suppliai Sarah de ne pas s'en mêler, lui rappelant la disparition d'Arash, mais elle répliqua qu'il fallait arrêter d'avoir peur, qu'il fallait combattre le shah. Le shah avait récupéré l'argent du pétrole à son seul profit, il avait fait construire des palais, donné des réceptions grandioses, enrichi ses comptes personnels à l'étranger sans vergogne. Et il avait emprisonné et torturé ceux qui le critiquaient.

– Tu dois te rallier à nous, insista Sarah. Pour Arash. Le shah est un bandit et un meurtrier, il faut nous débarrasser de lui.

Un jour, une bande d'opposants hurlant : « À bas le shah » saccagea le restaurant de notre immeuble. Ils fracassèrent toutes les vitres, s'emparèrent des bouteilles de bière et d'alcool qu'ils rassemblèrent au milieu du carrefour pour y mettre le feu. Les canettes de bière explosèrent, il y eut des éclats jusqu'à nos fenêtres. Je connaissais très bien les propriétaires du restaurant : une famille arménienne, voisine de la mienne depuis des années. Personne ne fut blessé, mais l'attentat choqua tout le monde.

Peu à peu, la présence militaire dans la rue se fit plus discrète. Apparemment, le shah avait compris que l'usage de la force ne faisait qu'attiser la révolution. On disait aussi que les soldats commençaient à se rebeller et refusaient de tirer sur les manifestants. Il m'arrivait encore de voir des chars passer dans la rue, mais désormais les soldats ne pointaient plus leurs armes sur la foule.

Mes parents ne semblaient pas tellement préoccupés par ce qui se passait dans notre pays. Ils ne prenaient pas le mouvement islamique très au sérieux, persuadés qu'il s'agissait juste d'une période troublée, que le shah était trop puissant pour être détrôné par une bande de mollahs et de fanatiques. De ce fait, ma mère avait beau me faire des recommandations quand je quittais la maison, elle disait aussi que l'orage finirait par se calmer.

Le shah fut contraint de quitter le pays le 16 janvier 1979. On relâcha les prisonniers politiques. La foule était en liesse. De ma fenêtre, j'observais les gens danser, les voitures klaxonner. Khomeiny rentra en Iran le 1er février, après un long exil en Turquie, en Irak et en France. Comme son avion approchait de Téhéran, un journaliste lui demanda quelles étaient ses impressions sur son retour, et il répondit : « Aucune. » Cette réponse m'écœura. Combien de personnes avaient sacrifié leur vie pour lui permettre de remporter la victoire et faire de l'Iran un pays où il ferait bon vivre ? Et lui n'éprouvait rien ? J'en conclus que ce n'était pas du sang, mais de l'eau glaciale qui coulait dans ses veines.

En dépit de son retour, l'armée restait loyale au shah. Des chars et des camions militaires arpentaient toujours les rues. Le premier mois, l'avenir du pays paraissait plus qu'incertain. Des gouvernements militaires d'urgence avaient pris le contrôle dans la plupart des villes et maintenaient la loi martiale. L'ayatollah Khomeiny ordonna que tout le monde respecte le couvre-feu à neuf heures chaque soir et crie : *Allabo akbar* sans discontinuer pendan. une demi-heure, en témoignage de soutien à la révolution. Avec mes parents, nous ne participions pas à ces sessions, mais la plupart des gens s'y pliaient, y compris ceux qui n'avaient jamais participé à la révolution. Un sentiment de solidarité s'était emparé du pays. Le peuple croyait en un avenir meilleur et à la démocratie.

Le 10 février 1979, l'armée se rendit à la volonté du peuple d'Iran. Le 11 février, l'ayatollah Khomeiny fonda un gouvernement provisoire et nomma Mehdi Bazargan Premier ministre.

Bientôt, gardes révolutionnaires et membres des mouvements islamiques se déployèrent partout, regardant tout le monde avec suspicion. Ils arrêtèrent des centaines de gens suspectés d'avoir été membres de la Savak, la police secrète du shah. On les jeta en prison, on confisqua leurs biens. Certains furent exécutés, à commencer par les plus hauts responsables de l'ancien régime qui n'avaient pas eu la bonne idée de fuir. D'ignobles clichés de leurs corps battus à mort et en sang furent diffusés dans la presse. C'est durant cette période que j'appris à regarder par terre en passant près des kiosques à journaux.

Peu après la révolution, la danse fut déclarée activité diabolique et illégale. Mon père perdit son emploi au ministère des Arts et de la Culture. Il en retrouva un plus tard en tant que traducteur et secrétaire dans l'usine d'oncle Partef, où il travaillait de longues heures et d'où il rentrait fatigué et malheureux. Comme d'habitude, je ne le voyais pas beaucoup, peut-être même moins qu'avant, ct quand il était là, le visage fermé, l'air de ne pas vouloir être dérangé, il prenait un journal ou regardait la télévision. Nous ne nous parlions presque jamais.

Les écoles rouvrirent. Je repris les cours. Notre principale, une femme remarquable qui avait été proche de l'ancien ministère de l'Éducation sous le shah, avait probablement été exécutée. Elle avait brillamment dirigé l'école pendant des années et son absence laissait un grand vide. Une rumeur courait selon laquelle la plupart des enseignantes allaient être remplacées par des fidèles du gouvernement. Pour comble de malchance, notre nouvelle principale, Khanoum Mahmoudi, était une garde révolutionnaire de dix-neuf ans, une fanatique arborant la tenue islamique intégrale : le hijab. Le port du hijab n'était pas encore indispensable, mais n'allait pas tarder à le devenir. Ce terme arabe signifie que la femme doit porter un vêtement camouflant les formes de son corps. Il peut prendre plusieurs aspects, dont celui du tchador. Après que ce code vestimentaire fut devenu obligatoire, la plupart des citadines, en particulier à Téhéran, adoptèrent de longues robes fluides appelées le « manteau islamique » et se couvrirent la tête de larges écharpes.

À partir du moment où le code était respecté, le hijab pouvait se décliner sous toutes ses formes.

Durant les quelques mois qui suivirent la révolution, la liberté de paroles avait encore cours. Différents courants politiques faisaient librement commerce de leurs journaux au sein de l'école et l'on pouvait discuter politique dans la cour de récréation. Moi qui n'avais jamais rencontré de marxistes auparavant, j'en croisais partout. Il y avait également l'organisation Moudjahidine-e Khalgh, dont le nom signifiait « les Combattants de Dieu pour le peuple iranien ». Sous le règne du shah, ces partis étaient illégaux, même s'ils existaient clandestinement depuis de nombreuses années. Je ne savais rien des Moudjahidine. Un ami marxiste m'expliqua que ceux-ci étaient des marxistes qui s'étaient égarés avec Dieu et l'islam. Prônant une politique socialo-musulmane, ils pensaient que l'islam pouvait apporter la justice sociale en Iran et libérer le pays de l'occidentalisation. Organisés clandestinement depuis les années 1960, ils s'étaient procuré des armes et avaient contribué à renverser le shah. Ils n'avaient pourtant pas suivi les traces de Khomeiny ; ils avaient commencé à protester contre le shah et ses alliés des années avant l'arrivée de Khomeiny sur la scène politique. Beaucoup de leurs membres, pour la plupart étudiants, avaient été torturés et exécutés dans la prison d'Evin. Le fait qu'ils soient musulmans suffit à me dissuader d'adhérer à leur organisation.

Aram fréquentait une école de garçons du nom d'Elbourz, juste à côté de la mienne. Un après-midi, une semaine environ après la reprise des cours, alors que je rentrais chez moi, je l'entendis m'appeler. Mon cœur faillit s'arrêter de battre ; je crus qu'il avait des nouvelles de son frère. Il voulait seulement me voir et proposa de me raccompagner. Je me sentis soulagée. Bien que convaincue de la mort d'Arash, j'avais une peur bleue de me l'entendre dire.

Il me questionna sur mon école et je lui parlai de notre nouvelle principale et de ses convictions politiques. J'ajoutai que je ne serais pas surprise qu'elle ait une arme dans sa poche.

– Tu ne frayes pas avec un groupe politique, dis-moi ? me demanda-t-il.

Depuis la disparition de son frère, Aram avait sombré dans la dépression. Avant la révolution, il ne pensait qu'à jouer au basket et à faire la fête. Désormais, il s'inquiétait pour un rien et ne cessait de me prodiguer des conseils.

– Mon père dit que l'on vit une époque dangereuse, ajouta-t-il. Il pense que le nouveau gouvernement laisse les groupes faire et dire ce qu'ils veulent afin que les gardes révolutionnaires puissent identifier leurs amis et leurs ennemis. Tôt ou tard, ils vont commencer à arrêter tous ceux qui ont agi contre le gouvernement.

Tante Zenia m'avait téléphoné quelques jours plus tôt pour me tenir le même discours. Elle m'avait conseillé de rester prudente. Or j'étais curieuse de toutes ces idéologies. Chaque jour, pendant les récréations, j'assistais aux réunions et aux discussions politiques organisées par les élèves de première et de terminale qui travaillaient avec différentes factions politiques.

Mis à part le fait que les marxistes-léninistes ne croyaient pas en Dieu, je me sentais attirée par leurs idées. Ils voulaient la justice pour tous et une société où les richesses soient réparties équitablement, malheureusement leurs méthodes ne s'appliquaient pas à la réalité du monde. Je savais ce qui s'était passé en Union soviétique et dans d'autres pays communistes. Le communisme ne fonctionnait pas. Par ailleurs, j'observais ce qu'était une société islamique. J'en conclus que politique et religion ne faisaient pas bon ménage. Quiconque critiquait le gouvernement se voyait accusé de critiquer l'islam et, par conséquent, d'offenser Dieu. Si je comprenais bien, de telles personnes n'étaient pas dignes de vivre si elles ne modifiaient pas leurs points de vue.

Avant la révolution, au moins à mon époque, la foi et les croyances n'avaient jamais posé de problèmes. Mon école était fréquentée par des filles de différentes religions, le plus important étant de se concentrer sur ses études, de rester polies les unes envers les autres, respectueuses à l'égard de nos professeurs et d'avoir un comportement décent. Désormais, le monde semblait divisé en quatre courants enragés : fondamentalistes, communistes, gauchistes islamistes et monarchistes. Je n'adhérais à aucun d'eux. Tout le monde ou presque appartenait à une faction, sauf moi ; j'en éprouvais un sentiment de solitude et d'isolement.

Gita, maintenant en première, avait intégré un groupe communiste du nom de Fadayian-e Khalgh. Sirus était membre des Moudjahidine, dont Sarah approuvait les idées.

Un soir de mai 1979, environ trois mois après l'avènement de la révolution, je me retrouvai seule chez moi. Mes parents étaient sortis rendre visite à des amis et j'étais restée faire mes devoirs. Sur les coups de huit heures, j'allumai la télévision. Nous n'avions que deux chaînes à l'époque. Je ne voyais jamais rien de très intéressant depuis la révolution, mais, ce soir-là, un documentaire attira mon attention : la retransmission de la manifestation anti-shah du 8 septembre sur la place Jaleh. J'avais beau être sûre qu'Arash était mort, je ne pouvais pas me résoudre à sa mort ni l'associer à ce jour-là. Pour moi, ça restait le jour de sa disparition. Je me collai au poste de télévision, les yeux pleins de larmes. Le film était de mauvaise qualité. Le réalisateur courait et les brusques mouvements de sa caméra empêchaient de bien suivre la scène. Des soldats ouvraient le feu sur la foule, les gens fuyaient, certains s'écroulaient à terre. Les soldats jetaient les corps dans un camion militaire. L'espace d'un instant, je le vis. L'un des corps était celui d'Arash. Je me levai, prête à vomir, horrifiée. J'étais incapable de parler ou de pleurer. J'allai m'asseoir sur mon lit dans ma chambre. J'essayais de réfléchir. Je me demandais si j'étais victime de mon imagination. Que faire ? Il fallait que je sache la vérité. Je me précipitai sur le téléphone pour appeler Aram. Il m'entendit paniquer. Je ne savais comment lui dire.

– Marina, qu'est-ce qu'il y a ?

– ...

– Dis quelque chose. Tu veux que je vienne chez toi ?

– Non, m'entendis-je prononcer.

– S'il te plaît, dis-moi ce qui ne va pas !

– Il y avait un documentaire sur le 8 septembre à la télé. Les soldats jetaient les corps dans un camion. Je crois que j'ai vu Arash.

Voilà, c'était dit.

Un grand silence suivit. Un horrible silence.

– Tu en es sûre ?

– Non, comment être sûre ? Ça a duré une demi-seconde, comment savoir ?

Aram suggéra de se rendre à la station de télévision le lendemain après l'école. Je voulais y aller dès le matin, mais il répondit que, si nous séchions les cours, nos parents allaient s'inquiéter, et il ne voulait rien leur dire avant d'avoir vérifié si j'avais bien vu son frère.

Le lendemain, nous prîmes le bus pour la station de télévision. Ni lui ni moi n'ouvrîmes la bouche pendant le trajet. Nous nous adressâmes d'abord à une réceptionniste, une femme dans la quarantaine, en lui exposant la situation. Elle compatit et nous raconta qu'elle avait perdu un cousin lors de la manifestation du 8 septembre. Après avoir passé quelques coups de téléphone, elle nous dirigea vers un jeune barbu dans un petit bureau. Il portait des lunettes à verres épais et ne me regardait pas dans les yeux quand je parlais, mais hochait constamment la tête. Il nous accompagna dans une salle remplie d'appareils. Nous répétâmes notre histoire à un homme proche de la cinquantaine qui s'appelait Agha-yeh Rezaii. Il nous promit de retrouver l'enregistrement. Il nous l'apporta peu de temps après.

Avec Aram, nous scrutions l'écran, et nous le vîmes. Nous demandâmes à Agha-yeh Rezaii de faire un arrêt sur image. C'était Arash, sans l'ombre d'un doute ; les yeux clos, la bouche entrouverte. Son tee-shirt blanc était maculé de sang.

J'eus la sensation d'être écrasée par un rocher. J'aurais tant voulu pouvoir être à ses côtés au moment de sa mort ; quand il était seul et effrayé.

Il nous était impossible de détourner nos yeux de l'écran. Je finis par regarder Aram. Son regard était vide et absent ; comme moi, il essayait de comprendre le néant que la mort avait laissé, ce saut terrifiant entre le connu et l'inconnu, et l'attente terrible pour toucher la terre ferme avant de retourner à la poussière. Je lui pris la main. Il tourna la tête vers moi. Je l'étreignis. Agha-yeh Rezaii pleurait aussi.

– Il faut que j'appelle mes parents, il faut qu'ils sachent tout de suite.

Ses parents arrivèrent en moins d'une heure, effondrés. Après huit mois de souffrance, il fallait affronter la réalité de sa mort. Ils me remercièrent de l'avoir trouvé. Oui, ils me remercièrent. Mon cerveau était hors d'état de marche. Je n'arrivais pas à réfléchir. Ils voulurent me raccompagner chez moi ; je refusai. J'avais besoin de solitude.

Je montai dans le bus, m'assis dans un coin calme et priai. Que pouvais-je faire d'autre ? Je réciterais le *Je vous salue, Marie* en boucle. Je dirais cette prière jusqu'à épuisement, jusqu'à me consoler de sa mort, me pardonner de n'avoir pas été avec lui à ce moment-là. Était-ce seulement envisageable ? Le chagrin qui avait envahi mon âme grandissait sans le moindre sentiment de pardon. Il fallait que je l'accepte, le laisse m'éprouver, déborder et circuler là où c'était nécessaire ; autrement, il détruirait mon âme et m'entraînerait vers le néant.

Arrivée à la porte d'entrée, je me débattis avec ma clé que j'essayais vainement d'insérer dans la serrure, les mains tremblantes. J'appuyai sur la sonnette. Pas de réponse. L'air pesant et suffocant se mêlait au bruit de la circulation et m'accablait davantage. Je pris une profonde inspiration avant d'enfoncer ma clé une seconde fois. La porte s'ouvrit. Je la refermai derrière moi et m'y adossai. Le couloir était sombre, froid et silencieux. Épuisée, j'avançai d'un pas lourd et grimpai les marches. Je m'écroulai sur le premier palier. Je sentis la fraîcheur de la pierre contre ma peau nue avant d'entendre une voix m'appeler par mon nom. Quelque chose de doux toucha mon visage. Je levai la tête. Ma mère me fixait du regard. Elle se mit à me secouer.

– Marina, debout !

Elle me tira par les bras et je réussis à me relever en m'appuyant sur elle. Elle m'accompagna jusqu'à ma chambre en me parlant, mais je ne discernais rien. Ses mots faisaient comme un brouillard, une fumée qui s'élevait dans les airs et disparaissait dans les rayons du soleil filtrant par ma fenêtre. Elle m'aida à m'asseoir sur mon lit. J'avais besoin de comprendre ce qui s'était passé, besoin de comprendre pourquoi Arash était mort. Je fixai le ciel bleu à travers la fenêtre.

Quand je repris conscience de ce qui m'entourait, ma mère se tenait devant moi avec un ragoût de bœuf au céleri et au riz, mon plat préféré. Dehors la nuit était tombée, et la lumière de ma chambre était allumée. Je jetai un œil à ma montre ; il était neuf heures passées. Deux heures s'étaient écoulées ; j'étais toujours sur mon lit. D'une certaine façon, j'avais passé le temps comme si ma douleur m'avait coupée du monde.

– Il est mort, dis-je à voix haute, espérant que me l'entendre dire apporterait une explication à la raison de sa mort.

– Qui ça ? demanda ma mère, assise au bord du lit.

– Arash.

Elle détourna le regard.

– Il a été tué pendant la manifestation du 8 septembre. On lui a tiré dessus. Il est mort.

– C'est horrible, soupira-t-elle en secouant la tête. Je sais que tu l'aimais. C'est dur, très dur, mais tu t'en remettras. Ça ira mieux demain. Je te prépare une tasse de thé.

Elle partit. De temps en temps, il lui arrivait de me manifester de l'affection, mais elle ne s'éternisait pas. Elle brillait comme une étoile filante avant de disparaître dans le noir.

Je m'endormis après avoir bu une tasse de thé à la camomille. Je me réveillai au milieu de la nuit, la poitrine en feu. Je venais de rêver d'Arash. Je bondis sur mon armoire pour y prendre la figurine de l'ange et me glissai sous mon lit. Une douleur aiguë me prit à la gorge ; plus j'essayais de retenir mes larmes, plus violents étaient mes sanglots. J'attrapai mon oreiller et m'en couvris le visage. Je voulais que l'ange vienne me dire pourquoi les gens mouraient. J'avais besoin qu'il m'explique pourquoi Dieu m'enlevait ceux que j'aimais. Malgré mes appels, il ne se montra pas.

Le 6 septembre 1979, Irena succomba à une crise cardiaque. J'avais déjà perdu deux êtres chers, mais je n'avais encore jamais assisté à un enterrement. Celui d'Irena fut mon premier. Le 9 septembre, j'enfilai une jupe et un chemisier noirs et me regardai dans le miroir. Je me détestais en deuil : maigre, pâle et accablée. Je m'efforçai de paraître grande et forte. J'ôtai ma jupe noire et la remplaçai par la marron, ma préférée. Je changeai de chemisier pour une blouse couleur crème. Irena m'aurait approuvée.

En chemin, je m'arrêtai chez le fleuriste et achetai un bouquet de roses. Dans le bus, je m'assis près de la vitre pour voir la rue défiler. Les couleurs et la joie de vivre avaient disparu. Les gens étaient vêtus de sombre et marchaient tête baissée pour éviter de croiser les regards et voir ce qui les environnait. Presque tous les murs étaient couverts de slogans agressifs qui n'engendraient que de la haine.

Il n'y avait pas de prêtre à l'église russe orthodoxe de Téhéran ; la messe fut donc célébrée à l'église grecque, et l'enterrement au cimetière russe. J'étais heureuse de pouvoir assister aux funérailles d'Irena, comme un cadeau et une chance de lui dire au revoir.

À la fin de la cérémonie, je demandai à Aram de m'aider à trouver la tombe de ma grand-mère, car je ne connaissais pas son emplacement exact. Mes parents ne m'avaient emmenée ni à son enterrement ni sur sa tombe par la suite. Je désirais lui dire une petite prière. Le cimetière, peu étendu, était entouré d'un mur de briques d'argile. Les tombes se touchaient presque, et les mauvaises herbes envahissaient tout. Comme les pierres tombales étaient nombreuses, je sentais qu'il allait être difficile de trouver celle de ma grand-mère. Nous marchions sur la pointe des pieds et finîmes par la découvrir au bout de la sixième allée. Je devrais plutôt dire qu'elle m'avait trouvée. Je lui avais gardé une rose.

Je jetai un œil autour de moi : chaque tombe avait l'air d'une couverture de livre à jamais scellé. J'allai de l'une à l'autre, cherchant à en déchiffrer les noms ainsi que les dates de naissance et de décès. Certains étaient morts jeunes, d'autres à un âge avancé. J'avais envie de tous les connaître quand je songeais à la quantité d'histoires qui ne seraient jamais transmises. L'ange connaissait-il tous ces gens ? Avait-il pu les aider et écouter leur cœur au moment de leur mort ?

Quelles avaient été leurs dernières pensées avant de quitter leur corps ? Quels avaient été leurs plus grands regrets ? Était-il possible, au jour de sa mort, de n'en avoir aucun ? Que regretterais-je si je devais mourir maintenant ?

La famille d'Arash et les amis commençaient à quitter le cimetière. Je vis ses parents regarder dans notre direction, consciente qu'ils songeaient à Arash. Ils méritaient de savoir où il était enterré, et leur fils méritait d'avoir un vrai tombeau. J'aurais aimé pouvoir planter des roses autour de la bande de terre abritant son cadavre. Des roses de toutes les couleurs. Jamais je n'aurais laissé la plus petite mauvaise herbe envahir sa tombe. Une année s'était écoulée depuis sa mort. Quatre saisons de perte et de douleur.

Le 1er novembre 1979, l'ayatollah Khomeiny exhorta le peuple iranien à manifester contre les États-Unis qu'il qualifiait de « Grand Satan ». Il jugeait l'Amérique responsable de la corruption dans le monde et certifiait que c'était, avec Israël, le plus grand ennemi de l'islam. Des milliers de gens descendirent dans la rue et prirent l'ambassade américaine d'assaut. Je suivis la manifestation au journal télévisé en me demandant d'où venait cette foule en colère. Personne, parmi mes connaissances, n'y participait. Une marée humaine avait envahi les rues proches des bâtiments de l'ambassade ceinte de murs de briques.

Le 4 novembre 1979, des étudiants membres d'un groupe qui se faisait appeler « les Étudiants musulmans partisans de la ligne de l'imam » s'emparèrent du bâtiment principal de l'ambassade et prirent en otages cinquante-deux ressortissants américains. Ils demandaient aux États-Unis l'extradition du shah – ce dernier y séjournait pour soigner son cancer – en vue de son procès en Iran. Cela nous paraissait pure folie, aussi bien à moi qu'à tous ceux de mon entourage. Nous savions que le shah était très malade. Cette prise d'otages n'avait aucun sens, mais rien n'en avait depuis la révolution.

Chapitre 10

Les jours de visite, il régnait une grande efferves-cence. Pour la première fois depuis mon arrivée à Evin, j'entendis le rire des filles. Les sœurs appelaient les prisonnières dans le haut-parleur par ordre alpha-bétique et par groupes de quinze. Les filles revêtaient leur tchador pour se rendre au bureau. Avec Taraneh, nous arpentions le couloir de long en large, ignorant si nos familles avaient obtenu une autorisation de visite ou pas. Elle était emprisonnée depuis plus de deux mois et n'avait pas encore vu ses parents. Son nom de famille commençait par la lettre *b*, elle serait donc appelée avant moi.

– ... Taraneh Behzadi...

À l'appel de son nom, nous poussâmes un hurle-ment de joie. Elle était tellement excitée que je dus courir moi-même chercher son tchador et son bandeau. Elle disparut ensuite derrière la grille tandis que je continuais de faire les cent pas. La plupart des filles qui revenaient étaient en larmes. Taraneh revint au bout d'une demi-heure digne et calme.

– Tu as vu tes parents ?

– Oui.

– Comment vont-ils ?

– Bien, je crois. Il y a une grosse baie vitrée au parloir et pas de téléphone. On ne peut pas parler. Nous avons communiqué par signes.

Finalement, mon tour arriva. Au bureau, je dus me bander les yeux comme les autres et faire la queue en bas et dehors. Nous avançâmes en file indienne jusqu'au parloir avant d'enlever notre bandeau. Il y avait des gardes armés dans tous les coins. Une vitre épaisse séparait la pièce en deux. Des hommes et des femmes se tenaient de l'autre côté, certains en pleurs, leurs mains collées au verre, cherchant des yeux un visage familier, essayant de trouver leurs proches. Je repérai rapidement mes parents. Ils accoururent et fondirent en larmes. Ma mère portait un long manteau noir ainsi qu'un immense châle noir qui lui couvrait les épaules et la tête. Elle avait dû l'acheter dans le seul but de sa visite à Evin. Tous les manteaux que je lui avais connus jusqu'ici s'arrêtaient juste au-dessus du genou et ses écharpes étaient beaucoup plus courtes.

– Tu vas bien ? réussis-je à lire sur les lèvres de ma mère.

Je hochai la tête en retenant mes larmes.

Elle joignit ses mains comme pour une prière et dit quelque chose.

– Comment ? demandai-je en frémissant, essayant de ne pas perdre un mot de ce qu'elle essayait de dire.

– Tout le monde prie pour toi, articula-t-elle plus lentement, exagérant le mouvement de ses lèvres.

– Merci, dis-je en courbant légèrement la tête.

– Quand vont-ils te relâcher ?

Je fis comme si je ne comprenais pas. Je ne pouvais pas avouer à mes parents que j'étais condamnée à perpétuité. Cela les tuerait. Ils étaient terrifiés, dévastés, mais ils gardaient au moins l'espoir de me voir revenir à la maison un jour. Je ne savais plus de quoi parler. J'aurais voulu embrasser ma mère et ne plus jamais me séparer d'elle.

– Sarah va bien, finis-je par formuler au bout de la minute interminable que je passai à les dévisager.

– Comment ?

J'écrivis « Sarah » avec le doigt sur la vitre. Ma mère suivit mon tracé avec son doigt en vis-à-vis.

– Sarah ? confirma-t-elle.

– Oui.

– Elle va bien ?

– Oui.

– Fin de la visite ! hurla un garde.

– Courage, Marina ! fit ma mère.

La prison redevenait incroyablement calme après les visites. Chacune dans son coin, assises, solitaires, nous essayions de ne pas penser à nos vies antérieures, mais c'était peine perdue, la mémoire était tout ce qu'il nous restait. Nos familles et nos vies d'avant nous manquaient ; nous n'avions plus d'avenir, juste un passé.

Le lendemain des visites, on nous distribuait les petits paquets de vêtements déposés par nos familles. J'ouvris le mien : chemisiers, pantalons, sous-vêtements neufs et un sweat-shirt. Tout cela sentait bon la maison, l'espoir. Taraneh était en train de caresser un pull en laine, d'un rouge délavé, en me disant que c'était son pull porte-bonheur. Elle m'expliqua que sa mère le lui avait donné des années auparavant, à l'époque où elle apprenait à tricoter. Taraneh et ses sœurs se l'étaient disputé. Quand sa mère avait tranché en faveur de Taraneh, ses sœurs s'étaient fâchées ; elle avait dû leur expliquer qu'il fallait bien choisir parmi ses filles et qu'il lui semblait juste de l'offrir à la plus jeune. Elle avait promis d'en tricoter un identique à chacune des trois autres, mais n'avait jamais tenu sa promesse. Taraneh se mit à croire que de bonnes choses se produisaient à chaque fois qu'elle l'enfilait. Elle se demandait si, aujourd'hui, le pull avait encore des vertus magiques.

– Taraneh, un jour, nous rentrerons chez nous.

– Je sais.

– Et nous ferons tout ce qui nous plaira.

– Nous irons faire de longues promenades, d'accord ?

– Ouais, et nous irons dans ma maison au bord de la mer.

– Nous irons faire du shopping.

– Nous ferons la cuisine, des gâteaux et mangerons tout !

Nous éclatâmes de rire.

Je ne parvins pas à fermer l'œil cette nuit-là. Je songeai que si Ali avait pu réduire ma peine, rien ne l'empêcherait d'en faire autant pour Taraneh. Il pourrait peut-être aider Sarah par la même occasion. Cependant, il m'avait annoncé son départ. Et, à la vérité, je souhaitais ne plus jamais le revoir de ma vie. Il me terrorisait. Dans un sens, il m'était plus facile d'affronter Hamehd, car je savais à quoi m'attendre. Avec Ali, c'était différent. Il ne m'avait jamais fait de mal, et pourtant, quand il se trouvait près de moi, j'étais tétanisée de peur. Bien que j'eusse tout fait pour l'occulter, je me mis à repenser à la nuit de l'exécution. Mon cerveau avait pourtant fourni de gros efforts pour effacer les images ignobles, mais elles étaient bien présentes, intactes. Je me remémorai également la lueur du regard d'Ali au moment où il m'avait ramenée dans la cellule. Le désir latent. J'avais eu la sensation d'être emprisonnée au fond d'un océan de glace. Il fallait cependant réussir à lui parler, par amour pour Taraneh.

Je m'y résolus le lendemain matin et frappai à la porte de sœur Maryam, qui me reçut assise derrière son bureau où elle lisait une lettre. Elle leva des yeux interrogateurs.

– Y a-t-il un moyen de voir frère Ali ? demandai-je.

Son regard me transperça.

– Pourquoi veux-tu le voir ?

Je lui expliquai qu'il m'avait sauvé la vie et que j'avais l'intention de lui demander de sauver celle d'une de mes amies.

– Qui ? questionna sœur Maryam.

J'hésitai à répondre.

– Taraneh ? suggéra-t-elle.

– Oui.

– Frère Ali est absent. Il est sur le front. Il se bat contre les Irakiens.

L'Iran était en guerre contre l'Irak depuis septembre 1980.

– Et quand sera-t-il de retour ?

– Dieu seul le sait. Mais même s'il était ici, il ne pourrait rien faire. Tu as eu de la chance. Quand un tribunal islamique prononce une condamnation à mort, la seule chose qui puisse sauver le condamné, c'est le pardon de l'imam. Mais il est rare que l'imam intervienne dans ce genre d'affaires. Il fait confiance au tribunal et à ses décisions ; la seule personne susceptible de faire quelque chose, c'est la personne qui interroge le prisonnier.

– Est-ce qu'il y a quelque chose que nous pouvons faire pour elle ?

– Prier.

Je restais très vigilante pour éviter de penser au bonheur, à ce qu'était la vie avant la révolution, avant que ne surviennent les horreurs, comme si raviver les souvenirs risquait de les ternir comme de vieilles photos trop souvent manipulées. Certaines nuits, cependant, je respirais les senteurs des citronniers sauvages en écoutant le bruissement de leurs feuilles dans la brise marine. Je sentais la chaleur des vagues de la mer Caspienne sur mes chevilles et le sable mouillé collé à mes pieds. En rêve, j'étais allongée sur mon lit, dans notre maison de vacances, en train d'admirer la pleine lune. Puis j'allais faire un tour, mais il n'y avait personne, et j'essayais d'appeler Arash, mais aucun son ne sortait de ma bouche.

Je pensais tout le temps à André. Avant mon arrestation, mes sentiments pour lui étaient fragiles. J'avais peur de me laisser aller à l'aimer par crainte de le perdre – et je ne voulais pas trahir Arash. Face à la perspective de ma propre mort, je savais désormais que j'étais amoureuse d'André. Plus que tout au monde, je désirais être avec lui. Et lui, qu'éprouvait-il ? Je me disais qu'il m'aimait. Il était mon seul espoir. C'était pour lui que je m'accrochais. J'avais envie de le retrouver.

Une nuit, à la mi-mars, Sheida fut transportée à l'hôpital de la prison pour accoucher. Elle revint le lendemain avec un beau petit garçon en pleine santé qu'elle prénomma Kaveh, comme son mari. Nous l'entourâmes de nos soins, fières de compter une mère parmi nous, et la surnommâmes mère Sheida. Avec une telle quantité de tantes autour de lui, le nourrisson devint rapidement un enfant gâté ! Bien qu'elle ne disparût jamais tout à fait, l'ombre ténébreuse qui planait sur mère Sheida s'estompa peu à peu ; le petit redonnait espoir non seulement à sa mère, mais à toutes les autres filles.

Quand Kaveh eut deux ou trois semaines, quelque soixante-dix détenues du 246 furent transférées dans la prison de la ville de Karaj, appelée Ghezel Hessar et située à plus d'une vingtaine de kilomètres de Téhéran. La plupart des filles prétendaient que les conditions de vie y étaient meilleures. Celles qui partaient étaient plutôt contentes. Aucune de mes amies ne faisait partie du convoi, et je m'en réjouis. Après leur départ, nous fûmes un peu moins serrées dans les chambres, mais cela ne dura pas. Chaque jour, de nouvelles détenues arrivaient, et nos emplacements diminuèrent à nouveau comme peau de chagrin.

Une fois par semaine, les haut-parleurs diffusaient des marches militaires pour nous annoncer que l'armée avait remporté des victoires capitales et que nos troupes étaient sur le point de vaincre glorieusement l'Irak. Personne ici ne se préoccupait de la guerre parce que Téhéran n'était pas directement concernée, mais aussi parce qu'Evin était une autre planète ; un monde étranger aux lois où l'on pouvait être torturé ou condamné à mort sans autre forme de procès.

Un soir, alors que nous dînions de dattes et de pain, Sarah entra dans la chambre. Sans ôter son tchador, sans parler ni même regarder qui que ce soit, elle s'assit dans un coin. Je m'avançai vers elle et la pris par les épaules.

— Sarah ?

Elle ne leva pas les yeux.

– Sarah, où étais-tu ? Nous étions inquiètes.

– Sirus est mort, fit-elle d'une voix calme.

J'essayai de trouver les mots justes, en vain.

– J'ai deux stylos, murmura-t-elle.

– Comment ?

– Je les ai volés. Ils ne savent pas.

Elle sortit un stylo noir de sa poche, releva sa manche gauche et se mit à écrire sur son poignet : « Sirus est mort. Nous sommes allés sur la mer Caspienne un été et avons joué au ballon sur la plage. Les couleurs. Les vagues nous éclaboussaient... » Je remarquai d'autres mots inscrits sur son bras, petits mais lisibles. Des souvenirs. Les souvenirs de sa vie avec Sirus, avec sa famille.

– Tu as du papier ou autre chose ? demanda-t-elle.

– Je vais en trouver. Sarah, où étais-tu ?

– Je n'aurai bientôt plus de place. S'il te plaît, trouve-moi du papier !

Je lui en rapportai, mais pas suffisamment. Elle se mit à écrire sur les murs. Elle inscrivait les mêmes mots répétés à l'infini ; à propos de nos années d'école et de collège, de nos jeux, des livres que nous lisions, de nos professeurs préférées, des fêtes de nouvel an, des vacances d'été, de sa maison, de son quartier, de ses parents et de tout ce que Sirus aimait faire.

Le soir où notre tour de douche arriva enfin, elle refusa de se laver.

– Sarah, il faut te doucher. Que tu te laves ou non, les mots vont disparaître. Si tu te nettoies, tu pourras recommencer à écrire. Tu vas finir par sentir mauvais.

– Je n'ai bientôt plus d'encre dans mes stylos.

– Je m'arrangerai pour t'en trouver de nouveaux à condition que tu te douches.

– Promis ?

Je n'avais pas envie de faire des promesses que je ne pourrais pas honorer. Je me rendis donc au bureau afin de m'expliquer auprès de sœur Maryam. Je lui racontai que Sarah n'écrivait rien de politique ; elle relatait ses souvenirs.

Sœur Maryam me donna deux stylos et je courus rejoindre Sarah comme si je lui rapportais des trésors inestimables.

Quand elle se déshabilla dans les douches, je n'en crus pas mes yeux. Ses jambes, ses bras, son ventre étaient couverts de mots minuscules.

– Je n'ai pas pu écrire sur mon dos. Je prends une douche si tu promets d'écrire sur mon dos.

– Promis.

Et elle effaça les mots de son corps. Le livre de Sarah, vivant ; une respiration, une blessure, une mémoire.

Environ trois mois après mon arrivée au 246, je fus appelée par haut-parleur. Mes amies me jetèrent des regards affolés. Je tremblais en relevant mon châle sur la tête.

· Je suis sûre que c'est pour une bonne nouvelle, dit Taraneh, les yeux pleins d'espoir.

Je pris une grande inspiration et ouvris la porte qui conduisait à l'entrée. Sœur Maryam m'attendait dans son bureau. Je la sentis inquiète.

– Où je dois aller ?

– Frère Hamehd t'envoie chercher.

– Vous savez pourquoi ?

– Non, mais ne t'en fais pas. Je pense qu'il veut juste savoir comment tu vas.

Je plaçai mon bandeau sur mes yeux et suivis une autre sœur dans un bâtiment annexe. Je patientais dans le couloir quand Hamehd m'appela. Je lui emboîtai le pas. Arrivés dans une pièce, il referma la porte et me demanda d'enlever mon bandeau. Il n'avait absolument pas changé, ses yeux étaient toujours aussi froids et cernés. Un lit de torture trônait dans un coin, ainsi qu'un bureau et deux chaises. Un câble noir pendait de la tête de lit, en guise de lanière. Mon rythme cardiaque s'accéléra.

— Marina, quel plaisir de te voir ! fit-il en souriant. Assieds-toi et raconte-moi comment va la vie.

Ses mots fusaient comme des dards.

— La vie est belle, répondis-je, souriant à mon tour.

— Tu te rappelles avec quelle rapidité tu m'as échappé l'autre nuit ? Tu t'es demandé au moins ce qui était arrivé aux autres, ceux qui étaient avec toi ?

J'avais le cœur qui battait très fort et ma tête était sur le point d'exploser.

— Je ne me suis pas échappée. C'est Ali qui m'a emmenée. Et je sais parfaitement ce qui est arrivé aux autres ; vous les avez tués.

J'aperçus des traces de sang sur le lit. Je n'arrivais pas à en détacher mon regard.

— Je dois t'avouer que même si je ne t'aime pas, tu m'amuses. As-tu jamais souhaité mourir avec eux ce soir-là ?

— Bien sûr.

Il souriait toujours.

— Tu sais que tu es condamnée à passer ta vie en prison, n'est-ce pas ?

— Oui, je sais.

S'il me fouette, il me fouettera jusqu'à la mort.

– Ça ne t'embête pas ? On ne peut pas dire que tu aies pris du bon temps ces deux derniers mois, non ? Imagine un peu : tu vas continuer comme ça pour toujours.

– Dieu est à mes côtés pour me soutenir.

Il se leva, fit quelques pas dans la pièce et revint vers moi pour me gifler du revers de la main. Il frappa ma joue si violemment que je sentis mon cou craquer. J'avais des sifflements dans l'oreille droite.

– Ali n'est plus là pour te protéger.

Je dissimulai mon visage dans mes mains.

– Et ne prononce plus jamais le nom de Dieu ! Tu es impure et indigne de proclamer son nom. Je dois aller me laver les mains parce que je t'ai touchée. Je commence à croire que la perpétuité est une bonne chose. Tu souffriras longtemps et sans aucun espoir.

On frappa à la porte. Hamehd alla ouvrir et sortit. Il m'était impossible de réfléchir clairement et de comprendre ce qu'il me voulait.

Un homme que je n'avais jamais vu entra dans la pièce.

– Bonjour, Marina, mon nom est Mohammad. Je te raccompagne au 246.

Je le regardai, perplexe. Je ne pouvais pas croire que Hamehd me laissât partir si facilement.

– Tu vas bien ? m'interrogea Mohammad.

– Ça va.

– Cache tes yeux, on y va.

Il me déposa au 246, où sœur Maryam me pria d'ôter mon bandeau. Sœur Masoumeh lisait quelque chose dans le bureau.

– Pourquoi as-tu le visage aussi rouge ? me demanda sœur Maryam.

Sœur Masoumeh leva les yeux. Je leur racontai ce qui s'était passé.

– Dieu soit loué, j'ai pu trouver frère Mohammad ! C'est un ami de frère Ali. Ils travaillaient dans le même bâtiment. Je l'ai appelé pour lui dire que Hamehd t'avait emmenée. Il a promis de te retrouver et de te ramener.

– Tu as eu de la chance, Marina, murmura sœur Masoumeh. Hamehd ne se gêne pas pour faire du mal aux gens quand l'envie lui en prend.

– Comme tu vois, ajouta sœur Maryam, sœur Masoumeh ne porte pas Hamehd dans son cœur, mais elle a appris à tenir sa langue. Quand bien même elle a fait partie du groupe des Étudiants musulmans partisans de la ligne de l'imam, et même si elle a participé à la prise d'otages de l'ambassade américaine et connaît personnellement l'imam, elle a eu des problèmes avec Hamehd. Les seuls que je connaisse ici à pouvoir véritablement tenir tête à Hamehd sont frère Ali et frère Mohammad.

– Ne t'inquiète pas, Marina. Maintenant, Hamehd sait que frère Mohammad veille sur toi. Il ne pourra rien t'arriver, affirma sœur Masoumeh.

Toutes les filles de la chambre 7 furent heureuses de me revoir et voulurent savoir où l'on m'avait emmenée. Dès qu'elles virent ma marque rouge, elles comprirent que les nouvelles n'étaient pas bonnes. Je ne nourrissais aucun espoir de remise en liberté conditionnelle, mais je n'abandonnerais pas la lutte, ainsi que Hamehd le souhaitait. Il avait tenté de me saper le moral et y était presque parvenu. Presque.

Je repensai à ce que sœur Maryam m'avait confié à propos de sœur Masoumeh. J'avais du mal à croire qu'elle ait été l'une des instigatrices de la prise d'otages à l'ambassade américaine de Téhéran. Je me remémorais les images télévisées de cet événement. Je m'étais fait du souci pour les otages. Leurs familles les attendaient aux États-Unis ; leurs proches les aimaient, avaient besoin d'eux et voulaient les voir revenir sains et saufs. Ils avaient été maintenus en captivité pendant quatre cent quarante-quatre jours avant d'être libérés le 20 janvier 1981. Ma situation actuelle était bien pire que la leur. Ils étaient citoyens américains, ce qui signifiait que leur vie valait quelque chose. Au moins, leur gouvernement avait tenté de les sauver et le monde entier avait été alerté sur leur sort. Qu'est-ce que le monde connaissait de nous ? Quelqu'un essayait-il de nous sauver ? Au fond de moi, je savais que la réponse était négative.

Je songeais constamment à l'église. Je sentais l'odeur des bougies qui se consumaient devant la Vierge, leurs petites lueurs vacillantes. M'avait-elle abandonnée ? Je me souvins des paroles de Jésus invitant à avoir cette foi qui commande à la montagne de se jeter dans la mer. Je n'avais pas l'intention de déplacer une montagne ; je voulais simplement rentrer chez moi.

Le jour de mon anniversaire, je me réveillai aux aurores, avant même l'heure de la première prière. Je fêtais mes dix-sept ans. Quand j'étais plus jeune, peut-être à dix ou onze ans, je rêvais d'avoir dix-sept ans. À l'époque, je croyais que cela m'ouvrirait toutes les portes. Finalement, j'étais une prisonnière politique condamnée à perpétuité. Taraneh me toucha l'épaule. Je me retournai.

— Joyeux anniversaire, chuchota-t-elle.

— Merci. Comment tu as su que j'étais réveillée ?

– À ta façon de respirer. À force de reposer près de toi, je sais quand tu dors ou quand tu fais semblant.

Elle me demanda si l'on fêtait les anniversaires chez moi. Habituellement, mes parents achetaient un gâteau et m'offraient un petit cadeau. Elle m'apprit que les fêtes d'anniversaire étaient des événements très importants dans sa famille. Ils organisaient de grandes réjouissances et se couvraient de cadeaux. Elle faisait des concours avec sa sœur : toutes deux fabriquaient des déguisements chaque année plus extravagants.

– Marina, ils me manquent.

Je la pris dans mes bras.

– Tu retourneras chez toi et tout sera comme avant.

Après le repas, Taraneh, Sarah et d'autres amies vinrent autour de moi. Sarah m'offrit un morceau de tissu plié que j'ouvris. C'était une housse de coussin en patchwork. J'en eus le souffle coupé. Elle était magnifique. Chacune avait fourni un petit bout de vêtement ou d'écharpe pour la confectionner. Je pus identifier chaque carré de tissu. C'était une tradition, à la prison, de fabriquer des petites pochettes que l'on suspendait aux crochets sous l'étagère de notre chambre pour y garder nos objets personnels. J'étais la première à recevoir une housse de coussin.

Après le dîner, j'eus droit à un gâteau d'anniversaire spécial prison, avec du pain et des dattes. Je soufflai des bougies imaginaires.

– Tu as oublié de faire un vœu, fit remarquer Taraneh.

– Je vais en faire un : je souhaite pour nous toutes de passer notre prochain anniversaire à la maison.

Elles applaudirent.

Deux ou trois jours plus tard, un message destiné à toutes les détenues du second étage du 246 fut diffusé par les haut-parleurs : nous devions enfiler notre hijab et nous rassembler dans la cour. Bien qu'il fût autorisé d'aller dans la cour à certaines heures, personne ne nous l'avait encore ordonné. Un vent de panique souffla. Une fois dehors, on nous demanda de faire de la place dans un périmètre déterminé au milieu de la cour. Quatre gardes révolutionnaires armés escortaient deux filles hors du bâtiment. La première était une camarade de chambre âgée de dix-neuf ans ; l'autre venait de la chambre 5. Elles portaient leur tchador et furent sommées de se coucher par terre au milieu de la cour. Un garde noua une corde autour de leurs poignets et de leurs chevilles. On nous annonça qu'elles avaient eu des rapports homosexuels et qu'elles allaient être châtiées selon les lois islamiques. Nous étions horrifiées. Nous regardions les gardes leur fouetter le dos. De nombreuses filles se couvraient le visage et priaient, mais je ne pouvais fermer les yeux. Je regardais les fouets se soulever, vibrer et fendre l'air d'un bruit sec, aigu, perçant, suivi d'une seconde de silence, comme un cœur qui s'arrête de battre, comme un poumon qui cesse de respirer. Les deux filles ne criaient pas, mais j'aurais souhaité qu'elles hurlent. Leurs corps frêles tremblaient sous chaque coup. Je me souvenais de la douleur horrible que j'avais éprouvée dans la même situation. Au bout de trente coups, on les libéra. Elles réussirent à se relever. On les emmena. On nous laissa supposer ce qu'il adviendrait d'elles. Souffrir est censé nous rendre plus forts, mais à quel prix ?

Un jour, ce fut mon tour d'aider Sheida avec son linge. Laver des langes à l'eau froide n'était pas une tâche aisée. Nous les avions frottés et étendus dans la cour le matin. La règle voulait que tout le monde attende le lendemain pour aller décrocher son linge, mais Sheida avait la permission d'y aller le soir. Elle marchait à quelques mètres devant moi. Nous étions au printemps et les oiseaux sifflaient dans le lointain. Le soleil déclinait et le ciel devenait rose. Les cinq rangées de cordes à linge se trouvaient au fond de la cour, chacune accrochée aux barreaux des fenêtres du premier étage et s'étendant d'un bout à l'autre du bâtiment. Les cordes étaient couvertes de vêtements qui séchaient. Sheida disparut derrière le paravent de tissus et je la suivis en écartant robes, pantalons, jupes, chemises et tchadors sur mon passage. Tout à coup, je l'entendis hurler.

– Marina ! Cours ! Va chercher des ciseaux ! Vite !

J'aperçus Sheida retenir une fille pendue aux barreaux de l'une des fenêtres. Je courus frapper à la porte de sœur Maryam.

– Des ciseaux ! Tout de suite ! Dans la cour !

Elle attrapa une paire de ciseaux sur son bureau et nous nous précipitâmes à l'endroit où j'avais laissé Sheida. Elle tenait toujours le corps. Je découvris que c'était celui de Sarah. Elle s'était pendue avec une courte corde nouée avec des écharpes. Elle l'avait attachée au-dessus de la dernière barre horizontale du premier étage. Si Sarah avait été un tout petit peu plus grande, elle n'aurait pas réussi à se pendre. Son corps tremblait. Sœur Maryam coupa la corde. Elle respirait encore, mais elle était toute bleue. Nous lui tînmes compagnie pendant que la sœur partit chercher l'infirmière. Sarah avait perdu connaissance. Nous lui parlions, la touchions, mais elle ne réagissait pas.

On l'emporta.

Je perdais peu à peu espoir. Le printemps emplissait l'air du parfum léger de sa floraison. La vie suivait son cours hors de l'enceinte d'Evin. Je me demandais si j'étais devenue un lointain souvenir pour André. Il m'avait peut-êt e oubliée. On avait installé des téléphones au parloir. J'avais questionné mes parents à son sujet. Ma mère m'apprit qu'il leur rendait tout le temps visite et qu'il ne pensait qu'à moi. Je me disais qu'ils mentaient, cherchant à me protéger.

Chaque jour se ressemblait, ce qui rendait le désespoir et la solitude plus difficilement supportables encore. Chaque journée commençait par la prière de l'aube. Puis on nous apportait le petit-déjeuner sur les coups de huit heures. Nous devions ensuite suivre les programmes religieux à la télévision. Nous avions le droit de lire, mais les livres mis à disposition étaient tous consacrés à l'islam. Nous pouvions marcher le long des étroits couloirs. Nous ne parlions presque jamais de politique ni de nos engagements et activités avant Evin. Certaines filles, peu nombreuses, peut-être une ou deux par chambre, étaient connues comme indicatrices ; nous ne voulions pas courir de risque par rapport à nos interrogateurs.

Une heure par jour, nous avions la possibilité de sortir dans la petite cour de notre bâtiment. Il fallait porter le hijab, à cause des gardes qui faisaient le guet sur le toit en permanence. En revanche, le tchador n'était pas obligatoire ; nous pouvions le remplacer par des manteaux et des écharpes. La seule chose que nous pouvions faire, dehors, était de marcher en cercle ou de nous adosser au mur pour lorgner un bout de ciel. Le petit coin bleu demeurait la seule partie visible du monde extérieur. Cela nous rappelait nos maisons, notre univers d'autrefois. J'avais l'habitude de m'asseoir avec Taraneh contre le mur rugueux pour observer les nuages qui passaient dans notre champ de vision avant de disparaître pour poursuivre leur voyage dans l'autre monde. Nous jouions à les chevaucher et les entraînions là où bon nous semblait. Nous nous décrivions les endroits familiers que nous visitions : les rues de notre quartier, les écoles, nos maisons où nous imaginions nos mères se lamenter sur notre sort en regardant par la fenêtre.

— Comment tu as fait pour te faire repérer et échouer ici ? me questionna un jour Taraneh, alors que nous prenions le soleil, par une douce journée de printemps, en rêvassant.

Nous n'avions jamais évoqué les circonstances qui nous avaient conduites ici. La cour était remplie de filles. La plupart marchaient d'un pas décidé comme si elles avaient un but précis en tête. Des manteaux noirs, marine, bruns, gris se frôlaient les uns les autres, et les tongs claquaient sur le pavé. Je me rendis compte, assise comme je l'étais, que j'adoptais le même point de vue qu'une mendiante dans une rue passante, à cette restriction près que mon champ de vision était beaucoup plus limité. Mon monde se réduisait à un bâtiment carré sans toit avec deux étages de fenêtres à barreaux abritant de sombres pièces ; un monde de jeunes filles marchant en cercle. Je vivais un étrange roman de science-fiction qui aurait pu s'intituler *La Planète des filles emprisonnées*. J'en ris.

— Qu'est-ce qu'il y a ? demanda Taraneh.

– J'ai le sentiment que nous sommes des mendiantes assises sur le trottoir d'une planète inconnue.

Taraneh sourit.

– Comparée à nous, une mendiante est une reine !

– Mes ennuis ont commencé le jour où je suis sortie de la classe de maths...

Chapitre 11

Début 1980, Abolhassan Bani Sadr devint le premier président d'Iran élu démocratiquement. Bien avant le succès de la révolution, il agissait depuis longtemps au sein du mouvement anti-shah. Emprisonné à deux reprises, il s'était enfui en France pour rejoindre l'ayatollah Khomeiny. On espérait qu'il conduirait l'Iran sur la voie de la démocratie. Pourtant, au fil des mois de l'année scolaire 1979-1980, j'avais l'impression que le pays s'enfonçait de plus en plus dans l'obscurantisme. De jeunes fanatiques inexpérimentées remplacèrent une à une la plupart de nos professeurs. Le hijab devint obligatoire, et les femmes durent porter des robes longues de couleur sombre et se couvrir la tête ou enfiler le tchador. Les groupements politiques qui s'étaient opposés au gouvernement islamique ou l'avaient simplement critiqué furent déclarés illégaux. Ceux et celles d'entre nous qui portaient des cravates, mettaient de l'eau de Cologne, se parfumaient, se maquillaient ou se vernissaient les ongles furent taxés de « sataniques » et subirent de dures sanctions. Chaque jour, avant d'entrer en classe, on faisait aligner les élèves pour les exhorter à répéter

d'ignobles slogans tels que : « Mort a l'Amérique » et
« Mort à Israël ».

Tous les matins, notre principale, Khanoum
Mahmoudi, et la principale adjointe, Khanoum
Kheirkhah, se tenaient à la grille de l'école avec une
bassine d'eau et un chiffon pour inspecter toutes les
filles qui entraient. Si l'une d'entre nous avait le
malheur d'être maquillée, elles lui frottaient le visage
jusqu'au sang. Un matin, Khanoum Mahmoudi héla
l'une de mes amies, Nasim, et lui reprocha d'avoir des
sourcils trop parfaits – elle l'accusa de les épiler.
Nasim fondit en larmes et objecta qu'elle n'avait
jamais fait une chose pareille ; la principale la traita de
putain. La beauté de Nasim n'avait nullement besoin
d'artifice ; nous prîmes sa défense, affirmant que ses
sourcils étaient à l'état naturel. Malgré leur méprise, ni
la principale ni la principale adjointe ne lui présentè-
rent d'excuses.

Jour après jour, je sentais la colère et la frustration
monter. La plupart de mes cours étaient un pensum,
en particulier la classe de calculs. La nouvelle prof
de maths était une garde révolutionnaire qui n'avait
aucune qualification pour enseigner cette matière. Elle
passait le plus clair de son temps à faire de la propa-
gande pour le gouvernement islamique, assurant que
l'islam et la société idéale instaurée par le régime islamique étaient en lutte contre l'influence occidentale et
la corruption. Un jour qu'elle s'acharnait à vanter la
grandeur de Khomeiny et tous les bienfaits qu'il avait
accomplis pour le pays, je levai la main.

– Oui ? fit-elle.

– Je ne voudrais pas être impolie, mademoiselle,
mais pourrions-nous revenir au sujet principal ?

170

– Si tu n'aimes pas mon cours, libre à toi de quitter la classe, énonça-t-elle d'un ton provocant en fronçant les sourcils.

Tous les regards se rivèrent sur moi. Je ramassai mes affaires et sortis. J'avançais le long du couloir quand j'entendis des pas à ma suite. Je me retournai et découvris que la plupart de mes camarades m'avaient suivie. Nous étions une trentaine dans le couloir.

À l'heure de la cantine, l'école était en ébullition. Le bruit courait que j'avais déclenché une grève. Comme quatre-vingt-dix pour cent des élèves occupaient la cour et refusaient de retourner en classe, la plupart des cours de l'après-midi furent annulés. Khanoum Mahmoudi surgit dehors avec un mégaphone, nous sommant de regagner nos salles, mais personne n'obéit. Elle menaça de prévenir nos parents, mais personne ne bougea. Elle brandit ensuite la menace de l'exclusion, mais on lui rétorqua qu'elle n'avait qu'à la mettre à exécution. Les élèves finirent par me désigner ainsi que deux autres filles comme déléguées auprès de la principale. Nous allâmes lui dire que nous étions d'accord pour reprendre les cours à la condition que nos professeurs promettent de suivre le programme et de laisser la politique en dehors.

De retour chez moi, ce jour-là, ma mère m'appela pour me parler. C'était inhabituel. En général, elle ne m'adressait jamais la parole avant le dîner. Elle était en train de hacher du persil dans la cuisine.

Je m'arrêtai dans l'embrasure de la porte.

– Oui, maman ?

– Ta principale a téléphoné, dit-elle sans lever les yeux de la planche à découper.

Elle maniait le couteau avec souplesse et précision. Des brins de persil s'étaient déposés sur ses mains.

— Je peux savoir ce qui t'a pris ? demanda-t-elle en me lançant un coup d'œil aussi perçant que la pointe de son couteau.

Je lui racontai ce qui s'était passé.

— Tu ferais mieux de régler ce problème. Je n'ai pas envie qu'elle m'appelle encore une fois. Fais ce qu'on te dit. Ce gouvernement ne va pas durer. Et maintenant, file faire tes devoirs.

J'allai m'enfermer dans ma chambre, étonnée de m'en être tirée si facilement. Compte tenu de sa réaction si peu sévère, ma mère devait détester le nouveau gouvernement, probablement autant que moi.

La grève se poursuivit pendant deux jours. Nous nous rendions quand même à l'école, mais pas en classe. Nous formions des groupes de discussion ou faisions les cent pas dans la cour. Les conversations tournaient autour des événements dont nous avions été témoins ces derniers mois. Nous avions du mal à croire que nos vies aient changé si radicalement. Une année auparavant, il était inimaginable de penser que nos vêtements pourraient nous mettre en danger ou que nous serions obligées de faire grève pour obtenir des leçons de maths. Au bout du troisième jour, Khanoum Mahmoudi convoqua les déléguées dans son bureau.

Rouge de colère, elle nous prévint, ultime avertissement, que si nous refusions de retourner en classe, elle se verrait dans l'obligation de faire intervenir les gardes révolutionnaires pour rétablir l'ordre. Elle ajouta que nous devions nous douter qu'ils ne se montreraient pas aussi patients, que l'affaire était grave et qu'il pourrait y avoir des blessées. Elle nous rappela que nous agissions contre le gouvernement islamique et que les sanctions encourues pouvaient aller jusqu'à la mort. Elle nous accordait une heure pour obtempérer.

Elle avait touché juste. Les gardes révolutionnaires avaient mauvaise réputation. Ils avaient procédé à des centaines d'arrestations durant les mois qui venaient de s'écouler. Au nom de crimes commis contre la révolution, contre l'islam, contre Khomeiny, nombreuses étaient les personnes dont on n'avait plus jamais entendu parler.

La grève prit fin.

Les gardes n'étaient pas les seuls agresseurs dont il fallait se méfier ; le Hezbollah, groupe de civils fanatiques armés de couteaux et de matraques qui chargeaient lors de n'importe quelle manifestation publique, était aussi une menace. Ils s'infiltraient partout et pouvaient s'organiser en bandes en un temps record. Ils s'en prenaient particulièrement aux femmes qui ne portaient pas le hijab correctement. Combien de femmes avaient été battues sous prétexte qu'elles avaient du rouge à lèvres ou que quelques mèches de leurs cheveux dépassaient de leur foulard !

Un à deux mois environ après la grève, Khanoum Bahman, ma prof de chimie, me retint après la classe pour me faire part d'une liste de noms qu'elle avait découverte sur le bureau de Khanoum Mahmoudi. Elle me connaissait très bien et comptait parmi les rares qui enseignaient déjà dans l'établissement avant la révolution. Elle me confia ce secret tout en gardant un œil sur la porte de la classe pour veiller à ce que personne ne nous surprenne. Elle murmurait plus qu'elle ne parlait, et il fallut que je tende l'oreille pour comprendre.

Je m'attendais à ce que cela finisse par se produire. Les ennuis étaient inévitables après tout ce que j'avais dit et fait. Mon désaveu de l'actuel régime n'était un secret pour personne, et, à cette époque, nul ne pouvait prétendre à la liberté d'expression sans en payer le prix. Pourtant, même si je n'ignorais rien des conséquences, le danger encouru me paraissait encore flou et distant. Je pensais que le malheur n'arrivait qu'aux autres.

J'étais reconnaissante à Khanoum Bahnam de m'avoir dévoilé l'existence de cette liste. Elle me recommanda de quitter le pays. Elle voulut savoir si j'avais de la famille à l'étranger. Je rétorquai que ma famille n'était pas riche et n'avait pas les moyens de m'envoyer où que ce soit, mais elle m'interrompit d'un ton sévère :

– Marina, je crois que tu ne comprends pas. C'est une question de vie ou de mort. Si j'étais ta mère, je te ferais sortir d'ici même si je devais me saigner aux quatre veines, dit-elle, les larmes aux yeux.

Je l'aimais bien et ne désirais pas la contrarier. Je lui promis donc d'en parler à mes parents alors que je n'en avais nullement intention. Je ne voyais pas ce que je pouvais leur dire ; que j'allais être arrêtée ?

Mon frère et sa femme avaient émigré au Canada peu de temps après la révolution. Ils avaient compris que la République islamique ne leur offrait aucun avenir. Peu après leur départ, le gouvernement d'Iran interdit à ses citoyens de quitter le territoire national. J'aimais la sonorité du mot « Canada » ; cela semblait lointain et très froid mais paisible. Mon frère et sa femme avaient de la chance d'y vivre. Ils menaient une vie normale avec des problèmes normaux. Mes parents avaient songé m'y envoyer, mais cela n'avait pas pu se faire. Il me fallait courir le risque de rester en Iran.

Cet après-midi-là, de retour chez moi, j'observai la rue depuis le balcon, plongée dans mes réflexions. Le nouveau régime n'apportait que violence et destruction. L'école, qui constituait jadis le meilleur de mon univers, était devenue un enfer, et j'avais entendu dire que le gouvernement envisageait la fermeture des universités en vue d'aménagements que l'on nommait « révolution culturelle islamique ». Arash était mort. Il ne me restait plus rien.

L'été 1980 fut plutôt calme. C'était un soulagement de ne plus aller à l'école et de passer les vacances dans notre maison. Au mois de juillet, Aram et ses parents séjournèrent deux semaines dans la maison de sa tante. Je comptais sur leur venue pour rompre ma solitude, mais après leur arrivée je me rendis compte que je pensais encore plus à Arash, et le poids de son absence en était accru. Avec Aram, nous passions beaucoup de temps à jouer aux cartes ou à son jeu préféré, le Mastermind. Nous allions parfois nous promener sur la plage, mais désormais nous ne pouvions plus nous baigner, car les femmes ne devaient pas se montrer en maillot de bain en public. La plupart de nos amis, Neda incluse, dont les familles possédaient des maisons dans le secteur avaient quitté l'Iran. Nous retrouvâmes quelques anciens camarades, mais tout le monde avait peur des gardes révolutionnaires et des membres des comités islamiques. Ils furetaient partout et n'aimaient pas voir les garçons et les filles ensemble. Selon les nouvelles lois du pays, c'était parfaitement immoral.

La guerre entre l'Iran et l'Irak éclata en septembre 1980. J'étais de retour à Téhéran, en visite chez une amie. Nous étions attablées dans sa cuisine, nous buvions du thé et mangions des galettes de riz. Elle me faisait admirer ses nouvelles Puma, blanches avec trois bandes rouges. Soudain, deux détonations interrompirent notre conversation. On aurait dit des explosions. Nous étions seules.

Une nouvelle déflagration retentit.

Nous regardâmes par la fenêtre et ne vîmes rien. Mon amie habitait le dernier étage d'un immeuble qui en comptait cinq, près de la place Jaleh. Nous décidâmes de monter sur le toit. Dans les escaliers, nous nous heurtâmes à quelques voisins qui avaient eu la même idée que nous. En haut, nous avions une vue panoramique sur la ville. Téhéran se réveillait sous un ciel sans nuages et bientôt ensoleillé, mais encore enveloppé d'une légère brume matinale. Nous entendîmes des avions.

— Là-bas ! hurla quelqu'un.

À quelques kilomètres sur notre gauche, deux avions de chasse fonçaient vers l'est. À l'ouest, des colonnes de fumée s'élevaient dans le ciel. Un voisin avait apporté son transistor ; il l'alluma. Un reporter hystérique annonça que des avions de combat MIG irakiens venaient de bombarder l'aéroport de Téhéran. Plusieurs corps d'infanterie de l'armée irakienne avaient franchi la frontière et marchaient sur le territoire iranien. C'était la guerre.

J'avais étudié la Première et la Seconde guerre mondiale, ainsi que la guerre de Sécession américaine. Je savais que les bombes détruisaient les villes et ne laissaient que ruines et cadavres. À la différence près que, dans mon esprit, ces guerres-là restaient livresques. Et même si tout était vrai, cela s'était produit des décennies auparavant. Le monde avait évolué depuis. On ne laissait plus personne détruire des villes et tuer des milliers de gens.

– On va leur montrer ! enragea l'homme au transistor, le poing dressé au ciel. On va attaquer Bagdad et renverser Saddam ! Les salauds !

Tout le monde approuva.

De retour chez moi, je trouvai ma mère en train de coller des bandes de scotchs en croix sur les vitres pour éviter qu'elles n'explosent en cas de bombardement. Elle m'expliqua que les consignes de précaution étaient diffusées par voie radiophonique. On recommandait aux gens de se protéger, tout en leur promettant que la guerre ne durerait pas plus de quelques jours, voire quelques semaines au maximum, et que l'armée iranienne renverserait les Irakiens rapidement. Ma mère avait également acheté des panneaux noirs pour masquer les fenêtres afin que les MIG ne puissent pas se repérer grâce à la lumière et nous prendre pour cibles. Je n'étais pas très inquiète, cela ne pouvait quand même pas être si dangereux.

Les jours passèrent. Les sirènes signalant les attaques aériennes retentissaient deux fois par jour, mais il était rare d'entendre des explosions. La radio et la télévision diffusaient des marches militaires en permanence. Les chaînes annoncèrent que l'armée de l'air avait attaqué Bagdad et d'autres villes irakiennes. À les entendre, nous avions fait reculer les Irakiens. On encouragea tous les hommes valides, jeunes ou vieux, y compris les adolescents, à s'enrôler dans l'armée et à se battre pour la patrie. Après tout, de l'avis du gouvernement, devenir un martyr était le moyen le plus sûr et le plus rapide d'accéder au paradis. Nous menions la guerre du bien contre le mal. La ville de Khorramshahr, à la frontière Iran-Irak, avait été presque entièrement détruite avant d'être envahie.

On ferma toutes les frontières, et personne ne fut plus autorisé à quitter le pays sans la délivrance d'un permis spécial. Cela n'empêchait pas les gens qui avaient versé des sommes astronomiques à des passeurs de fuir l'Iran afin d'échapper au service militaire et aux arrestations des gardes révolutionnaires. Ils passaient au Pakistan ou en Turquie au péril de leur vie.

À la fin de l'automne, je décidai de me rendre à une manifestation dont j'avais entendu parler par des camarades d'école. Bien que consciente du danger, je trouvais juste d'y participer. Le point de ralliement, place Ferdosi, était à dix minutes à pied de l'école, et le rendez-vous fixé à seize heures.

Le jour de la manifestation, après la sonnerie, Gita, Sarah et moi sortîmes de l'école et découvrîmes plusieurs centaines de participants, hommes et femmes, jeunes pour la plupart. Nous rejoignîmes le cortège place Ferdosi. Tout le monde était en alerte, surveillant une éventuelle agression des gardes révolutionnaires ou du Hezbollah, voire des deux. Mon cœur se mit à battre violemment. La rue n'était qu'un flot bouillonnant. Les commerçants fermaient les devantures de leurs magasins et partaient. Sur la place, une jeune femme tenant un mégaphone devant sa bouche exhortait la foule à se défendre contre le Hezbollah qui stigmatisait les femmes : « Combien de temps allons-nous permettre à ces meurtriers et à ces criminels qui se cachent derrière le nom de Dieu d'attaquer nos mères, nos sœurs et nos amies en toute impunité ? » Une dame âgée qui se tenait près de nous brandissait une pancarte de bristol blanche devant elle. Elle avait noué son tchador blanc autour de la taille et exposait sa chevelure grise et éparse au soleil. Au centre de son bristol, la photo d'une jeune fille qui souriait à pleines dents ; dessous, cette légende : « Exécutée à Evin. »

Tout à coup, il y eut des hurlements assourdissants, comme un vrombissement de tonnerre. La foule se dispersa en courant.

– Tous sur les toits ! cria quelqu'un.

Nous étions assaillis par des gardes révolutionnaires. Un jeune homme tomba à terre en gémissant. Il pressa ses mains contre son ventre. Un filet rouge apparut entre ses doigts puis le long de sa main et coula sur la chaussée. Je le fixai, incapable de réagir. Les gens hurlaient et fuyaient dans tous les sens. L'air était enfumé, mes yeux me brûlaient. Je jetai un regard autour de moi et m'aperçus que j'avais perdu mes amies. Je ne pouvais pas laisser ce blessé à terre. Je m'agenouillai à ses côtés, plongeai mes yeux dans les siens : il était immobilisé par la mort. Arash était parti comme lui – incognito. Pourtant, quelque part, quelqu'un aimait cet homme et attendait son retour.

J'entendis une voix familière m'appeler.

Gita m'agrippa par la main et m'entraîna avec elle. L'air empestait les gaz lacrymogènes. Des barbus en vêtements civils faisaient valser leurs gourdins, cognant sur la foule en déroute. Les gens poussaient des cris déchirants. Nous courûmes au milieu de cette folie ambiante.

De retour chez moi, je m'enfermai dans la salle de bains. J'aurais souhaité être abattue d'une balle. Je ne tenais plus à la vie. À quoi rimait tant de souffrance ? Je me ruai dans la chambre de mes parents et ouvris le tiroir à pharmacie de ma mère. Il regorgeait de tubes et de boîtes de formes et de tailles différentes : sirop pour la toux, aspirine, bicarbonate de soude, et plusieurs sortes d'analgésiques. Je farfouillai jusqu'à trouver un flacon de somnifères presque plein. Je revins en courant dans la salle de bains. La mort dans un tube. Il me suffisait de faire sauter le couvercle et d'avaler les petites pilules. L'ange viendrait à ma rencontre et je lui expliquerais que j'avais vu assez de morts. Je remplis un verre d'eau et ouvris le flacon. Une petite voix intérieure m'empêcha pourtant d'exécuter mon geste : si tous ceux qui croyaient au bien décidaient de se suicider sous prétexte qu'il y avait trop de souffrance dans le monde, où irions-nous ? Je fermai les yeux et vis ceux de l'ange. Je souhaitais être digne de ma grand-mère, d'Arash et d'Irena ; je voulais faire quelque chose de ma vie, quelque chose de bon et d'utile. J'avais assisté à la mort d'un jeune homme et vu sa vie se répandre en une tache de sang dans la rue. Je ne pouvais pas me dérober ; la mort n'était pas une cachette. Je refermai le bouchon et allai reposer le flacon dans le tiroir de ma mère. Je pouvais peut-être faire quelque chose. Je courus dans un magasin acheter une pancarte de bristol blanche pour témoigner de ce que j'avais vu de l'attaque des gardes révolutionnaires contre une manifestation pacifique.

Le lendemain, je me rendis à l'école plus tôt que d'habitude. Les couloirs étaient déserts. Je scotchai le bristol sur un mur et me postai devant en faisant semblant de le lire. Une demi-heure plus tard, une foule de plus en plus dense se pressait autour de la pancarte pour découvrir l'histoire. Khanoum Mahmoudi ne tarda pas à venir. Elle débuala dans le couloir comme une furie.

– Poussez-vous ! cria-t-elle.

Nous reculâmes. Elle lut quelques mots et exigea de savoir qui les avait écrits. Comme personne ne répondit, elle arracha le papier en hurlant :

– Ce ne sont que des calomnies !

– Non ! protestai-je, j'y étais.

– Alors, c'est toi qui les as écrites.

Je lui dis que les gardes avaient ouvert le feu sur des innocents.

– Quels innocents ? Seuls les antirévolutionnaires et les ennemis de Dieu et de l'islam participent à ce genre de manifestations. Tu t'es fourrée dans un sacré pétrin ! lança-t-elle en me désignant de l'index avant de tourner les talons.

J'étais hors de moi, comment osait-elle me traiter de menteuse !

Quelques jours plus tard, mes amies et moi entreprîmes la rédaction d'un journal hebdomadaire. Nous écrivions de courts articles sur les problèmes politiques qui affectaient notre quotidien, les recopions à la main et les faisions circuler dans l'école.

Le gouvernement avait fait fermer un certain nombre de journaux indépendants accusés d'être des ennemis de la révolution. J'avais l'impression que notre pays se faisait progressivement engloutir : respirer devenait chaque jour un peu plus difficile. Nous gardions cependant espoir, persuadés qu'on ne pouvait pas noyer tout le monde.

Depuis le début de la guerre d'Irak, le régime islamique essayait de tout mettre sur le compte de ce conflit : la montée en flèche des prix, le rationnement de la viande, des produits laitiers, du lait pour nourrissons, de l'huile. Ma mère se levait chaque jour à cinq heures pour aller faire la queue avec ses tickets de rationnement et ne revenait qu'à midi. On trouvait bien sûr de tout au marché noir, mais à des prix tellement exorbitants que ceux qui avaient de petits revenus et les classes moyennes n'avaient pas les moyens de s'y approvisionner.

De Téhéran, la guerre paraissait une affaire lointaine. Les alertes étaient de plus en plus rares, et même quand on entendait les sirènes, il ne se passait pas grand-chose. Ce n'était pas le cas pour les villes frontalières entre l'Iran et l'Irak, où les pertes humaines ne cessaient d'augmenter. Chaque jour, les photos de dizaines de morts sur le front paraissaient dans la presse. Le gouvernement s'employait à tirer profit du climat émotionnel pour exhorter le peuple à la revanche. Dans les mosquées, les mollahs clamaient dans les haut-parleurs que cette guerre visait à défendre non seulement l'Iran, mais aussi l'islam ; Saddam n'était pas un vrai musulman, mais un adepte du diable.

Peu à peu, tout ce que j'aimais devint illégal. Les romans occidentaux qui étaient mon évasion et ma consolation furent décrétés « sataniques » ; il devenait de plus en plus difficile de s'en procurer. Ensuite, au début du printemps 1981, Khanoum Mahmoudi décréta que j'avais besoin de repères religieux. Les minorités religieuses dont je faisais partie avaient toujours été dispensées de cours de religion islamique ou zoroastrienne. À présent, j'avais le choix entre suivre des cours sur l'islam ou rendre compte de mes progrès religieux par le biais de mon église, grâce à des notes d'évaluation que je devrais rapporter à l'école. Par le passé, j'avais volontairement suivi des cours de religion islamique, mais je ne désirais pas poursuivre. J'avais eu ma dose d'islam. Quant à me faire évaluer par mon église, cela paraissait une bonne idée, sauf que, dans mon cas, l'église russe orthodoxe de Téhéran n'avait plus de prêtre depuis de nombreuses années. Ma mère appela une amie qui fréquentait régulièrement l'église et lui indiqua une église catholique. Bien qu'elle se situât à deux rues de chez moi, je ne l'avais jamais remarquée car, en l'absence de vitraux colorés, elle paraissait aussi grise et terne que les bâtiments gouvernementaux et les ambassades qui l'entouraient. Les prêtres me proposèrent de me suivre dans mes études et de noter mes progrès.

Une fois par semaine, je me rendis donc au caté-chisme. Quand j'arrivais, je devais sonner à l'interphone d'une porte en métal qui reliait la rue à une cour intérieure, et l'on m'ouvrait. Je refermais la porte derrière moi et avançais le long d'une allée goudronnée, entre l'église et le mur d'enceinte en briques. Le bureau et la résidence des prêtres se trouvaient dans un bâtiment séparé jouxtant l'église. Le prêtre m'accueillait chaleureusement et nous lisions la Bible avant d'en approfondir des passages. Après la leçon, j'allais me recueillir dans l'église, où j'entrais en poussant de lourdes portes de bois qui craquaient. Le bruit sec résonnait dans le silence et se répercutait sur les murs et les voûtes. J'adorais m'asseoir sur un banc et observer le tableau de la Sainte Vierge : sa longue robe rose, son voile bleu descendant de ses cheveux et son sourire paisible. Des bougies scintillaient devant elle. Elle connaissait le sentiment de perte, elle avait l'expérience de la douleur. Je me sentais chez moi.

Chapitre 12

Le 1ᵉʳ mai 1982, tôt dans l'après-midi, Taraneh et cinq autres filles furent convoquées au bureau par haut-parleur. Un silence s'abattit sur la prison. Personne n'ignorait que les cinq filles étaient condamnées à mort, mais j'étais la seule à savoir pour Taraneh. À son habitude, elle était assise dans un coin et lisait le Coran. Parmi les filles de notre chambrée, on n'appela qu'elle ; les autres codétenues s'étaient figées et la dévisageaient. Elle se leva comme si elle partait se dégourdir les jambes. Je m'élançai vers elle, mais elle me retint d'un hochement de tête. Elle détacha son petit sac du crochet, attrapa son autre sac posé sur l'étagère, s'avança vers moi et m'obligea à les prendre.

– Tu sais que je ne possède pas grand-chose. Je te les confie, débrouille-toi pour les faire parvenir à mes parents.

J'acquiesçai d'un signe de tête. Elle mit son tchador et disparut derrière la porte. Je pouvais hurler jusqu'à m'en faire saigner la gorge, je pouvais me taper la tête contre les murs jusqu'à me faire exploser la cervelle, rien ne pouvait la sauver. Je demeurai plantée au milieu de la pièce avec ses deux sacs dans les bras une bonne partie de l'après-midi jusqu'à ce que mes jambes m'abandonnent. Personne n'échangea un mot de la journée. Nous entretenions le silence comme s'il était capable de préserver la vie, d'accomplir un miracle. Nous attendions, priions, pleurions des larmes muettes. La journée s'acheva. Le coucher du soleil préluda au froid de la nuit, annonçant funestement la rupture du silence. Nous attendions les coups de feu. Et ils retentirent.

Chapitre 13

Environ quatre mois et demi après mon arrestation, je fus appelée par haut-parleur :

– Marina Moradi-Bakht, enfile ton hijab et présente-toi au bureau.

J'ignorais pourquoi on me convoquait. Hamehd se languissait peut-être de moi. Je me couvris la tête avec mon châle et me dirigeai vers le bureau.

Sœur Maryam me reçut avec le sourire.

– Frère Ali est de retour. Il demande à te voir.

Je me bandai les yeux et la suivis dans un autre bâtiment. On me fit patienter dans le couloir. J'avais de la peine à respirer.

– Marina, suis-moi, m'ordonna Ali.

Il referma la porte, me demanda de m'asseoir et d'enlever mon bandeau. Il me parut plus grand que dans mon souvenir, sans doute parce qu'il avait perdu du poids.

Je scrutai la pièce : ni fenêtre ni lit de torture. Sur un mur était accroché un portrait de l'ayatollah Khomeiny, à qui, ainsi qu'Ali le répétait, je devais d'avoir la vie sauve. Les sourcils noirs de l'ayatollah étaient tout froncés et il me regardait de ses gros yeux en colère. Il avait l'air d'un affreux bonhomme. À côté de son portrait se trouvait celui du président, l'ayatollah Khamenei, qui, comparé à l'imam, affichait une expression de gentillesse.

Ali rapporta une chaise de derrière le bureau en métal en boitant. Il me scrutait du regard. De mon côté, j'avais presque oublié sa physionomie. Une cicatrice barrait sa joue droite ; c'était nouveau.

— Tu as l'air bien mieux que la dernière fois, dit-il en souriant. Comment vas-tu ?

— Pas mal. Et vous ?

— Tu me le demandes par politesse ou tu veux vraiment le savoir ?

— Je veux savoir.

Je mentais, j'avais juste envie de quitter cette pièce et de regagner le 246 au plus vite.

Il m'apprit qu'il s'était battu sur le front ces quatre derniers mois, mais avait dû rentrer à cause d'une balle dans la jambe. Je répondis sincèrement que j'en étais désolée. Je ne lui souhaitais aucun mal, pas plus à lui qu'à un autre.

Il me dévisageait avec attention ; son sourire se mua en une expression grave.

— Marina, il faut que je te parle d'une affaire importante. J'aimerais que tu m'écoutes et ne m'interrompes pas avant que j'aie terminé.

J'acquiesçai avec étonnement. Il m'avoua que la principale raison de son départ était de s'éloigner de moi. Il pensait que le fait de ne plus me voir allait changer ses sentiments à mon égard, mais non. Il avait éprouvé quelque chose pour moi dès la première fois qu'il m'avait vue ; il avait essayé de refouler ses émotions, mais elles avaient resurgi en force. Le soir où il m'avait accompagnée aux toilettes, il avait senti qu'il devait me sauver à tout prix, et cela l'avait terrifié. Comme je ne ressortais pas, il m'avait appelée et avait fini par entrer voir ce qui se passait. Me trouvant étalée par terre, il m'avait cru morte. Après m'avoir pris le pouls, il avait été soulagé de constater que je vivais. Il savait que j'étais sur la liste des condamnées à mort et que Hamehd ne m'aimait pas. Il avait tenté de le raisonner, mais Hamehd ne voulait rien entendre. Il s'était décidé à aller rendre visite à l'ayatollah Khomeiny en personne, car c'était l'unique moyen de me sauver la vie. Son père était un ami de longue date de l'ayatollah. Voilà pourquoi Ali avait pu se rendre chez l'imam et le supplier de m'épargner, arguant que j'étais trop jeune et qu'il fallait me laisser une chance de me racheter. L'ayatollah, réticent en raison du nombre de charges qui pesaient contre moi, avait fini par céder devant l'insistance d'Ali. Il consentit à réduire ma peine à l'emprisonnement à vie. Ali était ensuite revenu à Evin, avait demandé aux gardes où j'étais, et quand il avait appris que j'étais partie avec Hamehd et le peloton d'exécution, il s'était précipité en priant Allah.

Un vent de panique secoua mon organisme.

Il ajouta que, après son entrevue avec l'ayatollah, il avait décidé de me transférer au 246 et de partir. Comme j'avais obtenu la grâce de l'imam, Hamehd ne pouvait plus rien contre moi. Ali avait tout fait pour m'oublier, mais ses pensées le ramenaient sans cesse à moi, et il était content d'avoir été blessé, car cela lui avait donné une occasion de rentrer. Il précisa que son père lui avait toujours dit que la nuit portait conseil ; au moment de prendre une décision importante qui engageait son avenir, il s'en était souvenu. Il poursuivit en me confirmant son intention de m'épouser – il y avait réfléchi quatre mois durant. Sa décision était prise.

– Je veux que tu te maries avec moi, Marina. Je promets d'être un bon époux et de prendre soin de toi. Ne me réponds pas tout de suite. Je veux que tu prennes ton temps pour réfléchir.

Je m'efforçais de comprendre tout ce que je venais d'entendre, mais c'était impossible. C'était n'importe quoi. Comment pouvait-il songer à m'épouser ? Je n'avais pas envie de l'avoir pour mari. Je n'avais même pas envie d'être dans la même pièce que lui.

– Ali, il faut que vous compreniez une chose : je ne peux pas vous épouser, affirmai-je d'une voix tremblante.

– Pourquoi ?

– Pour un tas de raisons !

– Je suis prêt à les entendre. N'oublie pas que j'ai eu le temps d'y penser pendant quatre mois, mais on ne sait jamais, j'ai pu oublier quelque chose. Vas-y, donne-moi tes raisons.

– Je ne vous aime pas. Et je ne vous suis pas destinée.

– Je n'espère pas ton amour. L'amour peut naître plus tard, si tu me laisses une chance. Tu dis que tu ne m'es pas destinée. À qui étais-tu destinée, à André ?

Je faillis m'étouffer. Comment connaissait-il l'existence d'André ?

Il m'apprit qu'une nuit, dans mon sommeil, il m'avait entendue appeler André à plusieurs reprises. Il poursuivit en m'avouant qu'il avait mené son enquête et savait parfaitement qui était cet homme et où il vivait. Et même si André n'était pas fiché comme activiste politique, Ali précisa qu'il pouvait s'arranger pour qu'il le fût.

J'avais de la peine à assimiler ce qu'il me disait. Même si je savais qu'il m'arrivait de parler dans mon sommeil, je ne pouvais m'empêcher de penser que, peut-être, ils m'avaient filée avant mon arrestation et qu'ils avaient dû repérer André à cette occasion. Je m'en voulus d'avoir entraîné André dans toutes ces histoires.

— Tu veux le voir débarquer ici ? menaça Ali. Sur un lit de torture ? Laisse-le vivre en paix. Il faut s'en remettre à l'évidence : ta vie a changé le jour de ton arrestation, tu dois l'accepter. Et pense à tes parents. Je doute que tu veuilles les mettre en danger. Pourquoi paieraient-ils pour toi ? Je promets de te rendre heureuse. Tu apprendras à m'aimer.

Je rétorquai qu'il n'avait pas le droit de m'infliger ça, et il répondit que si. Il me rappela, au cas où je l'aurais oublié, qu'il m'avait sauvée d'une mort certaine. En tant qu'ennemie de l'islam, je n'avais aucun droit. Il était persuadé de me faire une faveur. Il ajouta que je ne savais pas ce qui était bien pour moi.

Je cherchai désespérément une fuite. Ma mort résoudrait pas mal de problèmes.

— Je te connais trop bien, dit-il, interrompant le fil de mes pensées. Je sais parfaitement à quoi tu penses. Tu veux te suicider. Je le vois dans ton regard, mais je sais aussi que tu ne le feras pas. Tu n'es pas du genre à baisser les bras. C'est contraire à ta nature. Tu es une battante, comme moi. Oublie le passé, et nous mènerons une belle vie tous les deux. Et pour que tu saches à quoi t'en tenir, si jamais tu te fais du mal exprès, je ferai exécuter ton André. Il paiera pour toi.

Comment pouvais-je envisager une « belle » vie avec un tel individu ? Il menaçait de tuer André et d'arrêter mes parents.

— Je te donne trois jours pour réfléchir, mais attention, ne t'avise pas de faire quelque chose que tu pourrais regretter. Je parle sérieusement, j'appliquerai tout ce que j'ai dit.

J'avais exposé mes parents et André au danger, je me devais de faire tout ce qui était en mon pouvoir pour les protéger. Je ne devais pas oublier que j'étais emprisonnée à perpétuité. Aucun moyen de m'échapper. J'en vins à souhaiter de n'avoir jamais rencontré André.

Chapitre 14

J'avais fait la connaissance d'André dès ma première messe dominicale à l'église catholique. Ce jour-là, après l'office, je me rendis dans le petit bureau pour discuter avec les prêtres. André, l'organiste, entra pendant que je les attendais. Durant la messe, même de loin, j'avais remarqué qu'il était assez séduisant. À présent qu'il se trouvait devant moi, c'était le David de Michel-Ange en personne, version habillée : le visage ovale, un long nez aristocratique, des boucles dorées sur un front large, des yeux bleus comme la mer Caspienne. Il était beau. Je devins écarlate et baissai la tête ; je craignais que mes pensées ne me trahissent.

Nous nous sommes présentés.

Comme l'église comptait une communauté plutôt restreinte de fidèles, chaque nouveau venu focalisait l'attention et faisait l'objet d'une grande curiosité. Il me demanda si j'étais étudiante, et, quand il apprit que j'étais seulement lycéenne, il rougit. Je lui parlai de mes origines russes ; il m'informa qu'il étudiait l'électrotechnique à l'université de Téhéran, mais que, depuis la fermeture des universités pour cause de révolution culturelle islamique, il enseignait l'anglais, les maths et la physique dans une école arménienne.

Au fil de notre conversation, je sentais une vague d'excitation me parcourir. Il dégageait une certaine assurance et parlait d'une voix douce. Je lui confiai que j'avais aimé sa musique ; il me répondit qu'il était novice. Après la révolution, le gouvernement avait repris l'école de garçons qui était jusqu'alors sous contrôle de l'église. André l'avait fréquentée pendant douze ans. Parmi les prêtres qui avaient dirigé cette école, un certain nombre furent accusés d'espionnage et évincés. L'un d'eux, organiste de longue date en attente d'expulsion, en profita pour donner des leçons de musique à André qui n'avait jamais touché un instrument de sa vie. Quand il partit, André le remplaça.

— Tu devrais te joindre à notre chorale, me proposa André. Nous recherchons justement de nouveaux membres.

Je répondis que je ne savais pas chanter.

— Essaie, c'est amusant. La prochaine répétition est à six heures mercredi soir. Tu n'as rien de spécial à faire ce soir-là, si ?

— Non.

— Très bien. Alors à mercredi soir !

Il se leva et me serra la main.

Après son départ, je pus enfin reprendre mon souffle.

Aram me raccompagnait chez moi au moins une fois par semaine. Il était en terminale, sa dernière année de lycée.

— Nous allons quitter l'Iran dans quelques mois pour les États-Unis, si tout va bien.

Il me l'apprit par un bel après-midi de printemps tout ensoleillé. Je savais que cela arriverait un jour. Nous étions amis depuis plus de deux ans ; j'avais peur de le perdre, mais c'était ce qu'ils avaient de mieux à faire. Un nouveau départ pour une vie inédite le guérirait peut-être des souvenirs douloureux que nous partagions.

Je lui dis que j'étais heureuse pour lui. Il s'arrêta pour me dévisager, les yeux pleins de larmes. Il ajouta qu'il aimerait m'emmener avec lui ; il se faisait du souci pour ma sécurité. Dans son lycée, de nombreux élèves avaient été arrêtés et enfermés à Evin, d'où, disait-on, on ne ressortait pas vivant. Je le traitai de paranoïaque, mais il objecta que cela n'avait rien à voir avec la paranoïa.

— Aram, tu n'as pas besoin de t'inquiéter, insistai-je.

— Arash tenait le même discours... Hé, attends... Je pense à une chose... Mais non, c'est impossible... Quoique d'un autre côté...

Nous marchions sur le trottoir et il fit halte devant une épicerie ; des cageots de fruits et de légumes barraient le passage. Les senteurs de persil frais, d'aneth, de ciboulette, de basilic embaumaient l'air de ce chaud après-midi.

— Tu n'essaierais pas de te faire tuer, par hasard ? demanda-t-il soudain, presque en pleurs.

Je lui affirmai que je n'avais nullement l'intention de me suicider.

Une grosse dame qui essayait de se faufiler pour entrer dans l'épicerie manifesta son impatience en nous poussant contre une cagette d'oignons. Aram faillit perdre l'équilibre. Il me regarda, et je m'écartai pour laisser le passage tout en rassurant Aram, lui

affirmant que tout irait bien. Comme nous poursui-
vions notre chemin, je lui pris la main. Il la rejeta
violemment.

— Qu'est-ce qui te prend ? On va se faire arrêter !
gronda-t-il en jetant des regards furtifs à la ronde.

Son visage devint rouge de colère.

— Je… je suis désolée ! Quelle idiote ! Je n'ai pas
réfléchi.

Je ravalai mes larmes.

— Excuse-moi, Marina. Je ne voulais pas être
brusque. Mais comment je pourrais me pardonner si tu
te faisais fouetter pour m'avoir tenu la main ?

— Je suis désolée.

— Tu vois, raison de plus pour partir d'ici. Se tenir
par la main n'a rien de criminel. Raconte ça à
quelqu'un qui vit dans un pays normal et il croira à
une mauvaise plaisanterie.

Un peu plus tard, je lui demandai s'il connaissait
quelqu'un susceptible de traduire un texte russe en
persan. Je lui expliquai qu'avant de mourir ma grand-
mère m'avait confié l'histoire de sa vie, écrite de sa
main. J'avais besoin de la faire traduire. Il s'étonna
que je ne le demande pas à mes parents, mais ma
grand-mère m'avait remis personnellement ce manuscrit et ne souhaitait peut-être pas le faire lire à mes
parents. Je cherchais quelqu'un de neutre pour
m'aider. Il pensa à une amie d'Irena, une femme un
peu fantasque qui parlait plusieurs langues, dont le
russe et le persan. Il promit de la contacter.

Nous étions à mi-chemin quand je vis qu'une
tempête se préparait. De gros nuages noirs se
formaient. Je ne comprenais pas comment un ciel aussi
radieux pouvait s'obscurcir si rapidement. Les
premiers coups de tonnerre retentirent. La pluie se mit

à tomber. Nous étions encore loin de chez moi et il n'y avait pas d'abri en vue. Au début, je distinguais chaque goutte sur le sol. J'espérais atteindre la maison avant la tempête, mais il se remit à tonner et les gouttes de pluie se firent de plus en plus denses. C'était déjà trop tard. Un vent violent s'en mêla, faisant plier les arbres, et les gouttes formèrent un écran de pluie. Nous dûmes nous arrêter. La rue n'était plus visible, engloutie sous les trombes d'eau. Nous étions désorientés, incapables de retrouver notre chemin, obligés de laisser passer la tempête en résistant du mieux que nous pouvions.

Le lendemain, Aram m'appela pour m'annoncer qu'il avait parlé à l'amie d'Irena, Anna, qui acceptait de me rencontrer. Deux jours plus tard, Aram me conduisit chez cette femme, qui habitait une maison dans une rue calme en retrait de l'avenue Takht-eh Tavoos. Lorsque nous appuyâmes sur la sonnette, des aboiements retentirent derrière la porte.

– Qui est-ce ? cria une voix féminine en persan.

Après avoir vérifié qui nous étions, Anna nous ouvrit. Elle devait avoir soixante-dix ans. Elle était grande et mince, une abondante chevelure noire retombait sur ses épaules, encadrant de grands yeux gris. Elle était vêtue d'un chemisier de soie blanc et d'un jean. Elle nous accueillit en russe, un berger allemand sur ses talons. Sa maison, pas très grande, sur deux étages, était remplie de plantes tropicales. Nous dûmes nous frayer un passage entre les branchages pour la suivre jusqu'au salon où nous attendaient un perroquet sur son perchoir et deux canaris dans une cage ainsi qu'un chat noir qui vint se frotter à mes jambes. Une odeur de terre régnait dans l'air. Les murs étaient couverts d'étagères encombrées de livres.

— Où est le texte ? demanda-t-elle avant même que nous ayons pu nous asseoir.

Je le lui remis et elle le feuilleta.

— Je peux le traduire en quelques heures.

Elle se leva et nous raccompagna à la porte.

— Irena n'a pas tari d'éloges sur toi, Marina. Tu peux venir le récupérer demain après-midi à quatre heures et demie.

Le lendemain, à peine avions-nous sonné qu'Anna nous ouvrit et me tendit le manuscrit de ma grand-mère accompagné de la traduction.

— Voici, ma chère. Ta grand-mère était une femme triste mais d'une grande force, prononça-t-elle avec netteté en refermant la porte.

— Je t'avais bien dit qu'elle était bizarre, me fit remarquer Aram en éclatant de rire.

Je lus la traduction aussitôt rentrée chez moi. À la vue de la quarantaine de pages traduites de sa belle plume et grammaticalement parfaites, je songeai que si elle ne me l'avait pas dit, je n'aurais jamais deviné que le persan n'était pas sa langue maternelle.

À dix-huit ans, ma grand-mère, Xena Mouratova, tomba amoureuse d'un séduisant jeune homme de vingt-trois ans, prénommé André. Il avait les cheveux blonds, de grands yeux bleus et était communiste. Xena avait beau le supplier de ne pas se rendre aux manifestations organisées contre le tsar, il ne l'écoutait pas. Il luttait pour une Russie plus grande et se battait contre la misère. Xena écrivait qu'il était pétri d'idées magnifiques mais irréalisables et qu'il était très naïf. Elle résolut de l'accompagner pour être à ses côtés et le protéger. Au cours d'une manifestation, les soldats ordonnèrent à la foule de se disperser, mais comme personne n'obéit, ils ouvrirent le feu.

« Les gens se mirent à fuir, écrivait Xena, Je me suis retournée. Il était par terre, en sang. Je l'ai tenu dans mes bras jusqu'à sa mort. Les soldats ont eu pitié de moi et m'ont laissée l'emporter chez sa mère. J'ai traîné son corps dans les rues de Moscou. Des hommes sont venus à ma rescousse ; ils l'ont tiré à ma place tandis que je marchais derrière en suivant la traînée de sang rouge sur le pavé. Je n'ai jamais plus dormi en paix depuis ce jour. Je me réveillais toutes les nuits et voyais son sang dans mon lit. »

Xena rencontra son futur mari, Esah, mon grand-père, quelques mois plus tard. C'était un homme bon, un joaillier ; elle ne se rappelait plus ni quand ni comment elle en était tombée amoureuse. Il la demanda en mariage sans tarder. Elle accepta. Ils se marièrent et Tamara, leur fille, vint au monde. Ils durent quitter la Russie et émigrer en Iran. Le voyage fut particulièrement pénible pour Xena car elle attendait son second enfant, mon père. Une fois en Iran, ils allèrent d'abord à Mashad où naquit mon père, puis à Rasht, ville dans laquelle mon grand-père avait de la famille. Ils n'y demeurèrent pas longtemps et vinrent s'installer à Téhéran. La capitale iranienne était très différente de Moscou et Xena avait le mal du pays. Sa famille et ses amies lui manquaient, mais elle y accordait peu d'importance car elle était très heureuse avec Esah. Son bonheur fut de courte durée. Son mari quitta la maison un matin et ne revint jamais. Des voleurs l'avaient assassiné pour lui prendre les bijoux qu'il s'apprêtait à vendre en vue d'acheter une maison.

La vie devint très difficile pour Xena après ce tragique événement. Elle resta seule. Elle espérait rentrer en Russie, mais elle avait tout perdu. Sa vie et sa maison avaient été détruites par une révolution sanglante. Elle n'avait nulle part où aller et était condamnée à l'exil.

Elle ouvrit une pension et travailla dur. Les années passèrent, ses enfants grandirent, Tamara épousa un Russe et retourna vivre en Russie. Puis Xena rencontra Peter, un Hongrois, en pension chez elle. Il l'aidait et ils restèrent ensemble. Après le début de la Seconde Guerre mondiale, il la demanda en mariage, elle accepta, mais ils n'eurent pas le temps de se marier. Comme la Hongrie s'était ralliée au camp de Hitler, tous les Hongrois qui vivaient en Iran furent faits prisonniers et envoyés dans des camps en Inde. Peter y mourut d'une maladie infectieuse.

À la fin de ma lecture, je m'effondrai en larmes. Je mesurais combien ma grand-mère avait été triste, abandonnée et seule. Dans son cas comme dans le mien, les révolutions nous avaient dévastées. La révolution communiste comme la révolution islamique avaient donné naissance à des dictatures terrifiantes. Ma vie ressemblait à une copie déformée de la sienne. Je ne pouvais qu'espérer un avenir plus radieux. Il fallait que je me souvienne qu'elle avait survécu ; j'en ferais autant.

Le mercredi suivant, je me rendis à la chorale. André me sourit de derrière son orgue. Ma voisine de devant avait une voix merveilleuse. André vint me voir après la répétition. J'étais vêtue d'un jean et d'un tee-shirt uni ; j'aurais aimé être mieux habillée. Bien que le hijab fût obligatoire et que l'on risquât le fouet et la prison si l'on ne se conformait pas aux règles, les femmes se vêtaient comme bon leur semblait sous le long voile. Quand je rendais visite à mes amis et à ma famille ou lorsque j'allais à l'église, j'enlevais le hijab dès mon arrivée.

— Tu as une très belle voix, me dit André.

— Non à côté de Mme Masoudi, répondis-je. C'est elle qui a une très belle voix, précisai-je en riant.

Je le questionnai sur ses origines et appris que ses parents étaient hongrois, mais que sa sœur et lui étaient nés à Téhéran. Sa sœur, âgée de vingt et un ans, était partie récemment étudier à Budapest. Lui en avait vingt-deux.

Je n'en revenais pas de cette coïncidence avec la Hongrie. Mais à la réflexion, ce n'était pas si extraordinaire. La minorité chrétienne en Iran était tellement réduite que nous étions tous liés de près ou de loin.

— Aimerais-tu essayer l'orgue ? me proposa André.

— C'est difficile ?

— Pas du tout. Je t'apprendrai.

— D'accord. Quand commençons-nous ?

— Maintenant, pourquoi pas !

En dépit des événements traumatisants liés à la manifestation de la place Ferdosi, je participai à d'autres mouvements de protestation organisés par différents groupes politiques, communistes ou moudjahidine. C'était le moins que je puisse faire pour manifester mon désaccord vis-à-vis du gouvernement et de sa politique. Je ne dévoilai rien de mes activités à mes parents, pas plus qu'à Aram et à André. Tous les rassemblements se ressemblaient plus ou moins : des jeunes gens se retrouvant sur une grande artère, des pancartes brandies condamnant le régime, une foule en mouvement, des slogans et en quelques minutes l'assaut aux gaz lacrymogènes attaquant les yeux et la gorge, suivi de près par des coups de feu et l'arrivée des gardes révolutionnaires. Alors, tout le monde se mettait à courir le plus vite possible en se protégeant la tête. Tout devenait clair, les couleurs se précisaient : *éviter le vert militaire* ; *se tenir à distance des hommes barbus*. C'était une erreur de vouloir fuir par les petites rues, car le risque était plus grand de se faire arrêter ou bastonner. On avait plus de chances d'en réchapper en restant sur les grandes artères. Il m'est arrivé quelquefois de devoir me cacher derrière des ordures ou des caisses de produits avariés pour échapper aux gardes. Après la manifestation de la place Ferdosi, je n'ai plus assisté à une mort en direct, mais j'entendais fréquemment les autres dire qu'ils avaient vu quelqu'un s'écrouler devant eux ou qu'ils étaient passés à côté d'une mare de sang. Chaque fois que je rentrais saine et sauve après une manifestation, je frémissais d'excitation. Une fois de plus, je m'en étais sortie. J'étais peut-être immunisée contre les balles et les gourdins.

Deux semaines environ avant les vacances d'été, Gita, qui avait passé son bac l'année précédente et attendait la réouverture des universités après la révolution culturelle islamique, vint me trouver un soir pour m'annoncer que son amie Shahrzad désirait me rencontrer. Elle m'expliqua que cette amie étudiante avait fait trois ans de prison à l'époque du shah. Shahrzad avait entendu parler de la grève que j'avais initiée à l'école. Elle savait aussi que j'avais lu quelques ouvrages de leur groupe. Elle-même avait lu deux articles que j'avais rédigés pour le journal de l'école. Je questionnai Gita sur les motivations de Shahrzad à mon égard, et elle me répondit qu'elle souhaitait me voir rejoindre le Fadayian. Je rétorquai que je n'en avais pas l'intention, car je croyais en Dieu, allais à l'église et ne me sentais pas d'atomes crochus avec leur groupe.

– Tu soutiens le gouvernement ? me demanda Gita.

– Absolument pas.

– Tu es soit avec eux, soit contre eux.

– Même si je suis contre, cela ne fait pas de moi une communiste. Je te respecte, toi et tes idéaux, mais je ne veux pas me mêler de politique.

– Mais tu t'en es déjà mêlée, quoi que tu dises. Donne-lui une chance. Elle voudrait juste s'entretenir avec toi quelques minutes. Nous te retrouverons en chemin après la sortie demain.

Je n'avais pas envie de me disputer avec Gita, j'acceptai donc de rencontrer Shahrzad.

Le lendemain, Shahrzad et Gita se ruèrent sur moi dès la sortie de l'école. Après avoir fait les présentations, Gita disparut aussitôt, prétextant quelque chose à faire. Shahrzad était différente de toutes les filles que j'avais rencontrées jusqu'alors. Ses yeux trahissaient une grande tristesse et elle était tout le temps sur le qui-vive.

– D'après ce que j'ai entendu, tu es une chef-née, affirma-t-elle alors que nous marchions en direction de chez moi. Il y a peu de gens capables de mener les autres. Tu es écoutée. J'ai lu tes articles également. Ils sont bons. Tu as un rôle à jouer. Ce gouvernement islamique est en train de détruire le pays. Et tu peux l'en empêcher.

– Shahrzad, je respecte tes idéaux, mais nous n'avons rien en commun.

– Je crois que si. Nous luttons contre le même ennemi, nous sommes donc amies.

Je lui expliquai que je ne considérais pas les choses sous cet angle. J'avais simplement l'habitude d'exprimer mes idées, et si au lieu d'un gouvernement islamique nous avions un régime communiste, je m'insurgerais tout autant.

Elle me demanda si je voulais tenter de changer les choses et je lui répondis que les changements auxquels j'aspirais étaient différents des siens. Elle se retourna soudain sur un jeune homme que nous venions de croiser, m'adressa un rapide au revoir et disparut au coin de la rue. Je ne l'ai plus jamais revue.

Je voulais renouveler ma garde-robe. J'en avais marre des jeans délavés, des sweat-shirts élimés et des baskets. Le problème était que les prix avaient flambé après la révolution, et mes parents n'avaient aucune économie. Comme une adolescente n'était pas censée travailler, j'allais devoir faire preuve d'imagination pour trouver un moyen de gagner de l'argent. Les chaussures coûtaient particulièrement cher.

Mes parents, tante Zenia, oncle Ismael et sa femme se réunissaient une fois par quinzaine pour jouer au rami. Ils pariaient, prenant ce jeu très au sérieux. Je les avais observés plusieurs fois et je connaissais les règles par cœur. Un soir que la femme de mon oncle était souffrante, je proposai de la remplacer. Tante Zenia, qui trouvait l'idée excellente, demanda aux autres de me donner de l'argent pour me constituer une mise de départ. Je commençai la partie avec cent tomans. À la fin de la soirée, j'en avais remporté deux mille. Le lendemain, je partis faire du shopping et revins avec un pantalon, des chemisiers et trois paires d'escarpins à talons. Le surlendemain, je me rendis à l'église vêtue de mes plus beaux atours payés avec mes gains au jeu : un pantalon habillé, un chemisier de soie blanc et une paire de chaussures noires pointues.

Du vivant de ma grand-mère, chaque fois que mes parents jouaient aux cartes en famille ou entre amis, elle hochait la tête en signe de réprobation : les jeux d'argent étaient néfastes aux rapports familiaux et amicaux ; voilà pourquoi Dieu désapprouvait ce péché. J'en étais consciente et me sentais coupable, mais j'étais sûre que Dieu comprenait la situation. Pour me déculpabiliser, j'allai me confesser.

J'adorais le cliquetis délicat que faisaient mes nouvelles chaussures quand je descendais l'allée de l'église pour m'asseoir sur le banc face au chœur. J'aimais aussi les compliments qui m'étaient adressés sur le ton de la confidence par les membres de la chorale. Quand André me vit, il s'illumina, et pendant la messe je remarquai qu'il m'observait du coin de l'œil.

André eut la patience de m'apprendre à jouer de l'orgue, mais plus il essayait, plus j'étais persuadée de ne pas avoir la fibre musicale. Il passait le plus clair de son temps libre à l'église, effectuant toutes les petites réparations, des tuyaux de l'orgue aux ampoules électriques en passant par le mobilier, et il aimait que je lui tienne compagnie. J'appréciais la sienne. Il me racontait sa vie, me parlait de sa famille et de ses amis. Peu avant la Seconde Guerre mondiale, son père, Mihaly, un jeune charpentier hongrois, était venu travailler en Iran à la construction d'un nouveau palais pour le shah. Il avait laissé sa fiancée, Juliana, à Budapest et comptait rentrer chez lui après la fin du chantier, mais la guerre qui faisait rage en Europe l'en empêcha. La Hongrie se battait aux côtés de l'Allemagne, les Alliés entrèrent en Iran pour approvisionner les Russes par le sud. À l'instar de Peter, le fiancé de ma grand-mère, Mihaly fut déporté en Inde. Mais contrairement à Peter, il survécut. Après la guerre, il choisit de retourner en Iran pour fuir la Hongrie communiste. La population n'étant pas autorisée à quitter le pays à l'époque, Juliana ne put le rejoindre. Elle demeura en Hongrie jusqu'à la révolution de 1956. Quand les frontières s'ouvrirent à nouveau, elle se réfugia en Autriche avant de rejoindre son amour de jeunesse en Iran, après dix-huit ans de séparation. Ils se marièrent aussitôt et eurent deux enfants : André et sa sœur quinze mois plus tard. Juliana mourut, laissant deux orphelins de quatre et deux ans et demi. Une sœur célibataire de Mihaly vint de Hongrie aider son frère à élever les deux enfants. Elle avait soixante ans et se révéla être une merveilleuse mère de substitution.

Un jour, alors que nous étions assis sur le banc d'organiste, dans l'église déserte, je racontai à André les ennuis que je m'étais attirés : la grève, la liste de noms dans le bureau de la principale, le journal de l'école et la haine que me vouait Khanoum Mahmoudi. Il écarquilla ses grands yeux bleus, incrédule.

— Tu as fait tout ça ? s'étonna-t-il, choqué par mes révélations.

— Oui, le problème, c'est que je ne sais pas tenir ma langue.

— Je m'étonne qu'on ne t'ait pas encore arrêtée.

— Je sais. Moi aussi.

Il me toucha la main, mon cœur s'emballa. Sa main était glacée.

— Tu dois quitter le pays.

— André, sois réaliste. Je n'obtiendrai jamais de passeport dans ma situation. Et si je devais passer la frontière clandestinement, non seulement ce serait dangereux, mais en plus il faudrait beaucoup d'argent. Mes parents n'ont pas les moyens.

— Tes parents sont au courant ?

— Ils savent certaines choses, mais pas tout.

— Autrement dit, tu attends de te faire arrêter ?

— J'ai le choix ?

— Cache-toi.

— Ils me trouveront. Et où me cacher ? Tu crois que c'est juste de faire courir des risques à mes proches ?

J'avais haussé le ton et ma voix résonna dans l'église. Après un moment de silence, il passa un bras autour de mon épaule et je posai ma tête contre lui, me laissant envahir par la chaleur de son corps. Avec lui, j'éprouvais une impression de plénitude, le sentiment puissant d'être arrivée à destination après un long voyage. Je tombais amoureuse pour la seconde fois et je me sentais coupable. J'avais l'impression de trahir Arash. Mais l'amour suit sa propre loi ; comme le printemps qui pénètre la terre à la fin de l'hiver, chaque jour, la température augmentait, les branches des arbres se garnissaient de bourgeons, le soleil gagnait du terrain, et tout à coup le monde se gorgeait de joie et de chaleur.

À la fin du mois de juin 1981, deux jours après notre arrivée dans notre maison de vacances, je reçus un appel d'Aram me demandant si j'avais entendu parler du limogeage du président Bani Sadr par l'ayatollah Khomeiny. Khomeiny l'évinçait parce qu'il avait osé s'opposer à l'exécution des prisonniers politiques et lui avait écrit des courriers pour le mettre en garde contre la dictature. Je n'étais pas au courant, car nous n'avions qu'une vieille radio qui ne captait pas la BBC et nous ne regardions pas les chaînes de télévision locales. Quelques jours plus tard, Aram m'informa que Bani Sadr avait réussi à fuir et s'était réfugié en France, mais bon nombre de ses collaborateurs et amis avaient été arrêtés et exécutés.

Le 28 juin, ma mère alluma exceptionnellement la télévision juste avant le dîner. Ce jour-là, une bombe avait explosé au siège du Parti de la République islamique pendant une conférence. L'explosion fit plus de soixante-dix morts, parmi lesquels, entre autres dirigeants du gouvernement, l'ayatollah Mohammad Beheshti, chef du système judiciaire et secrétaire général du parti. Selon le gouvernement, l'attentat avait été perpétré par les Moudjahidine.

Début août, Mohammad Ali Rajai, dirigeant réputé de la révolution culturelle islamique, fut nommé président de la République. Son mandat s'acheva au bout de deux semaines. Un nouvel attentat, dont furent accusés les Moudjahidine, eut lieu le 30 août : une bombe explosa dans les bureaux présidentiels et coûta la vie au président Rajai ainsi qu'au Premier ministre et au chef de la police de Téhéran. J'entendis dire plus tard que les deux attentats avaient été en réalité commis par des factions rivales qui se faisaient la guerre au sein du gouvernement.

Le pays semblait en état de deuil permanent. À chaque coin de rue, des haut-parleurs diffusaient de la musique et des chants religieux pour accompagner des cortèges d'hommes se frappant la poitrine ou le dos avec des chaînes, dans la plus pure tradition chiite, suivis par une procession de femmes se lamentant et pleurant en chœur. Sous le choc des événements, je me plongeai dans la lecture de livres qui m'offraient une vision plus raisonnable et sécurisante du monde.

Pendant l'été, je décidai de ne plus retourner à l'école. Complètement démotivée, je ne parvenais pas à m'adapter aux nouvelles lois. De plus, mes rapports avec Khanoum Mahmoudi et mes professeurs se dégradaient de jour en jour.

Dès notre retour à Téhéran, je guettai le moment propice pour faire part de ma décision à ma mère, persuadée qu'elle ne céderait pas facilement, elle si fière du baccalauréat de mon frère et toujours élogieuse envers ceux qui réussissaient leurs études. Pourtant, elle ne me ferait pas changer d'avis. Je savais que ma situation ne pouvait qu'empirer, mes ennuis se multiplier.

Nous avions effectué quelques achats pour meubler l'ancien studio de danse de mon père : quatre fauteuils recouverts d'un tissu en velours olive, deux tables basses noires, une table de salle à manger avec huit chaises assorties et un buffet. La salle d'attente restait inchangée. Entre deux fauteuils, un radiateur à pétrole chauffait la pièce en hiver. Ma mère avait toujours aimé tricoter, et depuis la révolution, elle passait le plus clair de son temps à nous tricoter des pulls, assise à la gauche du radiateur. Elle faisait également des napperons et des couvre-lits au crochet. Quand je pénétrai dans la pièce ce jour-là, je la trouvai dans son fauteuil préféré, ses lunettes posées sur le bout du nez. Je m'assis sur le fauteuil d'en face. Je demeurai silencieuse, réfléchissant à la manière de lui présenter les choses.

– Maman ?

– Oui ? fit-elle sans lever les yeux.

– Je ne peux pas retourner à l'école. En tout cas, pas cette année.

Elle posa son ouvrage sur ses genoux et me dévisagea par-dessus ses lunettes. Malgré ses cinquante-six ans et les quelques rides qui striaient le contour des yeux et du front, elle était encore très belle.

– Comment ?

– Je ne peux pas retourner à l'école.

– Tu as perdu la tête ?

Je lui expliquai que l'on ne nous apprenait rien ; si je restais à la maison, je n'aurais plus besoin d'affronter les gardes révolutionnaires qui faisaient office de professeurs. Je lui promis d'étudier seule le programme de terminale et de passer les examens à la fin de l'année.

– Tu sais que j'en suis capable, insistai-je. J'en sais probablement plus que mes profs.

Elle soupira en baissant les yeux.

– Maman, ne m'oblige pas à y aller, insistai-je.

– Je vais y réfléchir.

Je courus dans ma chambre.

Le lendemain matin, quand elle arriva près de mon lit, je ne pouvais pas ouvrir les yeux tellement j'avais pleuré. J'avais évacué mon chagrin et ma frustration pendant la nuit. Ma mère regardait la rue par la fenêtre du balcon.

– Tu peux rester à la maison, m'annonça-t-elle, mais seulement pour une année.

Elle en avait discuté avec mon père.

Aram me téléphona un soir de septembre pour me prévenir de son départ et me dire au revoir. Je sentis qu'il pleurait.

– Tu vas me manquer. Prends bien soin de toi, dis-je d'une voix assurée.

Je ne lui avais pas encore parlé d'André et pensai qu'il était temps. Je lui expliquai donc que j'avais rencontré quelqu'un à l'église. Il en fut surpris et voulut savoir depuis quand cela durait. Je répondis qu'André et moi avions fait connaissance au printemps.

– Pourquoi tu ne me l'as pas dit plus tôt ? Je croyais qu'on n'avait rien à se cacher.

– J'attendais d'être sûre. J'ai hésité car je ne voulais plus m'attacher.

Il comprenait.

Tous les garçons devaient remplir leur devoir militaire après le collège, sauf ceux qui poursuivaient leurs études ou qui étaient exemptés pour raison médicale ou autres. Son père avait obtenu une dispense pour Aram, car son frère était un martyre et il restait leur seul enfant vivant. On ne l'enverrait pas à la guerre, puisque sa famille avait déjà sacrifié un fils à la patrie. Aram mesurait l'ironie de la situation ; la mort de son frère lui sauvait la vie. Le gouvernement lui délivra un passeport et il fut autorisé à quitter l'Iran.

Sarah me téléphona un jour de novembre 1981 pour me voir d'urgence. Sa voix tremblait, elle ne pouvait pas en dire plus au téléphone. Je me précipitai chez elle ; elle m'attendait à la porte. Ses parents et son frère n'étaient pas là. Une fois dans sa chambre, elle s'effondra sur son lit, les yeux rouges et gonflés de larmes.

Elle m'apprit que les gardes révolutionnaires s'étaient rendus chez Gita deux jours plus tôt ; ne l'y trouvant pas, ils avaient embarqué sa mère et ses deux sœurs. Ils avaient dit ensuite au père que si Gita ne se rendait pas avant la fin de la semaine, ils exécuteraient une de ses sœurs. Elle était donc allée se livrer à Evin. Sa mère et ses sœurs avaient été relâchées.

– Marina, tu sais combien elle est têtue. Ils la tueront. Elle ne sait pas tenir sa langue. Et nous sommes probablement les prochaines sur la liste. Sirus, lui, c'est sûr. Il affirme que tous ceux qui critiquent ouvertement le gouvernement s'exposent à ce danger.

Sirus avait raison, je savais que tôt ou tard ce serait notre tour, car ils savaient qui chercher. Ils connaissaient nos adresses. Je n'avais jamais parlé de la liste, car j'ignorais qui d'autre y figurait et ne voulais inquiéter personne ni attirer des ennuis à Khanoum Bahman.

– Oui, nous sommes sûrement les prochaines. Ce n'est qu'une question de temps et nous n'y pouvons rien. Impossible de fuir, ils se vengeraient sur nos parents.

– On ne va quand même pas rester les bras croisés.

– Et que suggères-tu ?

– Je pourrais au moins le dire à mes parents, répondit Sarah.

– Ils vont paniquer. Personne ne peut rien faire, à moins de tous disparaître ensemble. Si je préviens mes parents, ils ne me prendront pas au sérieux. Ne t'en fais pas trop. Il ne faut pas exagérer, ça ne peut pas être aussi grave, on n'a rien fait quand même ! Gita s'est mise dans le pétrin avec son groupe. Mais pourquoi en auraient-ils après nous ?

– Pas de panique. On n'a rien fait, tu as raison.

Chapitre 15

Après sa demande en mariage, Ali me raccompagna au 246. À peine avais-je franchi la porte que mes amies se précipitèrent pour me questionner. Je leur expliquai qu'Ali était de retour et voulait juste prendre de mes nouvelles. À leur mine inquiète, je compris qu'elles ne me croyaient pas, mais personne ne pouvait m'aider.

Je ne voulais pas leur révéler le but de mon entrevue avec Ali. Je me sentais coupable et honteuse d'avoir mis André et mes parents en danger. Comme je prenais les menaces d'Ali au sérieux, je n'avais pas le choix ; je devais me soumettre à son exigence.

Le premier baiser avec Arash me revint en mémoire comme le meilleur souvenir du monde, car je l'aimais corps et âme. Quand je songeai à un baiser d'Ali, je m'essuyai la bouche d'un revers de la manche et fus parcourue d'un frisson glacial.

« Ils peuvent me tuer s'ils le veulent, mais je ne veux pas être violée », avait dit Taraneh.

Même si je ne me figurais pas encore très bien ce qu'était un viol, je me persuadai qu'il ne s'agissait pas de viol avec Ali ; il me demandait en mariage. Ça allait... Non, ce n'était pas... Pourquoi y pensais-je alors ? Je savais qu'il faudrait que j'y passe.

Le mariage était censé durer jusqu'à ce que la mort nous sépare. Pourrais-je partager toute ma vie avec Ali ? Peut-être qu'il envisageait un mariage temporaire. J'avais entendu parler du *sigheh* qui consiste à contracter un mariage musulman pour une durée déterminée convenue entre les époux. Je savais aussi que la femme n'avait aucun droit dans ce type de mariage. Cela n'avait pas grande importance parce que j'étais prisonnière de toute façon. Il me voulait peut-être pour femme un moment et ensuite il me laisserait. Si tel était son désir, personne n'avait besoin de savoir. Il fallait absolument que je garde ce mariage secret le plus longtemps possible.

Les heures passaient sans que je puisse rien avaler. Je ne parvenais ni à penser, ni à parler, ni même à pleurer. J'arrivais tout juste à faire les cent pas dans le couloir à longueur de journée et je m'écroulais de fatigue le soir.

Finalement, au bout du troisième jour, j'allai parler à sœur Maryam. Elle savait qu'Ali avait demandé ma main, cela réglait la question du secret. Je lui fis part de ma décision de ne pas l'épouser. Elle me répondit que tous les mariages dans sa famille avaient été des mariages arrangés. Toutes les femmes concernées ne souhaitaient pas plus que moi épouser l'homme qu'on leur avait choisi. Sa propre mère détestait son promis, mais elle avait finalement été très heureuse avec lui. Je me demandai comment le bonheur était possible en de pareilles circonstances. Je lui expliquai que, dans ma famille, les femmes choisissaient leur mari elles-mêmes. Elle me fit remarquer que je ne vivais plus avec ma famille et qu'Ali me proposait une nouvelle vie. Elle me trouvait déraisonnable.

Les trois jours impartis s'étaient écoulés. Au matin du quatrième, je fus appelée par haut-parleur. Ali m'attendait dans le bureau.

– Tu n'as pas besoin du bandeau, nous allons discuter dans ma voiture.

En sortant du bureau, nous prîmes un couloir sans fenêtre éclairé aux néons. Je découvrais la prison pour la première fois. À l'exception du 246 et de la salle de torture, je n'avais jamais rien vu d'Evin, j'avais seulement perçu un cauchemar sonore de voix vociférantes, de cris, de coups de fouet, de coups de feu, et le frottement des tongs sur le linoléum et sur les pierres de la cour. Le couloir ressemblait cependant à n'importe quel couloir de bâtiment administratif ou scolaire. Je suivais Ali le long d'escaliers et nous croisâmes deux gardes révolutionnaires qui remontaient. Ils le saluèrent discrètement d'un *Salam aleikoum* en m'ignorant. Il les honora de même. Au bas des marches, Ali ouvrit la porte de sortie gris métallisé. Je fus sidérée devant tant de normalité : la prison m'évoquait le campus de l'université de Téhéran, avenue Anghelab, à la différence qu'il y avait plus d'espaces verts à Evin. Sinon, l'université était entourée d'un grillage ajouré alors qu'Evin était ceint de murs de briques, de tours de guet et de soldats armés. On voyait çà et là des bosquets de vieux érables plantés depuis longtemps, et dans le lointain se dressait le massif de l'Elbourz.

Ali me conduisit le long d'une petite route pavée, bifurqua au coin d'un bâtiment gris et continua jusqu'à sa Mercedes noire garée à l'ombre des arbres. Il ouvrit la portière côté passager et je montai. La voiture sentait le neuf. La sueur perla sur mon front. Il prit place au volant, et je remarquai ses doigts longs et fins, ses ongles impeccables. Il avait des mains de pianiste alors que c'était un tortionnaire.

– Qu'as-tu décidé ? demanda-t-il en fixant le collier de prières d'ambre accroché à son rétroviseur.

Un moineau s'envola d'un arbre et disparut dans le ciel bleu.

– Est-ce que vous me proposez un mariage temporaire ?

Ma question le surprit.

– Ce n'est pas juste une attirance physique et passagère que j'éprouve pour toi. Je te veux pour de bon.

– Ali, s'il vous plaît…

– Alors, c'est oui ou c'est non ? N'oublie pas les conséquences. Je parle très sérieusement.

– … Je vais vous épouser, finis-je par dire comme si on me brûlait vive.

Il sourit.

– Te voilà raisonnable. Je savais que tu prendrais la bonne décision et je te promets que tu ne le regretteras pas. Je prendrai soin de toi. Je dois m'occuper des préparatifs et parler à mes parents. J'ai besoin d'un peu de temps.

Je me demandai ce que ses parents penseraient du fait qu'il se marie avec une chrétienne en prison. En ce qui concernait ma famille, je n'étais pas certaine de leur réaction.

– Ali, je ne veux pas que ma famille sache quoi que ce soit pour le moment. Je n'ai jamais été très proche d'eux. Ils ne comprendraient pas la situation et ce serait pire.

Je ne pouvais plus retenir mes larmes.

– Marina, s'il te plaît, ne pleure pas. Il est inutile d'en parler à ta famille ; en tout cas, pas tant que tu ne seras pas prête. Et peu m'importe combien de temps ça prendra. Je comprends que ça soit difficile pour toi. Je ferai tout mon possible pour faciliter les choses.

Aussi longtemps que mes parents et mes amis ignoreraient tout de ce mariage, la fille que j'étais avant Evin avait une chance de survie. Elle pouvait exister, rêver, espérer et aimer, malgré le secret qu'elle détenait : être la femme d'un geôlier. Je ne savais pas combien de temps elle pourrait tenir le coup, mais je la protégerais. C'était elle la vraie Marina, celle que mes parents et André voulaient voir revenir.

Ali me ramena au 246. Je priai sœur Maryam de faire son possible pour me mettre dans une des chambres du bas. Je ne me sentais pas le courage d'expliquer la situation à mes amies. Le premier et le second étage étaient complètement séparés, et les détenues ne pouvaient pas communiquer entre elles. Il me fallait un endroit où je sois seule, où personne ne me connaisse. Sœur Maryam y consentit et demanda à la responsable de la chambre 7 de rapporter mes affaires au bureau. Je déménageai dans la 6 au premier qui, identique à la 7 au second, abritait une cinquantaine de prisonnières.

Peu après, j'eus des ennuis de santé. Je ne gardais rien de ce que j'avalais et j'avais des migraines épouvantables. La plupart du temps, je restais allongée dans un coin avec une couverture sur la tête sans pouvoir dormir. Mes pensées tournaient en rond. Elles finirent par se fixer sur Taraneh qui me manquait. Depuis que je l'avais vue quitter la chambre, j'avais évité de penser à elle pour ne pas affronter la réalité : les derniers instants de sa vie. J'aurais dû faire part à sœur

Maryam de mon désir de mourir avec Taraneh. J'aurais dû essayer d'empêcher son exécution. Je n'y serais évidemment pas parvenue, mais j'aurais au moins essayé. La vie d'une innocente ne vaut-elle pas cet effort, même s'il est voué à l'échec ? J'étais responsable de sa mort parce que j'avais accepté la fatalité. Pourquoi avoir gardé le silence ; par peur de mourir ? Je ne le croyais pas. Sans doute par espoir ; celui de retourner chez moi un jour. Mes parents et André m'attendaient. Je ne pouvais pas choisir la mort si la mort ne m'avait pas encore appelée. Le pour et le contre étaient inextricablement liés, et j'étais incapable de trancher.

C'est la nuit dans un champ entouré de collines noires. Taraneh est à mes côtés dans son pull rouge porte-bonheur. Elle regarde droit devant elle. Je lui touche la main et elle me dévisage de ses yeux ambre. Ali surgit de la nuit. Il s'avance vers nous et pointe un pistolet sur ma tempe. Je ne peux pas bouger. Taraneh prend le poignet d'Ali dans sa petite main. « Non », crie-t-elle. Ali braque alors l'arme sur sa tempe et tire. Le sang de Taraneh dégouline sur moi. Je hurle.

Je me réveillai, un cri coincé dans la gorge, les poumons comprimés. Un visage flou apparut au-dessus de moi. Des voix résonnaient dans la chambre. Quand on n'a pas d'air pour respirer, la seule chose qui compte, c'est d'en trouver. Je tentai d'attraper quelque chose, n'importe quoi qui m'empêche d'étouffer. J'essayai de dire que j'étouffais. Le visage… C'était celui de sœur Maryam ; elle parlait, mais les mots semblaient venir de très loin. Tout devint noir comme si quelqu'un avait éteint la lumière.

J'ouvris les yeux et découvris Ali s'entretenant avec le Dr Sheikh qui portait un treillis militaire. Je pouvais respirer à présent. J'étais allongée sur un lit blanc tout propre, entourée de rideaux blancs, la tête couverte d'un foulard blanc et le corps emmailloté dans d'épais draps blancs. Je remarquai la poche en plastique et le tube transparent de ma perfusion. Le Dr Sheikh fut le premier à s'apercevoir que j'étais réveillée.

– Bonjour, Marina, comment te sens-tu ?

Je ne me souvenais de rien et ne savais pas où j'étais. Le docteur m'apprit que j'étais complètement déshydratée et que l'on m'avait amenée à l'hôpital de la prison. Il disparut ensuite par une fente du rideau. Je regardai Ali qui me souriait.

– Je retourne chez moi chercher des plats préparés par ma mère. Sa cuisine guérit de tout. Essaie de te reposer. Je te réveille à mon retour. Tu n'as besoin de rien ? Quelque chose de l'extérieur ?

– Non.

– Pourquoi tu n'as prévenu personne que tu étais malade ?

– Je ne sais pas du tout ce qui s'est passé.

– Tes camarades de chambre ont dit à sœur Maryam que tu vomissais depuis plusieurs jours.

– J'ai toujours eu des problèmes d'estomac, dis-je, les larmes aux yeux. J'ai eu plus mal que d'habitude, mais je ne m'en suis pas inquiétée. Vraiment. J'ai cru que ça passerait. Les cauchemars et les maux de tête…

Je me sentais oppressée. Ali se pencha vers moi en posant les mains sur le lit.

– Ne t'inquiète pas. Tout va bien. Tu étais malade, c'est tout. Maintenant, il faut te rétablir. Respire fort. Très fort.

Je l'écoutai.

— Le docteur va te donner des somnifères. Tu as besoin de repos. Et finis, les maux de tête et les cauchemars, compris ?

La voix d'Ali prononçant mon nom me réveilla. Il tenait un bol de soupe de nouilles au poulet, faite maison. Elle sentait le citron. Chez moi aussi, j'ajoutais toujours du citron dans la soupe au poulet. Il me dit que, selon l'avis du médecin, un changement d'air et d'environnement me ferait du bien. Il me proposa donc un tour en voiture. Je lui fis préciser qu'il s'agissait bien d'un tour à l'extérieur d'Evin, et il me pressa de finir ma soupe pour sortir.

Quand j'eus terminé, il m'aida à m'installer sur une chaise roulante et ouvrit les rideaux : la pièce était grande, avec une enfilade de petites cabines séparées par des rideaux. Deux d'entre elles étaient ouvertes ; je vis deux lits dont l'un était vide. Une fille de mon âge dormait sur l'autre, couverte d'un foulard marine et d'un gros drap blanc. Il n'y avait pas de fenêtre. Nous sortîmes de l'infirmerie par un couloir étroit, et il ne me banda pas les yeux. Quand il ouvrit la porte, je fus éblouie par la lumière du jour. Il continua de pousser mon fauteuil.

Nous croisâmes quelques femmes en tchador bleu marine. En file indienne, elles suivaient un garde révolutionnaire, chaque femme tenant le tchador de la précédente. Le garde en tête de file avait une corde à la main, au bout de laquelle était attachée la première femme ; il la tirait et les autres suivaient. Quelques jours plus tôt, je subissais le même sort. J'étais maintenant sous la protection d'Ali et tout avait changé. Je me sentis honteuse. Je les trahissais. Je les avais tous trahis.

De grands érables me bouchaient la vue sur la droite, et sur ma gauche se dressait un bâtiment en briques de deux étages derrière lequel était garée la Mercedes d'Ali. Arrivée à sa voiture, je pris conscience de ma terreur à me retrouver seule en sa compagnie. J'en ressentais une peur épidermique.

– Je vais t'aider, dit-il en me prenant par la main pour me relever.

Je le repoussai.

– Marina, n'aie aucune crainte, s'il te plaît. Je ne te veux aucun mal. Je ne t'ai jamais fait de mal.

C'était vrai ; il ne m'avait jamais battue.

– Fais-moi confiance. Même quand nous serons mari et femme, je serai doux et attentif. Je ne suis pas un monstre.

Je n'avais pas le choix de toute façon. Je me sentais faible, mes muscles étaient faibles, et la tête me tourna quand je me mis debout. Je réussis pourtant à monter en voiture sans perdre l'équilibre. À la sortie, il fit un signe de la main aux gardes qui ouvrirent la barrière, et nous partîmes le plus naturellement du monde. La facilité avec laquelle il circulait dans Evin me stupéfia. Il devait être beaucoup plus important que je ne l'imaginais.

La route était déserte, mais plus nous nous éloignions de la prison, plus nous rencontrions de gens, d'habitations et de magasins. Une bande de jeunes garçons couraient après une balle sur un terre-plein, le visage couvert de poussière. Des femmes rentraient chez elles, leur panier à provisions sous le bras, et des hommes discutaient sur le bord de la route. Toutes ces scènes de la vie quotidienne m'apparaissaient comme autant de miracles.

– Tu es bien silencieuse. À quoi penses-tu ? demanda-t-il au bout d'une demi-heure.

– Je pense à la vie et comme elle paraît simple dehors.

– Je t'assure que, même si ça doit prendre du temps, nous aurons, nous aussi, une vie normale. J'irai travailler et je subviendrai à tes besoins. Tu t'occuperas de la maison, tu iras faire les courses et tu iras voir ta famille et tes amis. Tu seras heureuse.

Il parlait d'aller travailler avec un tel détachement ! Il n'était quand même pas professeur, médecin ou mécanicien.

– Mes amis sont morts ou en prison, et je ne suis pas certaine que ma famille veuille me revoir.

– Tu te feras de nouveaux amis. Et pourquoi penses-tu que ta famille désapprouvera à ce point notre mariage ?

– Pour une bonne raison : votre travail.

– Marina, fais-moi confiance. Garde espoir. Ils verront que je m'occupe bien de toi. J'ai dû affronter pas mal d'obstacles pour te garder en vie. Crois-moi, beaucoup de gens sont contre notre mariage. Il me reste encore des épreuves à franchir, mais je ferai face aux problèmes. Quand ta famille verra que je te fais mener une belle vie, ils changeront d'avis. Dès que tu te sentiras prête, nous irons les voir ensemble.

Pourquoi m'avait-il choisie ? J'incarnais tout ce qu'il exécrait : j'étais chrétienne, antirévolutionnaire et prisonnière. Il s'était battu pour me sauver la vie ; à présent, il devait se battre à nouveau pour m'épouser. Pourquoi se donnait-il tant de mal ?

Pendant cette période, il m'emmena chaque soir faire un tour en voiture. Quand je roulais avec lui, j'imaginais que j'étais une personne normale. J'essayais d'occulter le passé et le futur pour me concentrer sur le ronronnement du moteur, la douceur du cuir des sièges et la vie qui suivait son cours insouciant dans les rues que nous traversions. Bien que la ville restât inchangée, chaque odeur, chaque vision ou chaque son que je captais m'était étranger. Puis la voix d'Ali chassait mes illusions. Il se mit à me raconter qu'il était le seul fils de sa famille, qu'il avait une sœur de vingt-cinq ans, déjà mariée. Sa mère avait vécu deux autres grossesses, mais elle avait fait des fausses couches. Bien que la loi islamique autorisât les hommes à prendre plusieurs épouses, son père, Hosein-eh Mousavi n'avait qu'une femme. Il lui était entièrement dévoué, ainsi qu'à leurs deux enfants. M. Mousavi était un homme pieux. Il aidait l'ayatollah Khomeiny depuis de nombreuses années. Ali, qui s'était battu courageusement dans le jihad contre le shah, était sa fierté. M. Mousavi était un excellent homme d'affaires qui avait fait fortune, mais qui savait aider les gens dans le besoin. Ses parents souhaitaient marier Ali depuis des années, mais, à vingt-huit ans, il n'était toujours pas engagé.

– J'ai parlé de toi à mes parents, m'annonça-t-il un soir de sortie.

– Et qu'ont-ils dit ?

– Ils sont horrifiés, répondit-il en riant.

Cela me donna l'espoir de voir son projet annulé.

– Mais je leur ai affirmé que tu étais la bonne personne, poursuivit-il. Je leur ai dit que je te voulais plus que tout au monde. J'ai toujours été un fils bon et obéissant, mais cette fois, ma décision est prise : je ne me vois pas faire ma vie avec quelqu'un d'autre. J'ai vingt-huit ans, j'ai accumulé pas mal d'expériences et je suis déterminé. Je veux que tu sois ma femme, ma compagne et la mère de mes enfants.

– Ali, nous ne sommes pas du même monde. Vos parents ne m'aimeront jamais. Ils trouveront toujours un moyen de me critiquer et de me faire sentir ma différence.

Il rétorqua que ses parents étaient des gens gentils et généreux. Il ne doutait pas qu'ils m'aimeraient.

Je fermai les yeux et essayai d'évacuer toute pensée.

Au bout de quelques minutes, il m'annonça qu'il avait une autre demande à me faire, qui n'allait certainement pas me plaire. Il essaya de me rassurer en arguant qu'il s'agissait d'une simple formalité.

– Mon père m'a fait savoir que si tu te convertissais à l'islam, il ne s'opposerait pas à notre mariage. Au contraire, il y serait favorable. Et mes parents seraient fiers de t'accueillir comme leur fille ; ils te protégeraient et pourvoiraient à tes besoins. Marina, c'est tout ce que je désire. Je veux que tu m'appartiennes et reçoives l'amour de mes parents. J'ai toujours cru que nous étions faits l'un pour l'autre.

Ce n'était pas assez d'avoir perdu ma famille, mon amoureux, ma liberté, ma maison ainsi que tous mes espoirs et mes rêves. À présent, il me fallait abandonner ma foi.

Que je demeure chrétienne au fond de moi lui était égal. Je le suppliai d'abandonner son projet, mais il répondit que c'était impossible.

– Et si je dis non ?

– Ne te complique pas la vie. C'est pour ton bien. Tu ne souhaites pas voir ceux que tu aimes souffrir à cause de ton orgueil. Tu n'as que dix-sept ans. Il y a encore tant de choses qui t'échappent dans ce monde.

Je te promets de te rendre plus heureuse que tu ne l'as jamais été.

J'étais impuissante à lui faire comprendre que je ne serais jamais heureuse avec lui.

Il gara sa Mercedes dans une rue calme. Je connaissais le quartier, la maison de ma tante Zenia se trouvait dans le voisinage. Je lui demandai s'il avait conscience que je devais renoncer à mes parents, à mes amis et à ma religion et qu'ils me haïraient jusqu'à la fin de leurs jours. Il rétorqua que s'ils devaient me haïr parce que je me convertissais à l'islam, c'est qu'ils ne m'avaient jamais vraiment aimée.

Il sortit de la voiture et m'aida à descendre.

– Que faites-vous ?

– Viens. Je nous ai acheté une maison.

Nous grimpâmes les quelques marches d'un pavillon en briques. Il tourna la clé dans la serrure et nous entrâmes. Je marquai une hésitation.

– Qu'est-ce que tu attends ? Tu viens visiter ?

Je lui emboîtai le pas pour découvrir une pièce à vivre, un double salon-salle à manger, la plus grande cuisine que j'aie jamais vue, quatre chambres à coucher et trois salles de bains ; la maison, fraîchement peinte dans des tons neutres, n'était pas meublée. Dans la chambre principale, je regardai par la baie vitrée qui avait vue sur le jardin. Il y poussait une herbe grasse qui était agrémentée de plates-bandes de géraniums, de pensées et de soucis. Leurs couleurs variaient du rouge au blanc, du jaune au violet ; un papillon blanc se posait de fleur en fleur en luttant contre le vent. Le pavillon était séparé de la rue par un grand mur de briques. Tant de beauté dans un monde si cruel me laissa perplexe.

Ali fit coulisser la baie.

— Allons dehors, les fleurs ont besoin d'eau.

Une fois dans le jardin, il remonta ses manches, ouvrit le robinet et prit le tuyau d'arrosage. Le vent ramena une brume de pluie sur mon visage. Ali prenait soin de ne pas creuser la terre en arrosant les plantes. Le soleil se reflétait dans les gouttes qui se formaient sur le feuillage. Il arracha les fleurs fanées en sifflotant, sourire aux lèvres. Il avait l'air normal, un homme comme les autres. Je me demandai s'il avait déjà tué, pas sur le front, mais à Evin ; s'il avait déjà appuyé sur la gâchette.

— Tu aimes la maison ?

— Elle est magnifique.

— J'ai planté ces fleurs pour toi.

— Ali, je suis une prisonnière condamnée à mort. Comment pourrais-je habiter ici ?

— J'ai convaincu tous les responsables d'Evin. Je leur ai raconté qu'il s'agissait d'une maison d'arrêt, et ils ont accepté. Marina, c'est notre maison ; la tienne et la mienne.

Notre maison. Je ne sais même plus qui je suis. Cette maison est une extension d'Evin.

— Je serai donc prisonnière ici, conclus-je.

— Il faut faire les choses correctement. Tu sais parfaitement que certains, dont Hamehd, sont opposés à notre union. Ils nous surveillent. Il ne faut pas faire de faux pas. Tu as été condamnée à mort par une cour islamique et...

— Mais je n'ai jamais eu de procès.

La nuit de l'exécution, Ali m'avait appris ma condamnation, mais j'avais cru que Hamehd et d'autres avaient décidé de m'exécuter sommairement. Dans mon esprit, un procès correspondait à des choses vues dans les livres ou dans les films : une grande salle, un juge, un jury, un avocat de la défense et un procureur.

Ali me révéla que j'avais été jugée, mais que le procès avait eu lieu en mon absence. J'avais ensuite été graciée par l'imam et ma peine avait été commuée en emprisonnement à perpétuité. Il ajouta qu'il ne pouvait pas retourner voir l'imam, mais qu'il pouvait présenter un recours pour un second procès. Il pensait que si l'on rouvrait le procès après ma conversion et mon mariage, ma condamnation serait réduite à deux ou trois années de prison.

Je voulus savoir pourquoi Hamehd me haïssait. Il m'expliqua que ce genre de personnes ne se souciait nullement du sort de ceux qui pensaient différemment.

Je soupirai. Cette société islamique était un mystère total pour moi.

– Tout ira bien, poursuivit-il. Je n'ai pas acheté de meubles car je me suis dit que tu aimerais décorer toi-même. Nous pourrons en choisir dès demain, et la maison sera prête à temps. Je comprends que tu t'inquiètes encore de la réaction de tes parents, mais crois-moi, une fois qu'ils auront vu comment je te traite, ils seront heureux.

C'était peut-être vrai. Ma famille n'était pas riche et ce pavillon était bien au-dessus de nos moyens. Mon père ne croyait pas en Dieu et se moquait de mes croyances religieuses, mais l'argent signifiait beaucoup pour lui. Ce qui était grand et onéreux l'impressionnait. Il apprécierait peut-être Ali. Il aimait les voitures de luxe et Ali possédait une Mercedes toute neuve. Ma mère n'avait jamais rien possédé de valeur et habitait un appartement loué depuis son mariage ; elle adorerait cette maison. Je m'interrogeai sur la probabilité d'être heureuse avec Ali. Cela dépendait de lui, mais également de moi. Il m'aimait à sa manière, et même si elle était très différente de ma façon de voir, je lisais de l'amour dans son regard.

Sur le chemin du retour, Ali suggéra que je ne retourne pas au 246.

— Les cellules du 209 sont plus adaptées à la situation. Je pourrai venir te voir plus souvent et t'apporter de la nourriture de chez moi. Qu'en dis-tu ?

J'acquiesçai.

Nous fîmes halte dans un petit restaurant où Ali commanda deux sandwichs aux œufs et un Coca. J'adorais les œufs et je n'en avais pas mangé depuis des mois. Nous dînâmes dans la voiture. Le pain beurré était frais, et il y avait des tranches de tomate entre les œufs durs. Quand j'eus terminé le mien, Ali était encore à la moitié du sien. Il m'en proposa un autre que j'acceptai volontiers. Il en acheta finalement deux de plus.

À Evin, il se gara devant un bâtiment. Nous entrâmes par un long couloir à peine éclairé, avec des portes métalliques de part et d'autre. Un garde vint à notre rencontre.

— *Salam aleikom*, frère Ali. Comment vas-tu ?

— Très bien, frère Reza. Qu'Allah soit remercié ! Et toi ?

— Ça va. Qu'Allah soit remercié !

— La cellule que j'ai demandée est prête ?

— Oui. C'est par là.

Nous le suivîmes jusqu'à une porte portant le numéro 27. Il tourna la clé dans la serrure et l'ouvrit. Le grincement de la porte résonna dans le couloir. Ali pénétra dans la cellule pour l'inspecter. Il en ressortit pour me faire entrer. D'une surface d'environ deux mètres sur trois, elle était dotée d'un cabinet de toilette et d'un petit lavabo en Inox. Un vieux tapis brun défraîchi couvrait le sol. L'unique fenêtre de trente centimètres sur trente était grillagée et hors d'atteinte.

– Tu seras bien ici. Je reviendrai demain matin avec un petit-déjeuner. Dors en attendant.

Je regardai la porte se refermer ; le mot « traîtresse » résonnait dans ma tête.

Une marche militaire jaillit des haut-parleurs pour annoncer une nouvelle victoire. Je songeai que si toutes ces « victoires » étaient réelles, l'Iran devait avoir conquis le monde à l'heure qu'il était.

J'ôtai mon foulard et m'approchai du lavabo pour m'asperger le visage. Cela me fit du bien. Je me rinçai une bonne trentaine de fois au point de m'anesthésier la peau. L'eau qui s'écoulait, sa fraîcheur, m'apportait du réconfort, un bien-être venu de très loin qui me reliait au monde ; une mémoire ancienne, nostalgique et triste.

J'étais éreintée. J'avisai deux couvertures pliées dans un coin. Je les étalai par terre et m'allongeai. Les murs étaient beige pâle, et la peinture, effritée par endroits, laissait voir le plâtre. Des empreintes de doigts maculaient les murs, accompagnées d'étranges traces de graisse, de tailles et de formes diverses, sans compter quelques filets brun-rouge que je devinais être du sang. Des mots et des numéros illisibles étaient gravés ; je suivis leur tracé de mes doigts comme pour lire en braille et décryptai : « Shirin Hashemi, 5 janvier 1982. Quelqu'un m'entend ? »

Le 5 janvier, j'étais chez moi, et cette fille, Shirin, était dans cette cellule. Où était-elle à présent ? Morte sans doute. À quel point avait-elle été torturée quand elle avait gravé ces mots dans le mur ? « Quelqu'un m'entend ? », avait-elle écrit.

Non, Shirin, personne ne nous entend. Nous sommes seules ici.

Je déchiffrai d'autres noms : Mahtab, Bahram, Katayoon, Piroz ; d'autres dates : 2 décembre 1981, 28 décembre 1981, 12 février 1982, etc. Je réussis à lire une phrase : *Firoozeh jan*, « Je t'aime. » J'étais cernée par des vies sacrifiées et perdues, des empreintes que je suivais comme une route sur une carte, reliant les mots, les dates et les phrases qui faisaient office de tombes. La mort était omniprésente et son ombre passait chaque mot au crible. « Quelqu'un m'entend ? »

Je suis une traîtresse et je mérite ce qui m'arrive. La douleur. La cellule. À la minute où j'ai mis le pied à Evin, j'étais vouée à me trahir. Même la mort n'a pas voulu de moi. Ils me haïront : mes parents, André, les prêtres, mes amis. Et Vous Seigneur ? Vous me haïssez aussi ? Non, je ne le crois pas, mais Vous devriez. C'est inutile. Qui suis-je pour savoir qu'en penser ? Mais Vous m'avez mise ici, n'est-ce pas ? Vous auriez pu me laisser mourir. Et je suis en vie. La décision vient de Vous. Que faut-il que je fasse ? S'il Vous plaît, je Vous en supplie, dites quelque chose...

Dieu ne dit rien.

Ali, fidèle à sa promesse, m'apporta un petit-déjeuner maison : du pain *barbari* et de la confiture de cerises aigres. Il me servit le thé dans un gobelet en plastique, un thé à l'arôme délicat qui ne sentait pas le camphre. Je passai la matinée à imaginer ce que mes parents et André étaient en train de faire. J'étais certaine que ma mère était assise dans son fauteuil préféré à tricoter ou à siroter une tasse de thé. Mon père était au bureau. Quant à André... j'ignorais ce qu'il pouvait faire. Nous étions presque à la fin du printemps, les écoles étaient fermées, il n'enseignait donc pas. Je me demandai si j'occupais un coin de leur esprit comme un souvenir mis de côté ou si j'étais au cœur de leurs pensées, pardonnée, s'ils priaient pour mon salut.

Quelqu'un m'entend ?

Ce jour-là, Ali vint me chercher à dix-huit heures pour me présenter à ses parents qui n'habitaient pas très loin d'Evin. Arrivé à destination, il se gara dans leur rue tranquille. De vieux murs en briques d'argile se dressaient de part et d'autre comme des remparts desquels dépassaient de vieux érables, des saules et des peupliers. Au loin s'élevait l'énorme chaîne de l'Elbourz. J'avais la gorge sèche et les mains moites. Bien qu'Ali m'ait garanti que ses parents étaient gentils, je ne savais pas à quoi m'attendre. Je le suivis jusqu'à une porte verte en métal. Il sonna. Une petite femme en tchador blanc nous ouvrit. Je devinai que c'était sa mère, Fatemeh Khanoum ; je l'aurais cru plus grande.

— *Salam*, *madar joon*, la salua Ali en l'embrassant sur le front. *Madar*, voici Marina.

— *Salam*, ma chère. Ravie de te rencontrer, dit-elle en souriant.

Les petits yeux bruns de son doux visage m'examinaient avec curiosité.

Nous entrâmes dans le jardin par une allée de galets bifurquant sur la droite et disparaissant entre de vieux noyers et des érables. Les murs de leur bâtisse étaient couverts de vigne. Des pots en terre remplis de

231

géraniums et de soucis encadraient l'escalier qui menait au perron.

À l'intérieur, les sols étaient couverts de somptueux tapis persans. La sœur d'Ali, Akram, nous attendait avec son mari, Massoud. Elle avait un visage rond, de grands yeux bruns et des pommettes roses. J'hésitai entre l'embrasser et lui serrer la main. Comme certains fanatiques trouvaient les chrétiens sales, je préférai m'abstenir de la toucher pour éviter de l'offenser. Ali fit l'accolade à son père et l'embrassa sur les deux joues. Le père, élancé, mesurait quelques centimètres de plus que son fils et portait un collier de barbe gris. La famille m'accueillit poliment, mais je les sentis mal à l'aise. Une chrétienne, prisonnière politique de surcroît, ne correspondait pas à l'idée de l'épouse idéale qu'ils avaient conçue pour leur fils ou leur frère. J'offrais le spectacle pitoyable d'une fille pâle et bizarre, je ne leur en voulais donc pas de s'interroger sur les intentions d'Ali. Nous passâmes dans le salon, spacieux et joliment décoré. Chaque table était garnie de corbeilles en argent ou en cristal contenant fruits et pâtisseries. Je pris place sur le canapé à côté d'Akram. La mère d'Ali nous servit du thé Earl Grey. Je sentais son regard plein de pitié peser sur moi. Je bus une tasse de thé et commençai à me détendre. J'avais presque l'impression d'être en visite de courtoisie chez des gens de mon entourage. Akram me tendit une corbeille de galettes de riz, j'en pris une. M. Mousavi entreprit Ali sur le commerce. Il possédait dans le bazar de Téhéran une boutique d'import-export spécialisée, entre autres, dans les tapis et les pistaches. Le dîner fut rapidement servi : riz au safran, poulet rôti, ragoût de bœuf aux herbes et salade. Tout semblait délicieux, mais je n'avais pas d'appétit. Mes parents étaient peut-être en train de dîner aussi.

– La situation est compliquée, commença M. Mousavi à la fin du repas. Et tu es en droit de connaître mon opinion. Tu dois savoir à quoi t'en tenir, en raison de ton âge en particulier.

Fidèle à sa religion, M. Mousavi évitait, selon la tradition musulmane qui interdit de regarder une *namahram* – personne extérieure à la famille – dans les yeux, de poser son regard sur moi.

– Babah, nous en avons discuté des millions de fois, intervint Ali.

– En effet, mais je n'ai pas souvenir que Marina ait assisté à aucune de nos discussions. S'il te plaît, un peu de patience, et laisse-moi m'adresser à ma future belle-fille.

– Oui, Babah.

– Chère jeune fille, sache que je comprends tes difficultés. J'aimerais que tu répondes à quelques questions en toute franchise. Acceptes-tu d'y répondre ?

– Oui, monsieur.

– Mon fils t'a-t-il bien traitée ?

– Oui, monsieur, fis-je en regardant Ali qui me sourit.

– Acceptes-tu de l'épouser ?

– Je ne souhaite pas me marier avec lui, mais il veut m'épouser. Il s'est donné beaucoup de mal pour obtenir ma grâce. Je comprends les éléments de ma situation. Il a promis de prendre bien soin de moi.

J'espérais n'avoir rien dit de fâcheux.

M. Mousavi conclut que j'étais quelqu'un de bien et mûre pour mon âge. Il m'expliqua qu'en tant qu'ennemie de Dieu et de l'islam je méritais la mort, mais qu'Ali était intervenu en ma faveur car il était persuadé que mes fautes passées m'éclaireraient et me feraient changer. M. Mousavi entendait me faire comprendre que ma vie antérieure à Evin était morte. Je commencerais une nouvelle existence en devenant musulmane, et ma conversion me laverait de mes péchés. Il ajouta qu'il considérait Ali comme responsable de ses promesses à mon égard. Il avait tout essayé pour le dissuader de m'épouser, mais Ali n'avait rien voulu entendre : lui toujours si correct et obéissant envers son père n'avait jamais autant insisté pour obtenir gain de cause. C'est pourquoi M. Mousavi consentait à notre mariage, à condition que je me convertisse à l'islam. Il convenait du risque encouru et du rejet probable de ma famille à cause de cette conversion, mais il promit que tant que j'honorerais la religion d'Allah et que je me comporterais comme une bonne musulmane, et tant que je serais une épouse fidèle, je serais comme sa fille. Il veillerait personnellement sur moi et assurerait mon bien-être.

– Est-ce que tout est suffisamment clair pour tout le monde ? demanda-t-il à la fin de son allocution.

Il y eut un oui général.

Je fus étonnée des efforts consentis par le père d'Ali pour résoudre une situation délicate. Quoique nos perspectives fussent diamétralement opposées, je respectais M. Mousavi. Il aimait sincèrement son fils et souhaitait son bonheur. Si mon frère avait voulu épouser une jeune fille que mon père désapprouvait, ce dernier n'aurait jamais convoqué une réunion de famille. Il aurait au contraire menacé mon frère de couper les ponts avec lui s'il l'épousait contre sa volonté.

– Marina, reprit M. Mousavi. Je te souhaite la bienvenue dans notre famille. Tu es désormais ma fille. Étant donné les circonstances, la cérémonie de mariage aura lieu dans cette maison en comité restreint. Et toi, ma chère, ne te sens aucune obligation d'en informer tes parents pour le moment si tel est ton souhait. Nous devenons ta famille et te donnerons tout ce dont tu as besoin. Toi, mon fils, qui a toujours été bon avec nous, nous te souhaitons un heureux mariage. Vous avez notre bénédiction.

Ali se leva, embrassa son père et le remercia. Sa mère versa quelques larmes en m'embrassant.

– Que penses-tu de ma famille ? Tu les aimes ? questionna Ali sur le chemin du retour.

– Ils ont été très bons avec toi. Ma famille est différente.

– Que veux-tu dire ?

Je lui racontai que j'aimais mes parents et qu'ils me manquaient, mais qu'ils avaient toujours été distants avec moi. Jamais nous n'avions eu de véritable conversation. Il fut affligé par ma réponse et m'affirma que son père était très sérieux en m'appelant sa « fille ».

– Dans une semaine, nous procéderons à la cérémonie de conversion à Evin. Notre mariage aura lieu quinze jours plus tard, le vendredi.

Tout allait si vite, j'avais du mal à suivre. Il me rassura en disant qu'il n'y avait aucune raison de m'inquiéter. Il avait prévu de m'emmener faire des achats le lendemain. Rien que cette perspective me semblait extravagante.

Je m'attendais à rencontrer une famille cruelle et méchante, mais ils avaient été charmants. Ils représentaient tout ce que ma famille n'était pas. Avant cette visite, je ne m'étais jamais figuré Ali en fils de famille ; désormais, je savais qu'il aimait et était aimé.

— Au fait, quand tu te convertis, tu dois suivre un enseignement religieux et apprendre le Coran. Tu dois aussi choisir un nom musulman. Comme tu as déjà étudié l'islam, il te suffit d'adopter un nom. Permets-moi de te dire que tu as un très joli prénom que j'adore et je ne t'appellerai pas autrement, mais tu as besoin d'un nom pour l'administration.

J'allais même avoir un nouveau nom. J'avais l'impression qu'il me découpait, morceau par morceau ; il me disséquait vivante. Il pouvait m'appeler comme bon lui semblait.

— Tu n'as qu'à choisir pour moi.

— Non, je veux que tu le fasses toi-même.

Le premier qui me vint à l'esprit fut Fatemeh et je le prononçai tout haut.

— C'est le prénom de ma mère ! Elle va être tellement contente ! s'exclama Ali.

Je renonçais à Jésus. Je n'avais pas le choix. Je songeai à Judas qui avait trahi le Christ. Je suivais donc son chemin ? Quand il s'aperçut de sa méprise, Judas se suicida. En désespoir de cause, il perdit sa foi et ses espoirs et s'enfonça dans les ténèbres. N'était-ce pas sa plus grande erreur ? S'il avait affronté la vérité, s'il avait demandé pardon à Dieu, il aurait pu sauver son âme. Quand Jésus fut arrêté, saint Pierre répéta par trois fois qu'il ne connaissait pas Jésus, mais saint Pierre croyait à la rédemption et cherchait le pardon. Dieu est amour. Jésus fut torturé et mourut dans de terribles souffrances. Je n'avais pas besoin de m'expliquer face à Lui. Il savait.

Je devais dire au revoir à André. Au revoir et rien de plus. Il n'avait pas besoin de connaître toute l'histoire. Je devais aussi prévenir mes parents. Je commencerais par leur annoncer ma conversion et je verrais bien leur réaction. J'avais envie de revoir une dernière fois mon église. Je pourrais alors, peut-être, commencer une nouvelle vie.

Ali m'apporta du pain *barbari* et du fromage au petit-déjeuner suivant.

– Tu es prête pour aller faire des courses ? demanda-t-il après avoir mangé.

– Oui, mais j'ai quelque chose à vous demander avant de partir.

– Quoi ?

– Vous voulez vraiment m'aider à apprendre à vous aimer ?

– Oui bien sûr, fit-il, surpris.

– Alors, accompagnez-moi à l'église pour que je fasse mes adieux.

– Je t'y emmène. Y a-t-il autre chose ?

Je lui répondis que oui, mais le prévins que cela lui déplairait. Après lui avoir confirmé que je tiendrais mon engagement vis-à-vis de notre arrangement et que je ferais de mon mieux pour être une bonne épouse, je lui fis part de mon désir de voir André pour lui dire au revoir. Si je ne le faisais pas, je resterais rattachée à mon passé.

Je vis, à ses yeux, qu'il n'était pas fâché.

– Je suppose qu'il me faut accepter. Ton cœur ne peut pas chavirer en une nuit. Je te permets de le voir, mais une fois seulement. Et sache bien que je le fais contre ma volonté et seulement pour te faire plaisir.

– Merci.

– Je m'en occupe. Il pourra venir te voir le jour des visites. Probablement pas la prochaine fois, mais la suivante.

Je le remerciai et l'informai que j'avais prévu de parler de ma conversion à mes parents à leur prochaine visite.

– Tu vas leur dire que nous nous marions ?

– Non, pas encore. J'y vais pas à pas.

– Fais ce que tu penses être le mieux pour toi.

Une semaine plus tard, j'étais convertie. La cérémonie eut lieu après la prière du vendredi et fut célébrée dans un endroit calme et boisé d'Evin. Des tapis de prière étaient disposés sur l'herbe. Les employés et les gardes de la prison étaient installés en cercle, les hommes au premier rang, les femmes derrière ; la majorité était cependant des hommes. Tout le monde était tourné en direction d'une estrade de bois où se devait se tenir l'*imam-eh Jomeh*, le maître de la prière du vendredi, l'ayatollah Ghilani ce jour-là. Il ferait son discours et présiderait le *namaz*. Je suivis Ali jusqu'au second rang de femmes. L'assemblée était assise, à l'exception d'une femme qui observait l'assistance. C'était sœur Maryam. Elle sourit, me prit la main et me pria de m'asseoir près d'elle. L'ayatollah Ghilani arriva et prit la parole. Il fustigea les diables d'Américains et fit l'apologie des gardes révolutionnaires et des employés des cours de justice de la révolution islamique, garants de l'islam. Après le *namaz*, je fus appelée par l'ayatollah Ghilani pour monter à la tribune. Sœur Maryam me serra la main pour que je me lève. Je vacillai légèrement, sentant les regards rivés sur moi. Les jambes flageolantes, je me dirigeai vers l'ayatollah qui me demanda de répéter une phrase toute simple : « J'atteste qu'il n'y a pas d'autre Dieu qu'Allah, et Mahomet est son prophète. »

La foule cria trois fois : *Allabo akbar* pour manifester son approbation. Je n'étais plus chrétienne.

Les moineaux sifflaient gaiement dans les arbres, les feuilles bruissaient dans la brise, et les rayons du soleil filtraient à travers les branches. Le ciel était toujours aussi bleu. Je guettais la colère de Dieu. Je voulais être foudroyée sur place. Ali était assis au premier rang, et le regard plein d'amour qu'il m'adressa me cloua plus fort que la foudre. Mon cœur tambourinait de honte. « Aimez-vous les uns les autres comme je vous ai aimés », disait Jésus. Était-ce Sa volonté que j'aime Ali ? Comment pouvait-Il souhaiter une chose pareille ?

Ali se redressa et m'offrit un tchador noir tout neuf.

— Ma mère a pleuré de joie et prié pour toi pendant qu'elle le cousait. Nous sommes très fiers de toi.

Si seulement j'avais pu l'être aussi.

Le jour de la visite, j'appris ma conversion à mes parents. J'étais sûre qu'ils ne m'en demanderaient pas la raison. Personne n'osait poser de questions à Evin. Ils me dévisagèrent en pleurant. Ils devaient savoir qu'à Evin on n'était ni fils ni fille, ni mari ni femme, ni mère ni père ; juste prisonnier ou prisonnière.

Ali tint promesse et me conduisit à l'église quelques jours plus tard. Son ami Mohammad nous accompagna. Ainsi qu'Ali me l'apprit, Mohammad n'avait jamais vu d'église et il était curieux d'en visiter une. Il se gara devant. Rien n'avait changé, mais je me sentais comme une étrangère. Je sortis de la voiture pour me diriger vers l'entrée principale. La porte était fermée. J'allai sonner à l'entrée latérale.

– Qui est-ce ? demanda le prêtre, père Martini, par l'interphone.

– Marina

J'avais le cœur lourd. Des pas se rapprochèrent et la porte s'ouvrit. Père Martini n'en crut pas ses yeux.

– Marina, je suis si heureux de te voir. S'il te plaît… entre, finit-il par dire.

Je le suivis jusqu'à l'office. Ali et Mohammad marchaient derrière nous.

– Me permettez-vous d'appeler sa mère et André, un ami, pour qu'ils viennent la voir ici ? fit père Martini à l'intention d'Ali.

Nous échangeâmes un regard avec Ali et mon cœur s'arrêta de battre.

– Oui, vous pouvez.

Il fit signe à Mohammad de sortir avec lui. Mohammad revint au bout d'un moment sans Ali qui devait probablement attendre dans la voiture. Je compris qu'il ne désirait pas voir André. Père Martini demanda de mes nouvelles et je répondis que j'allais bien. Il me regardait, puis se tournait vers Mohammad. Ma présence le terrorisait. Je n'avais jamais envisagé une telle éventualité. Je savais que je n'avais pas mis les prêtres en danger, mais eux, qu'en savaient-ils ? J'avais espéré me sentir en sécurité à l'église, mais mon bonheur et ma sécurité avaient disparu le jour de mon arrestation.

Ma mère et André ne tardèrent pas à arriver. J'aurais tellement aimé leur raconter toute l'histoire, mais je sentais bien que c'était impossible. J'étais venue faire mes adieux, et c'était la seule chose à faire. Je devais me donner et leur donner une chance de guérison et d'oubli. J'avais choisi de fermer la porte au passé.

Ma mère portait une grande écharpe marine qui lui couvrait la tête, un manteau et un pantalon noirs. Elle m'étreignit et ne me lâcha plus. Je sentis ses côtes ; elle avait maigri. Comme d'habitude, elle sentait la cigarette.

– Tu vas bien ? murmura-t-elle à mon oreille.

Elle tâta mon dos et mes bras avec précaution, comme pour s'assurer qu'il ne me manquait aucun membre. Je finis par me dégager de son étreinte et elle m'examina des pieds à la tête, mais, avec mon tchador noir, elle ne risquait pas de voir grand-chose. Seul mon visage était visible.

– Maman, je vais bien, affirmai-je en souriant.

Elle se força à sourire aussi.

– D'où vient ce tchador ?

Je lui dis qu'une amie me l'avait donné.

La voix de Mohammad résonna :

– Vous savez que Marina s'est convertie à l'islam ?

– Oui, répondirent ma mère et père Martini en chœur.

Ma mère ouvrit son sac et en tira un mouchoir pour essuyer ses larmes.

– Tu es sûre que ça va ? demanda André qui me dévisageait.

Il détourna son regard vers Mohammad.

– Je vais bien.

J'avais tant à dire, mais j'étais incapable de penser. La bataille que je livrais n'échappa pas au regard d'André.

– Qu'y a-t-il ? insista-t-il.

Je ne trouvais pas les mots. Les mois écoulés en prison avaient créé un cercle de douleur et de confusion qui me retenait captive non seulement à l'intérieur des murs d'Evin, mais aussi à l'intérieur de moi-même. J'ouvris la bouche, mais aucun son n'en sortit.

— Quand reviendras-tu ?

— Jamais, murmurai-je.

— Je t'attendrai, dit-il avec conviction, le sourire aux lèvres.

Son regard trahissait ses sentiments pour moi. Quoi qu'il advienne, il m'aimerait. Je n'avais pas besoin d'en dire davantage. Même si je le suppliais de m'oublier, il ne le ferait pas. Tant qu'une personne vous attend, c'est qu'il y a encore de l'espoir. Il représentait toute ma vie, et je devais m'en souvenir pour survivre. Des larmes silencieuses coulaient le long de mes joues, je tournai les talons et sortis avec Mohammad. Nous remontâmes en voiture. Ali démarra, mais s'arrêta un peu plus loin.

— Pourquoi vous vous arrêtez ?

— Je ne t'ai jamais vue aussi pâle.

— Ça va aller. Merci de m'avoir accompagnée. Vous n'étiez pas obligé de les faire venir. Je vous en suis reconnaissante. Je sais que cela n'a pas été facile pour vous.

— Tu oublies que je t'aime.

— Je ne sais pas comment vous remercier.

— Mais si, tu sais.

Chapitre 16

Le 23 juillet 1982, jour de notre mariage, Ali vint me prendre dans ma cellule au 209 après la première prière du matin. Un mois s'était écoulé sans que j'aie aucun contact avec d'autres détenues. Je n'avais pas fermé l'œil de la nuit. J'étais paralysée de peur, mais cet état me sauvait en m'empêchant de réfléchir. Je restai prostrée à regarder les barreaux de la fenêtre qui se découpaient sur le ciel en figures géométriques. J'avais toujours aimé voir le jour se lever, à la manière de l'eau qui s'infiltre dans une terre de désert, mais, de ma cellule, la beauté de ce moment me parut irréelle.

Ali frappa doucement à ma porte. J'enfilai mon tchador en tremblant et me mis debout. Il planta son regard dans le mien et s'approcha de moi ; je baissai les yeux.

— Tu ne regretteras rien. Tu as dormi ?

— Non.

— Moi non plus. Tu es prête ?

J'acquiesçai d'un mouvement de tête.

Le trajet jusqu'à la maison de ses parents s'effectua en silence. À peine étions-nous arrivés qu'Ali disparut avec son père. Sa mère m'étreignit et m'embrassa. Elle voulut me servir un petit-déjeuner copieux. Je n'avais pas d'appétit, mais rien n'y fit. Je la suivis dans la cuisine où elle me fit asseoir tandis qu'elle s'affairait avec une poêle et des œufs. Sa cuisine spacieuse et lumineuse contrastait avec celle de mes parents. Le ronronnement du grand samovar en Inox brisait le silence inconfortable qui régnait dans la pièce.

– La famille et les amis auraient aimé être présents. J'ai trois sœurs et deux frères ; ils ont tous des enfants. M. Mousavi a trois frères et une sœur qui ont également des enfants. Il y a aussi les oncles et les tantes, les cousins. Ils sont très déçus de ne pas être invités au mariage d'Ali. Nous avons dû leur expliquer ; la plupart ont compris et nous envoient leurs meilleurs vœux. Je les inviterai ici plus tard, quand Ali et toi le déciderez.

Elle s'était exprimée avec calme en marquant des pauses et en choisissant ses mots. Le silence retomba à nouveau. Seul le son que faisait la cuillère en bois dans la poêle était perceptible.

– Je sais que tu as peur, soupira-t-elle, le dos tourné à s'occuper des œufs. Je me rappelle le jour de mon mariage avec M. Mousavi, j'étais encore plus jeune que toi. C'était un mariage arrangé et j'étais terrorisée. Ali m'a confié que tu étais courageuse, et je le crois. Je sais pourtant qu'aujourd'hui tu as peur, et tu as toutes les raisons d'être dans cet état, surtout que ta famille n'est pas là. Je t'assure, cependant, qu'Ali est un homme bon ; il ressemble beaucoup à son père.

Quand elle se retourna, je vis qu'elle pleurait. Moi aussi. Elle s'approcha et me prit la tête contre sa poitrine, elle me caressa les cheveux. Personne ne m'avait pris dans ses bras depuis la mort de ma grand-mère. Je réussis à avaler mes œufs brouillés. Elle m'expliqua que, selon la tradition, la future mariée prenait un long bain. Elle attendait également la *bandandaz* [1], une de ses amies, qui serait là dans deux heures. Je n'avais pas pris de bain depuis des mois, seulement des douches rapides. Celui que je m'apprêtais à prendre le soir de mon arrestation me revint en mémoire.

Avant de me montrer la salle de bains, elle me conduisit dans l'une des chambres que l'on avait préparée pour le *sofreh-yeh aghd*, le « tissu de mariage » : une grande nappe blanche soyeuse était étendue sur le sol, sur laquelle trônaient un grand miroir aux bords argentés et un exemplaire du Coran, encadrés par deux chandeliers en cristal avec une bougie blanche. Tout autour étaient disposés des plateaux d'argent remplis de friandises et de fruits. La tradition voulait que le mollah célèbre l'union de la fiancée et du fiancé assis devant le *sofreh-yeh aghd*.

Dans la salle de bains, décorée de très belles céramiques, je remplis la baignoire et me plongeai dans l'eau bouillante. Malgré la saison, j'avais eu froid toute la matinée, mais je pus enfin me détendre en me réchauffant et je fermai les yeux. Dieu m'avait fait don de cette faculté : dès que je me mettais à avoir des pensées insupportables, je m'obligeais à réfléchir à autre chose. Je réussis à ne pas anticiper sur ce qui se passerait le soir.

Plus tard – l'eau avait eu le temps de refroidir –, Akram vint frapper à la porte pour me dire que la *bandandaz*, Shirin Khanoum, était arrivée.

---

1. Personne qui prépare la future mariée et pratique notamment l'épilation selon la méthode traditionnelle, la *bandandazi* ou cordelette (NdlT).

– Tu n'as pas besoin du hijab. Les hommes ne rentreront pas avant la fin de l'après-midi.

Je m'habillai pour sortir de la salle de bains. Dans l'ancienne chambre d'Akram se tenait une femme corpulente en train d'étaler un drap blanc par terre. Dès qu'elle me vit, elle me dévisagea des pieds à la tête.

– Quelle fille magnifique ! lança-t-elle avec un hochement de tête. Trop maigre, cependant. Fatemeh Khanoum, il faudra la nourrir. Elle sera encore plus belle avec des formes.

Elle vint à ma rencontre et, soulevant mon menton du doigt, elle examina mon visage.

– Belle peau. Il faut juste reprendre un peu les sourcils.

– Je suis à la cuisine avec Akram si vous avez besoin de quoi que ce soit, indiqua la mère d'Ali à Shirin Khanoum.

Elle m'adressa un sourire avant de quitter la chambre avec Akram. Shirin Khanoum s'assit sur le drap.

– Ma chérie, je suis prête. Déshabille-toi et rejoins-moi.

Je ne bougeai pas.

– Qu'est-ce que tu attends ? Viens ! s'esclaffa-t-elle. Ne sois pas timide. Il faut en passer par là. Tu veux être belle pour ton mari, n'est-ce pas ?

Pas du tout, pensai-je en moi-même.

J'ôtai mes vêtements en tremblant, m'assis sur le drap et repliai mes jambes sous ma poitrine. Shirin Khanoum me demanda de les allonger. J'obéis. Elle prit une cordelette qu'elle enroula plusieurs fois autour de son doigt tout en coinçant l'autre extrémité entre ses dents. Puis elle se pencha sur mes jambes et fit

246

glisser la corde sur mes poils comme si elle actionnait des ciseaux. Elle exécuta ses mouvements avec une telle rapidité que je fus épilée en un clin d'œil. C'était douloureux. Quand elle eut terminé, elle me dit d'aller prendre une douche froide. Ensuite, elle essora mes cheveux qui descendaient presque jusqu'à la taille et les entortilla en chignon.

À midi, la voix du muezzin alerta tout le voisinage de la mosquée pour inviter les fidèles au rassemblement du deuxième *namaz* de la journée. Nous procédâmes au rituel du *whudû* – ablutions par purification des mains, des bras et des pieds – avant que je ne sorte retrouver la mère d'Ali qui m'attendait, un petit paquet de soie blanc entre les mains. Elle me le tendit et je découvris un ravissant tapis de prière confectionné par ses soins. J'étais touchée par tant de gentillesse.

Les parents d'Ali avaient une pièce dédiée au *namaz*, dont le sol était couvert de tapis persans. Chacun déplia son tapis de prière et se plaça dessus en direction de La Mecque. Le mien était perlé et brodé de fils d'or. La mère d'Ali avait dû y passer des heures.

Après la prière, Akram dressa la table avec les plus jolies porcelaines de leur service. Nous déjeunâmes d'aubergines et de ragoût de bœuf accompagné de riz. Je réussis à en avaler un peu. On servit ensuite le thé, et tandis que je sirotais le mien, je remarquai le regard insistant de la mère d'Ali sur moi. Elle semblait avoir quelque chose d'important à me dire sans savoir comment s'y prendre. Je baissai les yeux.

– Marina, en ce qui concerne Ali, je ne sais pas si tu es au courant... T'a-t-il dit qu'il avait été emprisonné à Evin sous le shah ?

Cette révélation fut un choc.

– Non, il ne m'en a jamais parlé.

– La Savak, la police secrète du shah, l'a arrêté trois ans avant la révolution. Cela m'a anéantie. Je n'aurais jamais cru qu'il en sorte vivant. Il était très dévoué à l'imam et exécrait le shah et son gouvernement corrompu. J'ai pensé qu'ils arrêteraient M. Mousavi, mais non. Je savais qu'ils torturaient Ali. Nous avons essayé d'aller le voir à Evin, mais trois mois durant il n'y a rien eu à faire. Quand nous avons enfin pu l'approcher, il avait terriblement maigri et était très frêle. Mon fils adoré si costaud !

Des larmes coulaient le long du visage de Fatemeh Khanoum.

– Il a été relaxé trois mois avant la victoire, nous n'avions pas été prévenus. Le jour de sa libération, j'étais dans la cuisine quand la sonnette a retenti. C'était l'automne, le ciel était gris et le jardin couvert de feuilles. J'ai couru à la porte demander qui sonnait. Personne n'a répondu. Et j'ai su que c'était lui, je ne sais pas comment, mais je l'ai su. J'ai ouvert : il était devant moi. Il a souri et m'a prise dans ses bras. Nous ne pouvions plus nous détacher. Il n'avait que la peau sur les os. Son sourire avait changé ; il était crispé et triste. J'ai compris qu'il avait vu des choses terrifiantes. La tristesse qui se lisait dans son regard était profonde. Il est retourné à la vie active, mais il avait changé. Il portait un fardeau et une douleur qui n'ont jamais complètement disparu. Parfois, je l'entendais marcher la nuit. Il y a quelques mois, il est rentré brutalement un soir pour faire son sac et repartir se battre sur le front irakien. Sans explication. Je ne le reconnaissais plus. Ne te méprends pas sur ce que je dis. Ce n'est pas le fait qu'il parte à la guerre qui m'a surprise, il s'était déjà battu sur le front, mais c'est le moment choisi qui m'a alertée : je savais qu'il s'était produit quelque chose, mais il ne m'a rien dit. Je n'ai pas fermé l'œil pendant quatre mois. Ils ont finalement appelé un jour pour me prévenir qu'il avait été blessé à la jambe et qu'il était hospitalisé. J'ai remercié Dieu un million de fois. Je suis allée le retrouver et il m'a souri comme autrefois, il avait son sourire d'enfant. Il m'a avoué qu'une chose merveilleuse lui était arrivée. J'ai d'abord cru qu'il avait perdu la raison.

Ainsi, Ali avait été emprisonné à Evin et torturé. C'était peut-être pour cette raison que, après la série de coups de fouet que l'on m'avait administrée, il m'avait proposé quelque chose contre la douleur et m'avait envoyé un médecin. De toute évidence, il avait agi en connaissance de cause.

Après la révolution, il s'était présenté pour travailler à Evin par souci de vengeance. Les premiers mois qui suivirent la révolution, Evin était essentiellement peuplé d'ex-agents de la Savak. Il avait sauté sur l'occasion. Œil pour œil, dent pour dent. Ils n'étaient pas seulement ennemis de l'islam, ils étaient aussi ses ennemis personnels. Puis les choses avaient évolué. Les prisonniers s'avérèrent être d'anciens compagnons d'armes aux côtés desquels il avait lutté contre le shah. Les Moudjahidine et les Fadayian grossissaient les rangs des prisonniers. Au début, il n'avait eu aucun mal à justifier leur arrestation ; ses anciens compagnons de cellule et leurs semblables étaient devenus les ennemis de l'État islamique. Selon les mots de Khomeiney en personne, ils étaient les ennemis d'Allah et de Mahomet, son prophète. Ali avait été élevé pieusement dans la pure tradition musulmane et aurait suivi son imam dans la mort. Par la suite, il commença à remettre en question tout ce qui se tramait à Evin au nom de l'islam. Pris entre sa raison et sa dévotion religieuse, il avait du mal à admettre la vérité. Il ne savait surtout pas comment réagir. Sa foi l'avait aveuglé. Dans le même temps, il devait parfois voir la situation – ayant lui-même été prisonnier – avec les yeux d'un détenu. Il faisait aussi la fierté de ses parents en étant en première ligne de la bataille contre les ennemis de l'islam. Le métier d'interrogateur était pour eux le summum de ce que pouvait faire un musulman pour honorer sa religion. Tout ce qui se passait à Evin était parfaitement justifié, car le nouvel ordre protégeait la vie de famille et les valeurs qui la fondaient. Après tout, ne croyaient-ils pas que la guerre qui se livrait était celle du bien contre le mal ?

Après avoir desservi la table, la mère d'Ali me demanda si je savais cuisiner.

– Oui, mais pas aussi bien que vous et Akram. J'ai appris des recettes dans les livres. Ma mère refusait que je rentre dans la cuisine.

– Tu veux bien nous aider à préparer le dîner, alors ? Nous devons nous y mettre sur-le-champ. Agha, le mollah, sera là à cinq heures, et nous nous mettrons à table après le mariage.

Je leur donnai un coup de main. Avec Akram, je fis revenir les oignons, le persil, la ciboulette et d'autres herbes fraîches. La mère d'Ali découpa le bœuf en morceaux et mit le riz à bouillir. Elle avait déjà fait mariner des dés de poulet dans une préparation à base de yaourt, de jaunes d'œuf et de safran.

M. Mousavi, Ali et Massoud, le mari d'Akram, revinrent à quatre heures. La mère d'Ali me poussa dans la salle de bains, arguant que je sentais l'oignon et avais besoin d'une autre douche.

Quand je sortis, je revêtis le manteau blanc, un grand foulard blanc, un pantalon ivoirin et le tchador opalin que la mère d'Ali m'avait laissé sur le lit. Akram vint ensuite frapper à la porte de la chambre pour me prévenir qu'il était l'heure. J'ouvris et je sortis sans prendre la peine de réfléchir. Ali était déjà assis près du *sofreh-yeh aghd*. Je pris place à ses côtés, me demandant si quelqu'un remarquait à quel point je tremblais. Le mollah arriva et proféra quelques phrases en arabe que j'aurais pu, avec un peu de concentration, comprendre. Puis il s'adressa à moi en perse :

– Fatemeh Khanoum-eh Moradi-Bakht, êtes-vous prête à prendre Seyed Ali-eh Mousavi pour époux ?

Je savais que la jeune mariée n'était pas censée répondre à la question dès la première fois. Le mollah devait attendre ma réponse et, sans réponse de ma part, il devait répéter sa question deux autres fois. Je répondis oui *illico*, j'avais envie d'en finir au plus vite.

Après le dîner, nous prîmes la voiture pour rentrer à la maison qu'il avait achetée pour nous. Ali saisit ma main gauche – que j'avais posée sur mes genoux – et la retint jusqu'à ce que nous ayons atteint le perron. C'était la première fois qu'il me touchait de cette façon.

En entrant dans ma nouvelle maison, et mon étrange nouvelle vie, je me promis de ne plus regarder en arrière ni de repenser à mon passé, mais je craignais de ne pouvoir tenir cette promesse. Ali m'escorta jusqu'à la chambre nuptiale où des piles de cadeaux nous attendaient.

– Ouvre ! Certains sont de moi, les autres viennent de ma famille.

Il y avait des quantités de bijoux, de plats et de verres en cristal et des plateaux plaqués argent. Ali me regardait déplier les paquets, assis sur le lit près de moi.

– Maintenant que nous sommes mariés, tu n'as plus besoin de ton hijab.

J'aurais souhaité pouvoir me cacher dans un trou de souris. Il tira sur le foulard qui me recouvrait les cheveux. Je le retins.

– Je comprends que tu ne te sentes pas à l'aise, mais tu n'en as vraiment pas besoin. Tu vas t'habituer à moi.

Il défit mes cheveux et passa ses doigts dedans.

– Ils sont magnifiques. Aussi doux que de la soie.

Il me mit un collier et un bracelet. Un gros diamant brillait à mon doigt.

– J'ai eu envie de toi dès que je t'ai vue, dit Ali en m'enveloppant de ses bras.

Il m'embrassa les cheveux et le cou. Je le repoussai.

– Marina, tout va bien. Tu sais combien j'ai attendu ce moment. Tu es enfin à moi, et je peux te toucher. Tu n'as pas besoin d'avoir peur. Je ne te ferai pas de mal. Je serai doux, promis.

Il déboutonna sa chemise et je fermai les yeux, transie de peur. Je sentis aussitôt ses doigts sur les boutons de mon manteau. Je rouvris les yeux et tentai de l'en empêcher, mais il m'écrasa de tout son poids sur le matelas. Je le suppliai d'arrêter, mais il en était incapable. Il arracha mes vêtements. Je hurlai. Sa peau nue entra en contact avec la mienne. Son corps étranger et d'une chaleur inhabituelle me comprimait. Il sentait le shampoing et le savon. Je rassemblai mes

forces et me débattis pour le repousser, mais en vain ;
il était trop grand, trop fort. Je ressentais un mélange
de colère, de peur et d'humiliation ; cet état
émotionnel m'épuisa et, vidée de mon énergie, je
rendis les armes. Cela me fit mal. Un mal différent
de celui des coups de fouet. Sous la torture, j'arrivais
à garder un contrôle, une sorte de pouvoir dont la
douleur physique ne parvenait pas à me priver.
À présent, j'étais sa chose. Il me possédait.

Je pleurai toute la nuit. Mes entrailles me brûlaient.
Ali me serrait fort contre lui. Avant l'aube, il se leva
pour le *namaz*. Je restai au lit.

Il déposa un baiser sur ma joue et mon bras, assis
sur le bord du lit.

– J'ai besoin de te toucher pour croire que tu es
vraiment ma femme. C'était douloureux ?

– Oui.

– Ça s'arrangera.

Je m'endormis après qu'il eut quitté la chambre ; le
sommeil était la seule fuite possible.

– Le petit-déjeuner est prêt, cria-t-il de la cuisine.

Il était environ huit heures. Le soleil brillait derrière
les baies vitrées. Je me levai pour les faire coulisser.
La brise entra et j'entendis les moineaux gazouiller.
Le jardin resplendissait avec les géraniums et les
soucis en fleur. J'avais l'impression de vivre la vie
de quelqu'un d'autre. La voisine d'à-côté appelait ses
enfants pour le petit-déjeuner. En ce parfait jour d'été
qu'aucun nuage n'obscurcissait, je n'avais qu'un
souhait : que la neige recouvre la surface de la terre ;
je voulais sa texture froide contre ma peau chaude,
je souhaitais que mes doigts s'engourdissent à son
contact, si seulement la nature pouvait être engloutie

par l'hiver ! Je désirais que la neige recouvrît tout, ainsi je pourrais rêver d'un nouveau printemps où tout serait différent.

— Te voilà ! l'entendis-je prononcer derrière moi. Le petit-déjeuner est prêt et ton thé refroidit. Il y a du pain frais sur la table.

Je fus à nouveau dans ses bras.

— Tu ne peux pas imaginer à quel point je suis heureux, susurra-t-il à mon oreille.

Il me raconta la première fois qu'il m'avait vue à Evin : j'étais assise par terre dans le couloir, mais, contrairement aux autres femmes qui portaient un tchador noir, j'avais recouvert mes cheveux d'un châle de cachemire beige. Même si je lui paraissais mince et frêle, il me trouva plus grande que les autres, car je me tenais parfaitement droite contre le mur. Il ajouta que, avec ma tête levée au plafond et mes lèvres qui remuaient légèrement comme récitant une prière, j'étais le calme incarné dans cet univers peuplé de crainte et de désespoir. Il conclut en disant qu'il avait essayé de détourner son regard, mais qu'il n'avait pas pu.

Les jours qui suivirent, il me dorlota au point de me mettre mal à l'aise. Je m'étais toujours occupée de moi. Je n'avais pas envie d'être traitée comme un bébé. La fille que j'étais n'existait plus. J'étais maintenant une femme mariée. Je ne pouvais plus me cacher sous mon lit comme autrefois. Peut-être qu'Ali était ma croix, et il me fallait l'accepter ; ou du moins essayer. Je souhaitais juste qu'il me laisse tranquille au lit. Chaque fois qu'il se déshabillait et me touchait, je le suppliais d'arrêter. Parfois il m'écoutait, parfois non. Il décrétait qu'il fallait m'y habituer, que cela faisait partie du mariage, et me conseillait d'opposer moins de résistance, ainsi j'aurais moins mal.

Au bout d'une semaine, je me levai un matin aux aurores et décidai finalement de vivre ma vie et de cesser de m'apitoyer sur mon sort. Il fallait l'accepter, car je ne pouvais rien y changer. Je commençai par faire le ménage et préparer le petit-déjeuner. Je suggérai ensuite à Ali d'inviter ses parents et sa sœur à dîner. Il pensa que j'avais perdu la raison, et surtout il était persuadé que je ne savais pas cuisiner. Je lui affirmai que je saurais me débrouiller et il céda.

— Très bien, j'appelle mes parents et ma sœur. Ensuite, nous irons faire les courses. Eh, Marina ?
— Oui ?
— Merci.
— De quoi ?
— D'essayer.

Je me sentis mieux que je ne l'avais été depuis longtemps. Je me mis à préparer le dîner dès la fin du déjeuner. Quand Ali revint après une absence de deux heures, la maison embaumait les lasagnes, le ragoût de bœuf aux champignons et le riz. Je venais juste de me mettre à la pâtisserie pour faire un gâteau aux pommes. Il entra dans la cuisine pour me dire que les odeurs de cuisson réveillaient son appétit. Il me demanda si c'était ma mère qui m'avait initiée à la cuisine. Je lui répondis qu'elle n'était pas assez patiente pour me transmettre quoi que ce soit, mais que j'avais appris dans les livres. Il proposa de faire du thé et versa de l'eau dans le samovar. Puis, après avoir mis des feuilles de thé dans la théière, il s'approcha de moi. J'étais en train de casser des œufs dans un saladier. Chaque fois qu'il venait près de moi, que son haleine effleurait ma peau, qu'il me touchait, j'avais envie de fuir. Il continuait de me terrifier. Il prit ma tête dans ses mains et déposa un baiser sur mon front. Je ne savais pas si je m'habituerais un jour à son contact.

Les parents d'Ali, Akram et Massoud apprécièrent tout ce que j'avais préparé. La mère d'Ali avait pris froid, je lui fis donc un thé au citron après le dîner et lui apportai une couverture pour qu'elle se repose sur le canapé. Akram me rejoignit à la cuisine pour m'aider à faire la vaisselle.

— C'était délicieux, déclara-t-elle avec un sourire forcé.

Je sentis à sa voix qu'elle n'était pas à l'aise. Elle essayait d'être aimable et j'en fus touchée.

— Merci. Je suis mauvaise cuisinière, mais je fais de mon mieux. Je suis sûre que tu cuisines bien mieux que moi.

— Non, pas vraiment.

Un silence se fit. Je mettais les restes au frais.

— Pourquoi as-tu épousé mon frère ? demanda-t-elle brusquement.

Je la regardai droit dans les yeux, mais elle détourna son regard.

— Ton frère t'a dit quelque chose à notre sujet ?

— Il ne m'a pas dit grand-chose.

— Pourquoi tu ne lui poses pas la question, dans ce cas ?

— Il ne dira rien. Et c'est toi que j'ai envie d'entendre.

— Je l'ai épousé parce qu'il le voulait.

— Ce n'est pas une raison suffisante.

— Et pourquoi ? Pourquoi t'es-tu mariée, toi ?

— C'était un mariage arrangé. Mes parents et les parents de mon mari avaient décidé de notre union quand je n'étais encore qu'une petite fille. Mais toi, tu viens d'un autre milieu et d'une autre culture. Si tu ne voulais pas te marier avec lui, tu aurais pu dire non.

– Qu'est-ce qui te fait penser que je n'en avais pas envie ?

– Je le sais, c'est tout. Une femme sent ces choses-là.

Je pris une grande inspiration.

– N'oublie pas que je suis prisonnière. Ali m'a menacée, au cas où je refuserais de l'épouser, de s'en prendre à mes proches.

– Ali ne ferait jamais une chose pareille !

– Tu vois pourquoi je ne voulais pas t'en parler ! Je savais que tu ne me croirais pas parce que tu aimes ton frère.

– Tu pourrais jurer sur le Coran qu'il a fait ça ?

– Oui, je ne dis que la vérité.

Elle s'effondra sur une chaise en secouant la tête.

– C'est affreux ! Et tu le détestes pour ça ?

Je ne savais pas quoi dire. Non pas que je désirais taire la vérité, mais je me rendis compte que je n'avais pas de réponse à cette question. Quelques jours auparavant, j'aurais affirmé sans hésitation que je le haïssais, mais je n'en étais plus aussi sûre. Un changement s'était opéré, pas de façon radicale, mais subtilement, et je ne comprenais pas pourquoi mes sentiments envers Ali avaient évolué. J'avais pourtant toutes les raisons de le détester.

– Non, je ne sais pas. Je le haïssais, mais maintenant, c'est passé. La haine est un mot très fort.

Elle planta ses yeux dans les miens.

– Tu t'es aussi convertie à l'islam par obligation ?

– Oui.

– Alors, tu n'es pas une vraie convertie ?

257

– Non, mais n'oublie pas que je t'en parle uniquement parce que tu insistes et que je n'ai pas envie de mentir. Maintenant, c'est fait. Je suis musulmane, je suis la femme de ton frère à qui j'ai promis d'être loyale et je le serai. Je ne reviendrai pas là-dessus. Ce qui est fait ne peut être défait.

– Que Dieu te donne la force. Je sais combien cela doit être difficile.

– C'est bien, au moins, de savoir que quelqu'un comprend.

Un sourire franc et lumineux éclaira son visage.

– Depuis combien de temps es-tu mariée ?

– Sept ans.

– Tu aimes ton mari ?

Ma question la surprit et elle me lança un regard interloqué, comme si elle n'avait jamais mesuré les sentiments qui la liaient à son mari.

– L'amour est un mot très fort, dit-elle en riant, les yeux rivés sur son alliance dont elle parcourait les diamants du doigt. Je crois qu'il n'existe que dans les contes de fées. Mon mari est un homme bon et fidèle, et je vis confortablement. J'imagine que l'on peut appeler ça le bonheur… sauf que…

Elle eut un regard fuyant dans lequel je reconnus la douleur nostalgique de la perte. J'en ressentis un pincement au cœur.

– Sauf que quoi ? murmurai-je.

– Je ne peux pas avoir d'enfants, soupira-t-elle comme si elle venait de prononcer la phrase la plus difficile de sa vie. J'ai tout essayé. Au début, tout le monde cherchait à savoir si j'étais enceinte, mais au bout de deux ans ils ont laissé tomber. À présent, je suis juste la femme qui ne peut pas avoir d'enfants. Comme je te l'ai dit, mon mari est gentil avec moi. Je sais combien il est important pour lui d'avoir un fils, mais il n'a pas l'intention de prendre une autre épouse.

– Que faites-vous dans la cuisine ? nous interrompit la mère d'Ali. Vous parlez depuis des heures. Vos hommes réclament du thé.

À peine étions-nous assises dans le salon que la sonnerie du téléphone retentit. Ali décrocha et je compris, à le voir écouter avec intérêt son interlocuteur sans parler, que c'était un appel d'Evin. Quand il raccrocha, je lui demandai ce qui n'allait pas.

– Nous savons depuis un moment que les Moudjahidine projettent d'assassiner des personnes qui ont des postes à responsabilités à Evin. Ils ont une liste. Nous avons donc repéré et arrêté certaines des personnes impliquées pour les interroger. C'était Mohammad au téléphone. Il appelle pour dire que je fais partie de la liste. Mes collègues et amis me conseillent de m'installer à Evin avec Marina quelque temps pour des raisons de sécurité. Je ne m'inquiète pas pour moi, mais je ne voudrais pas faire courir de risque à Marina.

J'avais toujours cru qu'Ali était une figure importante à Evin et il venait de m'en donner confirmation.

– Je crois que l'idée d'un séjour à Evin est bonne. Il vaut mieux prévenir que guérir, intervint M. Mousavi.

Il avait l'air inquiet.

Je ne savais rien du tout, car je n'avais accès ni à la télévision, ni à la radio, ni même aux journaux, mais quelques membres du gouvernement avaient été assassinés récemment et tous ces meurtres étaient imputés aux Moudjahidine.

– Marina, tu veux bien t'installer à Evin pour un temps ? Tu y seras plus en sécurité.

– Bien entendu, fis-je, sachant que je n'avais pas le choix.

– Je te revaudrai ça quand les choses s'arrangeront.

Quand nos invités furent partis, nous allâmes nous coucher.

– Ali, tu vois l'effet que la violence produit sur les gens ? Tu les tues et ils te tuent. Quand cela va-t-il s'arrêter ? Une fois que tout le monde sera mort ?

– Tu es naïve. Tu crois que si on leur demande poliment ils vont arrêter d'attaquer le gouvernement ? Nous devons protéger l'islam, les lois de Dieu et le peuple de Dieu des forces du mal qui sévissent contre eux.

– Dieu n'a pas besoin de protection. Je dis simplement que la violence engendre la violence. Je n'ai pas la solution, mais je sais que le meurtre n'est pas une réponse.

Il me prit dans ses bras.

– Tout le monde n'est pas aussi bon que toi. C'est un monde cruel.

– Oui, mais seulement parce que nous le sommes les uns envers les autres.

Il rit.

– Tu n'abandonnes jamais, n'est-ce pas ?

– Quand retournons-nous à Evin ?

– Demain matin. J'espère que tu comprends la situation : une fois à Evin, même si tu es ma femme, tu n'auras pas de traitement de faveur. Tu es toujours officiellement prisonnière. Tu préfères rester dans une cellule ou tu veux retourner au 246 ?

Je répondis que cela m'était égal, et il opta pour la cellule afin de pouvoir se retrouver seul avec moi. Je ne discutai pas, car je n'avais pas l'intention de donner des explications aux filles du 246.

– Y a-t-il eu beaucoup d'arrestations dernièrement ?

– Oui.

– Les pauvres, elles doivent être terrifiées.

– Marina, beaucoup d'entre elles sont des terroristes.

– Certaines peut-être, mais tu sais que la plupart ne sont que des enfants dont beaucoup n'ont rien fait de mal. Si j'ai une cellule, laisseras-tu les plus jeunes venir pendant les périodes d'interrogatoire ? Il y a assez de place pour deux. Ali, je déteste me sentir inutile. Je peux les aider en les réconfortant, et je me sentirais mieux aussi.

– Ça promet d'être intéressant. Bien, accordé !

– Ne leur dis surtout pas que je suis ta femme, elles auraient peur de moi !

Puisqu'il n'y avait pas de bonté autour de moi, c'était peut-être à moi de faire quelque chose de bien.

– Ali, où se trouve Sarah Farahani ?

– Elle est restée hospitalisée pendant une longue période. Pas dans le même hôpital que celui où tu étais. Il en existe un autre pour les prisonniers souffrant de problèmes psychologiques. Elle est maintenant dans une cellule au 209.

– Elle doit rentrer chez elle. Elle en a assez vu. Elle n'a rien fait. Elle parle trop, c'est tout. Elle ne résistera pas à Evin.

– Elle est sous la responsabilité de Hamehd, et tu sais combien il peut être dur. Je ne crois pas que Sarah aille où que ce soit dans l'immédiat.

– Est-ce que son frère, Sirus, a vraiment été exécuté ?

– Oui. Il était un membre actif des Moudjahidine et il n'a pas coopéré du tout, répondit-il d'un ton neutre.

– Ta politique est de tuer tous ceux qui entravent ton chemin.

– Si l'occasion s'était présentée, Sirus m'aurait mis une balle dans la tête.

– Tu aurais pu le garder en prison au lieu de le supprimer.

– La décision ne venait pas de moi, et je ne vais pas revenir là-dessus.

– Pourrai-je voir Sarah ?

– Je t'accompagnerai dans sa cellule quand nous serons à Evin.

Il me restait encore une question à lui poser, celle qui me taraudait depuis longtemps. Il n'y a jamais de bon moment pour aborder ce genre de questions, celui-là n'était pas pire qu'un autre.

– Ali, as-tu déjà tué quelqu'un ? Je ne parle pas de la guerre, mais d'Evin.

Il se leva du lit et partit dans la cuisine. Je le suivis. Il ouvrit le robinet, remplit un verre d'eau et en but quelques gorgées.

– Tu l'as fait, n'est-ce pas ?

– Marina, pourquoi tu ne laisses pas tomber ?

– Je te hais !

Je mesurais le poids de mes mots, mais n'éprouvais aucun regret. Je voulais le blesser. C'était ma revanche, et il la méritait. J'avais fait des efforts pour accepter ma situation et pour comprendre Ali, mais je ne pouvais pas feindre d'ignorer les actes horribles qu'il avait commis.

Il posa lentement son verre sur la table et se mit à le fixer. Quand il releva la tête, je vis dans ses yeux noirs un mélange de colère et de souffrance. Il s'approcha de moi. Je reculai de quelques pas et me cognai à un meuble. Même si je réussissais à m'échapper, je n'irais pas loin. Il m'empoigna par les bras et planta ses doigts dans ma chair.

– Tu me fais mal.

– JE te fais mal ?

– Oui. Tu n'as jamais cessé de me faire mal depuis le premier jour. Et tu as fait mal à d'autres, et tu t'es fait mal à toi-même.

Il me souleva de terre et me transporta dans la chambre. J'avais beau crier et me débattre, c'était inutile.

Le lendemain matin, je refusai de quitter le lit. Ali m'appela de la cuisine à trois reprises pour dire que le petit-déjeuner était prêt. J'enfouis ma tête sous les couvertures en sanglotant. Le lit craqua sous son poids et je l'aperçus à travers le drap, les genoux pliés contre les épaules dans une position de repli. Je ne fis pas un geste. Quelques minutes passèrent.

– Marina ?

Je ne réagis toujours pas.

– Je suis désolé de m'être emporté contre toi. Tu as raison de m'en vouloir. Tu dois pourtant admettre la réalité. Je n'aime pas ce que je fais, mais le monde est méchant et violent, et il y a des choses que nous devons faire. Je sais que tu me désapprouves, mais c'est comme ça, et je n'en suis pas l'origine. Tu peux me haïr si tu veux, moi je t'aime. Je ne voulais pas te faire mal hier soir. Viens, allons prendre le petit-déjeuner.

Je ne remuai pas.

– Viens, s'il te plaît. Dis-moi ce que je peux faire pour me faire pardonner ?

– Laisse-moi retourner chez moi.

– Marina, tu es ma femme. Chez toi, c'est là où je suis. Tu dois t'y habituer.

Je sanglotais de plus en plus fort. Il souleva le drap et essaya de me prendre contre lui. Je le repoussai.

– Tu dois t'habituer à voir la situation telle qu'elle est. Y a-t-il une chose que je puisse faire pour te rendre heureuse dans les limites du raisonnable ?

Il me fallait trouver rapidement une idée ou cette souffrance allait m'anéantir.

– Aide Sarah.

– Je le ferai.

Ali portait un bas de pyjama, mais était torse nu. De fines lignes blanches lui striaient le dos. Des cicatrices. Elles étaient nombreuses. Des traces de fouet. Je ne les avais encore jamais remarquées parce que je fermais toujours les yeux quand il se dévêtait.

Je touchai son dos.

– Tu as des cicatrices...

Il se leva et enfila sa chemise.

Pour la première fois, je sentis une proximité entre nous, un lien. Je ne voulais pas de ça. Pourtant, c'était aussi tangible que le drap qui me couvrait, aussi réel que ses cicatrices et les miennes. Une compréhension muette et triste qui ne se livrait que dans le silence d'un regard ou la légèreté d'un contact.

– Allons déjeuner, dit-il.

Environ trois heures plus tard, je retrouvai l'isolement d'une cellule. Je ne pouvais pas dire que cela m'avait manqué. Ali m'apporta une pile de livres sur l'islam et me prévint qu'il allait être très occupé. Je lui rappelai sa promesse de me conduire chez Sarah. Il m'accompagna à sa cellule en m'avertissant qu'elle était sous l'emprise des médicaments et qu'elle ne serait pas très réactive.

– Tu peux rester une heure ou deux, mais pas plus. Je ne veux pas contrarier Hamehd.

Sarah écrivait sur les murs quand je pénétrai dans sa cellule. Elle était très amaigrie, sa peau avait jauni. Je mis mes mains sur ses épaules. Elle n'eut aucune réaction.

– Sarah, tu m'as manqué.

Les murs étaient couverts de mots qui me rappelaient notre ancienne vie : sa maison et son jardin, sa mère assise sur une balancelle, son père déclamant des poèmes de Hafez, Sirus jouant au foot avec ses copains, notre école avec ses hautes fenêtres, le trajet de retour depuis le magasin Agha-yeh Rostami, un cône glacé dans les mains. Et ça continuait sans fin. Elle avait même raconté l'histoire de mes crayons de couleurs. Je ne voulais pas me souvenir. Regarder en arrière me donnait mal à la tête, et ce mal s'accompagnait d'un désir terrible de rentrer à la maison. Chez moi… l'impression de devoir traverser des océans et des mondes pour y arriver. Pourtant, c'était là-bas, quelque part au-delà des murs d'Evin. Si ma maison s'était trouvée derrière l'Everest, j'aurais franchi le mont. Même dix monts Everest me semblaient franchissables.

– Sarah, je sais que tu m'entends. Je partage les mêmes souvenirs que toi. Nos maisons sont toujours là-bas. Tu dois survivre à Evin pour rentrer chez toi. Ta maison t'attend. N'oublie pas que demain est un autre jour, mais il faut y arriver pour le voir. Sirus voudrait que tu le voies. Bats-toi pour lui, pour ta mère et pour ton père.

Je l'attrapai par les épaules pour l'obliger à se retourner.

— Hamehd ne demande que ça, que tu perdes. Ne lui donne pas cette satisfaction. Tu retourneras chez toi. Si seulement tu savais ce que j'ai fait. C'est si dur de dormir dans le lit d'Ali, mais il n'est pas comme Hamehd. Il y a du bon en lui, et il m'aime... Mais c'est si dur. Tu n'as pas idée.

Sarah m'entoura de ses bras et me serra de plus en plus fort. Nous nous enlaçâmes longuement en pleurant.

Au bout de deux semaines, que je passais essentiellement à lire sauf quand Ali était avec moi, je reçus la première codétenue, Sima. Elle avait de grands yeux noisette et était âgée de quinze ans, mais en paraissait treize. Le garde qui l'escortait lui demanda d'enlever son bandeau en refermant la porte derrière elle. Elle s'exécuta, se frotta les yeux, jeta un coup d'œil autour d'elle et me fixa d'un air terrifié.

Elle me demanda qui j'étais. Je me présentai et dis que j'étais prisonnière. Elle sembla un peu soulagée et s'assit par terre en prenant ses distances. Ses pieds étaient légèrement enflés.

— Ça fait mal ?

— Ils m'ont torturée !

Je me rapprochai et lui racontai que j'avais été torturée bien plus qu'elle encore. Elle voulut savoir depuis combien de temps j'étais à Evin.

— Sept mois.

— Sept mois ! C'est trop ! Et tu es dans cette cellule depuis tout ce temps ?

Je lui expliquai que j'avais d'abord été au 246. Je l'informai que, après la période des interrogatoires, elle serait enfermée ici jusqu'à son procès. Elle voulut savoir combien de temps, et je lui répondis que c'était une question de jours ou de mois. Elle me demanda si j'avais eu un procès.

— En quelque sorte.

— Quel a été le verdict ?

— Prison à vie.

— Oh, mon Dieu !

Elle ne pouvait pas s'imaginer rester plus d'une semaine à Evin. Quand je lui demandai le nom de son interrogateur, elle me parla d'Ali en précisant qu'il était très méchant.

— Il l'est parfois, mais il y en a de bien pires.

Il n'aurait servi à rien de lui avouer la vérité.

Sima voulut tout connaître des règles d'Evin et du 246. Je lui expliquai tout ce que je savais.

Vers huit heures du soir, Ali vint frapper à la porte de la cellule pour que je sorte.

— Qu'est-ce qu'il te veut ?

— Ne t'inquiète pas, il ne me fera aucun mal, fis-je en enfilant mon tchador.

Ali me demanda comment cela se passait avec Sima. Je lui dis qu'elle se sentait un peu mieux. Je voulus savoir pourquoi il l'avait fouettée : il n'avait pas le choix, son frère était membre des Moudjahidine et impliqué dans l'assassinat d'un fonctionnaire de l'administration. Ali le traquait et essayait de l'arrêter depuis des mois. Il avait dû s'assurer que Sima ignorait où il se trouvait.

— Promets-moi, s'il te plaît, que tu ne la fouetteras plus, n'est-ce pas ?

— Non, elle ne sait rien. Je l'envoie au 246. Nous la libérerons quand son frère se sera rendu.

Je lui demandai où il m'emmenait.

– Dans une autre cellule. Je suis épuisé. J'ai vraiment besoin de toi.

Après la prière du matin, quand je revins dans ma cellule, Sima était profondément endormie.

– À quelle heure es-tu rentrée hier soir ? s'enquit-elle dès son réveil. Je t'ai attendue longtemps, j'ai dû m'écrouler de sommeil.

– Je suis revenue très tard.

– Et qu'as-tu fait pendant tout ce temps ?

– Rien d'important.

– Tu n'as pas envie d'en parler, c'est ça ?

– Non. Ne t'inquiète pas pour moi.

Elle pleurait. Je l'enlaçai en lui assurant qu'elle irait bien tant qu'elle ne perdrait pas espoir. J'avais entendu Ali dire qu'elle irait au 246. Elle pourrait rencontrer mes amies, celles-ci l'aideraient. Je la chargeais de leur dire que j'allais bien.

Le lendemain, Sima fut envoyée au 246, et mes journées reprirent leur cours solitaire et ennuyeux. J'avais obtenu d'Ali qu'il m'apporte des livres de poésie. Ainsi, je partageais mes journées entre les siestes, la lecture et la mémorisation de poèmes de Hafez, de Sadi et de Rumi.

Quelques jours plus tard, Ali vint me prendre dans ma cellule pour m'emmener dîner chez ses parents. Arrivés à la barrière de sécurité, nous nous arrêtâmes le temps que les gardes la soulèvent pour laisser passer la voiture. Ali baissa sa vitre pour les saluer. Ces derniers lui rendaient toujours son salut, mais se comportaient avec moi comme si je n'existais pas. Or, cette fois, après avoir souhaité bonne soirée à Ali, le garde me gratifia d'un petit hochement de tête assorti d'un : « Bonne soirée, madame Mousavi. »

Je jetai un œil autour de moi et compris que cela m'était adressé. J'étais confuse.

Ali posa sa main sur la mienne et je sursautai.

– Tu as paru choquée.

– D'habitude, ils se conduisent toujours comme si j'étais transparente.

– Ils t'ont acceptée. Ils savent que nous sommes mariés.

Nous étions peine arrivés dans la maison de ses parents qu'Akram et sa mère me sautèrent au cou.

– Tu n'as toujours que la peau sur les os, se plaignit la mère d'Ali en secouant la tête.

Je la suivis dans la cuisine pour l'aider. Akram commença par arroser le rôti d'agneau dans le four. La mère d'Ali prépara du thé pour les hommes et, en sortant de la cuisine, me demanda si je pouvais préparer la salade. Il y avait une laitue déjà lavée, quelques tomates et des concombres dans une passoire à côté de l'évier. Je pris un couteau et tout en coupant les crudités je me souvins d'avoir rêvé d'Akram la nuit précédente.

– J'ai rêvé de toi cette nuit.

– Raconte !

J'hésitai à parler.

– Allez, raconte ! Il m'arrivait quelque chose de grave ?

– Non, non, pas du tout.

– Alors, quoi ? Je crois aux rêves. Tu t'en souviens ?

Je lui racontai donc mon étrange rêve : elle était dans une église et allumait une bougie tout en me disant que je lui avais conseillé de réciter un *Je vous salue, Marie* neuf fois par jour pendant neuf jours pour avoir un bébé.

Surprise, elle voulut savoir ce qu'était le *Je vous salue, Marie*.

— Tu crois réellement que Marie était la mère de Dieu ? demanda-t-elle après avoir écouté la prière.

Je lui expliquai que, selon les chrétiens, Dieu avait choisi Marie pour porter Jésus dans son ventre. Cette sainte n'était pas n'importe quelle femme, elle avait été conçue dans ce but.

— Nous croyons que Marie était une femme d'exception, mais pas la mère de Dieu !

— Je ne te demande pas de croire quoi que ce soit. Tu me demandes de te raconter mon rêve et je le fais.

Elle baissa les yeux, pensive.

— Je le ferai. Je dirai cette prière. Je n'ai rien à perdre, n'est-ce pas ?

Deux jours plus tard, tôt dans l'après-midi – fait inhabituel –, Ali entra dans ma cellule. D'habitude, il arrivait le soir. Je faisais la sieste et me réveillai en sursaut. Il s'assit près de moi, dos contre le mur, et ferma les yeux.

— Tu vas bien ? lui demandai-je.

— Ça va.

Il me prit dans ses bras.

— Qu'est-ce qui ne va pas ?

— Avant-hier, les gardes ont ramené une fille arrêtée en train d'écrire : « Mort à Khomeiny » et « Khomeiny est un assassin » à la bombe sur un mur de l'avenue Enghelab. Quand ils l'ont prise, elle a déclaré détester l'imam parce qu'il avait tué sa sœur. Elle n'arrête pas de répéter les mêmes choses ici. Je crois qu'elle est devenue folle. Hamehd l'a battue violemment et elle continue. Elle va être exécutée si elle ne se ressaisit pas et refuse de coopérer. Tu veux bien lui parler ?

Elle a surtout besoin d'un psychologue ou de quelqu'un comme ça, mais on ne lui en attribuera pas, soupira-t-il. Ne dis rien. Je sais que c'est injuste. Et je sais qu'il y a de fortes chances que tu n'arrives pas à la raisonner. Je déteste te demander cela, mais je ne vois personne d'autre.

— Je vais lui parler. Où est-elle ?

— Au bâtiment des interrogatoires. Je vais la chercher.

Ali revint une demi-heure plus tard en poussant une chaise roulante dans ma cellule. La fille portait un tchador bleu marine et penchait sur le côté, la tête avachie sur l'épaule.

— Mina, tu peux enlever ton bandeau maintenant, fit Ali.

Elle ne bougea pas. Ali le lui ôta, et elle ouvrit légèrement les yeux. Sa joue droite était toute bleue et enflée. Dans son état, elle ne verrait et n'entendrait pas grand-chose. Tout lui semblerait un cauchemar sans queue ni tête.

Je me présentai, à genoux devant elle :

— Je m'appelle Marina. Je suis une prisonnière. Tu es dans une cellule. Je vais t'aider à sortir de la chaise. Ne crains rien, je ne te ferai pas de mal.

Je la redressai et elle retomba dans mes bras. Je la soutins et parvins à l'asseoir par terre. Ali reprit la chaise roulante et repartit.

— Leila est morte, murmura Mina.

— Comment ?

— Leila est morte.

— Qui est Leila ?

— Leila est morte.

Je dépliai une couverture sur le sol pour qu'elle puisse s'allonger. Quand j'aperçus ses pieds, j'eus le souffle coupé. Ils étaient encore plus gonflés que les miens à l'époque.

– Je vais t'enlever tes tongs. Je vais le faire très délicatement.

La peau de ses pieds ressemblait à un ballon trop gonflé, mais les tongs glissèrent facilement.

Je lui versai de l'eau dans un gobelet en plastique pour lui humecter les lèvres. Elle en but quelques gorgées.

– Prends-en plus.

Elle secoua la tête, je l'aidai à s'allonger et lui enlevai son tchador et son foulard. Elle tremblait. Je l'enveloppai de couvertures supplémentaires. Elle s'endormit rapidement. Je m'assis près d'elle. Longue et mince, elle avait les cheveux emmêlés et collés à cause du foulard qu'elle gardait depuis son arrestation. Je songeai à ses pieds et je sentis aussitôt des lance-ments dans les miens. La douleur que je me rappelais avoir éprouvée dans mes premiers jours à Evin était davantage qu'un souvenir. Elle était toujours vivace.

Environ quatre heures plus tard, Mina commença à gémir. J'attrapai une tasse d'eau et l'aidai à se relever.

– Écoute-moi, je sais comment tu te sens. Je sais que tu as mal partout, mais je sais aussi que tu iras mieux si tu bois ça. N'abandonne pas.

Elle but quelques gorgées et ses yeux se posèrent sur moi.

– Qui es-tu ?

– Une prisonnière. Je m'appelle Marina.

– J'ai cru que j'étais morte et que tu étais un ange ou un truc comme ça.

Je ris.

– Je t'assure que je ne suis pas un ange. Et tu es bien vivante. J'ai du pain et des dattes. Tu as besoin de t'alimenter. Tu dois reprendre des forces pour guérir.

Elle mangea quelques dattes et un morceau de pain. À peine s'était-elle rallongée que l'on frappa à la porte.

La voix d'Ali retentit de l'autre côté :

– Marina, enfile ton tchador et sors.

Il m'emmena dans une autre cellule. Nous mangeâmes du pain et du fromage qu'il avait rapportés. Il ne me posa aucune question sur Mina.

– Tu ne veux pas savoir si j'ai parlé à Mina ?

– Franchement, pas pour le moment. J'ai besoin de faire le vide dans mon cerveau. J'ai juste envie de dormir.

Quand je regagnai ma cellule à quatre heures du matin, Mina dormait toujours. Elle se réveilla avec le lever du soleil.

– Qui est Leila ?

Elle voulut savoir comment je connaissais l'existence de Leila et je lui répétai ce qu'elle avait dit à son arrivée ici.

– Leila est ma sœur.

– Comment est-elle morte ?

– Tuée dans une manifestation.

Elle poursuivit en accusant le Hezbollah d'avoir attaqué un jour une amie de Leila, Daria, sous prétexte que l'on voyait ses cheveux dépasser de son foulard. La mère de Mina qui faisait ses courses à ce moment-là avait assisté à la bastonnade. Les hommes l'avaient ensuite traînée et embarquée dans une voiture. Ses parents l'avaient cherchée partout, dans tous les hôpitaux et les comités islamiques, mais elle avait disparu. Deux mois plus tard, Leila entendit parler d'une manifestation et décida de s'y rendre. Elle proposa à Mina de l'accompagner. Cette dernière essaya de l'en dissuader, mais Leila était déterminée à y aller. Elle demanda à sa sœur ce qu'elle ferait si ce qui était arrivé à Daria lui arrivait aussi. Cela décida Mina à agir. Les deux sœurs avaient caché leur projet aux parents.

— Nous y sommes donc allées ensemble, continua Mina. Il y avait une foule énorme. Les gardes révolutionnaires ont donné l'assaut et ont tiré. Tout le monde s'est mis à courir. J'ai attrapé la main de Leila et cherché un endroit hors de danger, mais elle est tombée. Je me suis retournée : elle était morte.

Je racontai à mon tour la manifestation de la place Ferdosi, la mort du jeune homme, la résolution de me suicider en rentrant chez moi et finalement, au lieu d'avaler les somnifères de ma mère, ma décision de réagir et de rendre justice.

— Qu'as-tu fait ?

— J'ai écrit un article à propos de la manifestation sur un bristol que j'ai affiché sur un mur de mon école. C'est ce qui m'a décidée à lancer un journal.

— Deux à trois fois par semaine, je suis sortie vraiment tard la nuit pour écrire ce qui était arrivé à Leila à la bombe sur les murs de la ville. J'ai aussi inscrit des slogans contre Khomeiny et le gouvernement. Ce sont tous des assassins.

— Mina, j'ai failli être exécutée. Ils te tueront si tu continues de calomnier Khomeiny et le gouvernement. J'ai perdu des amis et je sais ce que tu ressens. Malheureusement, ta mort ne résoudra rien du tout.

— Tu as donc choisi de coopérer et de vivre, me défia-t-elle d'un regard perçant.

– Les choses ne se sont pas tout à fait présentées comme ça : ils ont menacé de s'en prendre à ma famille et à ceux que j'aime. Je ne pouvais pas risquer de les mettre en danger.

– Je comprends, mais ma famille est détruite de toute façon. Mon père est diabétique et cardiaque, il est à l'hôpital depuis un certain temps déjà. Ma mère ne parle plus à personne depuis la mort de ma sœur. Nous sommes allées habiter chez ma grand-mère et c'est elle qui s'occupe de ma mère. Les gardes peuvent me menacer autant qu'ils veulent, ça ne peut pas être pire. Et c'est en partie ma faute. J'aurais dû empêcher Leila d'aller manifester. Ça ne serait pas arrivé. Tout le monde aurait été épargné.

– Tu ne peux pas t'accuser.

– C'est ma faute.

– Est-ce que Leila aurait souhaité que tu sois exécutée ?

– Elle aurait souhaité que je fasse ce qui est juste.

– Est-ce juste de se suicider ?

– Je ne me suicide pas !

– Si tu t'opposes aux gardes et aux interrogateurs, ils te tueront. Alors, ne discute pas. Un peu de coopération et tu auras la vie sauve.

– Je ne vais pas coopérer avec ceux qui ont assassiné ma sœur.

– Ils t'assassineront aussi, et à quoi cela mènera-t-il ?

– Je ne peux pas vivre dans la culpabilité.

– Ne gâche pas ta vie pour rien.

– Tu ne me feras pas changer d'avis. Tu crois vraiment que la vie vaut la peine d'être vécue ?

– Tu ne sais pas de quoi demain sera fait, tu ne sais pas ce qui peut se passer dans deux, cinq ou dix mois.

Tu devrais te donner une chance. Dieu t'a donné la vie ; vis-la !

— Je ne crois pas en Dieu. Et même s'il existe, il est cruel.

— Je crois en Dieu et je ne pense pas qu'Il soit cruel ; c'est nous qui sommes parfois cruels. Que tu sois venue au monde ou pas, Leila aurait connu le même destin. Dieu t'a fait ce cadeau d'être sa sœur, de la connaître et de l'aimer, et il t'a fait don de souvenirs partagés avec elle. Et maintenant, tu peux vivre et faire de belles choses en sa mémoire.

— Je ne crois pas en Dieu, répéta-t-elle en détournant le regard.

Mina dormit le reste de la journée. Je comprenais son amertume. Sa colère s'était mue en une haine qui la consumait. Ma foi en Dieu m'avait donné espoir. Cela m'avait permis de croire en la bonté malgré toute la veulerie dont j'étais entourée.

Le soir, Ali vint frapper à la porte. Mina ne bougea pas et n'ouvrit même pas un œil. Ali m'emmena à nouveau dans une autre cellule. J'essayai de lui parler de Mina, mais il n'en avait pas envie.

Il me raccompagna à ma cellule avant le *namaz*. Il faisait encore nuit. Quand la porte se referma derrière moi, la pièce était noire. Je ne voyais rien. Je m'assis tout de suite par terre pour éviter de marcher sur Mina. Il n'y avait aucun bruit. Je rampai en tâtonnant. Mina n'était pas là.

— Mina ?

La lumière se fit au son du muezzin et d'*Allabo akbar*…

— Mina !

— *Allabo akbar*…

Mina est partie. Ali était avec moi cette nuit. Mon Dieu. Hamehd l'aura emmenée et Ali ne le sait pas. J'essayais de réfléchir. Peut-être était-elle encore en vie. Que pouvais-je faire ? J'étais certaine qu'Ali était en route pour le bâtiment des interrogatoires. Je pouvais frapper à la porte de ma cellule et alerter un garde qui irait le chercher. D'un autre côté, sa présence au bâtiment des interrogatoires pourrait la sauver. Je devais attendre.

Je marchais de long en large dans ma cellule, six pas suffisaient en longueur et trois en largeur. Je revoyais la nuit de mon exécution en flash-back. J'avais assisté aux derniers instants de quatre jeunes gens et je ne connaissais même pas leur identité. Leurs familles avaient-elles été averties de leur exécution ? Où avaient-ils été incinérés ? Mina risquait de subir le même sort. Je me mis à tambouriner à la porte de ma cellule.

— Il y a quelque chose qui ne va pas ? demanda une voix masculine.

— Pouvez-vous aller chercher frère Ali, s'il vous plaît, et lui dire que j'ai besoin de lui parler ?

Il accepta.

Je continuai de marcher, le cœur battant. Comme je n'avais pas de montre, il m'était impossible de savoir depuis combien de temps j'attendais, mais le muezzin n'avait pas encore annoncé le *namaz* de midi. J'avais la tête qui tournait et titubais d'un mur à l'autre en me disant que je pouvais sûrement faire quelque chose de plus. Je me mis à invoquer tous les saints que je connaissais. *Saint Paul, aide Mina. Saint Marc, aide Mina. Saint Matthieu, aide Mina. Saint Luc, aide Mina. Sainte Bernadette, aide Mina. Sainte Jeanne d'Arc, aide Mina.* Quand j'eus épuisé tous les noms de saints connus, je frappai de nouveau à la porte.

– Je l'ai prévenu, me répondit la voix.

– Qu'a-t-il dit ?

– Qu'il arrivait le plus vite possible.

Je me mis dans un coin et fondis en larmes.

– *Allabo akbar...*, annonça le muezzin. *Allabo akbar...*

La porte de ma cellule s'ouvrit. Ali entra et referma la porte derrière lui. Il resta figé en me fixant dans les yeux.

– Je suis arrivé trop tard, finit-il par dire. Elle est morte hier soir pendant l'interrogatoire.

– Comment ça ?

– Hamehd dit qu'elle lui répondait, il l'a giflée, elle est tombée et s'est cogné la tête contre quelque chose.

– Mon Dieu ! Et tu le crois ?

– Ce que je crois n'a aucune importance.

J'avais envie de pleurer, mais je n'y arrivais pas. Je voulais hurler, mais cela ne sortait pas. Je voulais empêcher toutes ces horreurs, mais j'en étais incapable.

Ali s'assit près de moi.

– J'ai essayé.

– Pas assez, criai-je.

Il partit.

Ali ne vint pas me rendre visite pendant cinq ou six jours, et je passais le plus clair de mon temps à dormir, ravagée par la mort de Mina. Un matin, il finit par revenir avec une jeune femme du nom de Bahar qui tenait un bébé dans ses bras. Ali n'ouvrit pas la bouche, mais nos regards se croisèrent et j'eus l'impression qu'il voulait me parler, mais il repartit tout de suite.

Le bébé avait cinq mois, un beau petit garçon du nom d'Ehsan. Bahar était de Rasht, une ville du nord de l'Iran, sur la côte caspienne, près de chez nous. Elle avait des cheveux noirs courts et ondulés, et malgré les ombres inquiètes qui assombrissaient son regard, elle parlait et bougeait d'une manière calme et confiante. Avec son mari, elle était active dans le groupe des Fadayian. Ils s'étaient fait arrêter chez eux et avaient été amenés à Evin. Elle n'avait pas été fouettée ni battue pendant l'interrogatoire.

Le soir, Ali vint m'appeler derrière la porte. Avant que je ne sorte, Bahar prit ma main dans les siennes et me dit que tout irait bien. Elle avait les plus grandes mains que j'aie jamais vues, et leur contact me réchauffa.

Comme d'habitude, Ali me conduisit dans une autre cellule. Il était silencieux. Il s'assit dans un coin et m'observa en train d'enlever mon tchador.

— Ne me juge pas si durement, dit-il brusquement.

— Mina est morte. Une innocente est morte et tu te soucies de mon jugement ? Bien sûr que je te juge sévèrement. Que puis-je faire d'autre ? Tu es le chef ici.

— Je ne suis pas le chef. J'ai essayé, mais je n'ai rien pu faire.

— Qui est le chef dans ce cas ?

— Marina, je fais tout ce que je peux. Il faut me croire. Ce n'est pas facile. Et je veux que tu comprennes que je ne tiens pas à en parler.

Quand je rentrai dans ma cellule, à quatre heures du matin, tout était calme et je m'avançai sur la pointe des pieds.

La voix de Bahar retentit dans l'obscurité :

— Tu vas bien ?

— Oui, désolée de t'avoir réveillée.

— Je l'étais déjà. Tu veux parler ?

— De quoi ?

— De ce que tu veux. Nous avons parlé de moi jusqu'ici, c'est à ton tour maintenant, et ne me dis pas que ça va, parce que je sais que tu n'es pas bien.

J'essayai de retenir mes larmes. Elle me prenait par surprise. Par où commencer ?

— J'ai envie de te parler, mais je ne peux pas.

— Essaie. Tu n'as pas besoin de tout me dire.

— Je suis la femme d'Ali.

— Tu n'es pas sérieuse.

— Mais si.

— Comment est-ce possible ? Il a arrêté sa propre femme ?

— Non. Je ne le connaissais pas avant Evin. C'était l'un de mes interrogateurs. Quand l'autre, Hamehd, m'a emmenée au peloton d'exécution, Ali m'a libérée. Il a ensuite menacé de faire du mal à mes proches si je ne l'épousais pas. Je n'ai pas eu le choix.

— C'est du viol !

— Ne dis rien à personne, mes amies du 246 ne le savent pas.

— Tu es sa *sigheh* ?

— Non, il a contracté un mariage permanent.

— Dans ces circonstances, je ne sais pas si un mariage permanent est mieux. Avec le *sigheh*, tu avais au moins la certitude qu'il te laisserait au bout d'un certain temps. Mais maintenant...

– Ça me va.

– Comment peux-tu dire ça ?

C'était fini. Je fondis en larmes. Le bébé se réveilla. Bahar le prit dans ses bras pour le calmer et lui chanta une berceuse de son invention qui parlait de la mer Caspienne, des grandes forêts du Nord et des enfants qui s'y amusaient sans se méfier.

Il m'était facile de communiquer avec Bahar. Je lui parlai de Gita, Taraneh et Mina ; j'avouai à quel point je me détestais de n'avoir pas été capable de les aider. Elle répondit qu'elle aussi avait perdu des amis et s'accusait d'être encore en vie.

Je voulus savoir comment les choses se passaient à l'extérieur avant son arrestation, et elle me répondit que rien n'avait vraiment changé. Le gouvernement islamique avait réussi à resserrer l'étau. Les gens sans instruction suivaient aveuglément Khomeiny parce qu'ils voulaient aller au paradis, et les gens instruits et cultivés se taisaient pour éviter la prison, la torture et l'exécution. Il y en avait aussi qui ne croyaient pas aux mollahs, mais les approuvaient par opportunisme si cela pouvait servir leur carrière ou leurs intérêts.

Bahar rejoignit le 246 au bout de trois semaines et je recommençai à me sentir seule. Une nuit, à la mi-septembre, je demandai à Ali de me permettre de retourner au 246 et il accepta. Il avait acheté du riz et du poulet rôti.

– Ton nouveau procès aura lieu demain.

Je n'en ressentis ni joie ni excitation. Même si j'étais acquittée, cela ne changerait pas grand-chose. J'étais mariée à Ali et ma vie était auprès de lui. Il m'informa que je pouvais y assister.

– Je devrai dire quelque chose ?

– Non, sauf si on t'interroge. Je serai là, ne t'inquiète pas.

Il avait d'autres nouvelles. Sarah se rétablissait et était retournée au 246. On l'avait condamnée à huit ans.

– Huit ans ! Et tu m'avais promis que tu l'aiderais !

– Marina, je l'ai aidée. Cela aurait été pire si je n'étais pas intervenu. Elle ne va pas rester ici pendant toute la durée. J'essaierai de la mettre sur la liste des mises en liberté conditionnelle.

– Je suis désolée, Ali. Tu as raison. Je ne sais vraiment pas ce que j'aurais fait sans toi.

– C'est la chose la plus gentille que tu ne m'aies jamais dite, s'esclaffa-t-il.

Il avait raison.

Le lendemain, Ali vint me chercher. La salle d'audience se trouvait dans un autre bâtiment, à dix minutes de marche. Les employés et les gardes s'affairaient d'un bâtiment à l'autre, traînant parfois des prisonniers derrière eux. Presque toutes les personnes que nous croisions saluaient Ali, la main droite sur le cœur, en s'inclinant légèrement. Ils hochaient la tête, les yeux baissés, en me voyant. Les musulmanes ne doivent pas regarder un homme dans les yeux, sauf leur mari, leur père, leurs frères et quelques autres membres de la famille, et j'étais contente de me conformer à cette règle. Ali salua également ses amis et collègues et leur adressa des mots gentils. Nous pénétrâmes dans le tribunal, un bâtiment en briques de deux étages pourvu de fenêtres à barreaux ; les couloirs étaient sombres. Ali frappa à une porte close et une voix grave nous dit d'entrer. Trois mollahs assis derrière des bureaux se levèrent pour serrer la main d'Ali. Je baissai les yeux en disant : *Salam aleikoum* en même temps qu'ils me saluaient. On nous pria de nous asseoir.

– Au nom de Dieu miséricordieux et bon, commença le mollah du milieu, la cour de justice islamique est déclarée officiellement ouverte. Mlle Marina Moradi-Bakht a été condamnée à mort par exécution en janvier 1982, mais après avoir reçu la grâce de l'imam, sa peine s'est commuée en prison à vie. Depuis, sa condition a évolué de façon significative. Elle s'est convertie à l'islam et a épousé M. Ali-eh Mousavi qui a toujours protégé l'islam au mieux de ses compétences et qui a montré, en de nombreuses occasions, son sens du sacrifice en servant l'imam. À la lumière de ces changements, la cour a réexaminé son cas et a réduit sa peine à trois années de prison ; huit mois ont déjà été effectués.

Tous les mollahs se levèrent, serrèrent la main d'Ali et nous convièrent à prendre le thé. Le procès était terminé.

Quelques jours plus tard, je retournai à la chambre 6 au premier étage du 246. Dès que j'entrai dans la chambre, je me retrouvai nez à nez avec Sheida et Sarah. Nous nous enlaçâmes comme des sœurs perdues de vue, bientôt rejointes par Sima et Bahar qui nous étouffèrent presque. Le petit garçon de Sheida, Kaveh, six mois, avait incroyablement grandi.

– Que fais-tu en bas ? demandai-je à Sheida une fois assise dans un coin tranquille.

– Ils m'ont mise là depuis deux semaines. Où étais-tu ?

– Dans une cellule, seule, au 209.

– Pourquoi ?

– J'avais des migraines et je ne pouvais plus supporter le bruit ici.

– Je vois.

Je savais qu'elle ne me croyait pas, mais elle ne posa pas de question. Elle m'apprit que sa peine avait été commuée en prison à perpétuité, mais son mari était toujours condamné à mort.

– Je songe à envoyer Kaveh chez mes parents. J'ai le droit de le garder jusqu'à ses trois ans, mais je trouve égoïste de le retenir ici. Il n'a jamais vu un arbre, une fleur, une balançoire ni un autre enfant.

C'était la vérité : des murs, des barbelés et des gardes armés constituaient son seul univers. Il ne méritait pas ça. Mais chaque fois que Sheida envisageait de l'envoyer chez ses parents, son cœur se brisait. Elle n'était pas sûre d'en avoir le courage.

Avec Sarah, nous commençâmes à travailler dans une petite fabrique de couture qui s'était ouverte dans la prison. Nous confectionnions des chemises d'hommes et ce travail nous plaisait car cela nous occupait toute la journée. Les gardes nous affirmèrent que nous serions payées à notre libération, mais les salaires étaient si bas que ce n'était même pas la peine de s'en préoccuper. Sarah paraissait aller mieux. Bien qu'elle continuât d'écrire sur son corps et sur chaque surface où il était possible de le faire, elle se concentrait sur son travail à la fabrique.

J'espérais aussi qu'Ali se lasse de moi, mais cela n'arriva pas. Mon nom résonnait dans les haut-parleurs trois soirs par semaine. Je le rejoignais pour la nuit au 209 et revenais au 246 à temps pour le *namaz* du matin. La plupart des filles ne me demandaient jamais où j'avais passé la nuit, mais quand cela arrivait, je répondais que j'étais bénévole à l'hôpital de la prison. Trois ou quatre filles subissaient le même sort la nuit et revenaient généralement avant le lever du soleil. Nous évitions de nous parler.

La routine quotidienne à Evin s'étala sur des jours, des semaines, des mois. Nos vies d'antan s'éloignaient de plus en plus, et notre espoir de retour à la maison s'estompait pour n'être plus qu'un rêve. Pourtant, nous gardions cet espoir au fond du cœur et refusions de le laisser mourir.

Chapitre 17

Un soir de février, Ali m'annonça avec un sourire jovial et enfantin :

— J'ai une bonne nouvelle. Akram a téléphoné ce matin. Le docteur lui a dit qu'elle était enceinte !

Je m'en réjouis pour elle.

— Elle m'a aussi raconté ton rêve et la prière. Elle prétend qu'elle te doit son bonheur et m'a fait promettre de t'accompagner chez elle immédiatement.

Je ne répondis rien. Ali me regarda en souriant.

— Qu'as-tu manigancé d'autre dans mon dos ?

— Je n'ai rien fait dans ton dos.

— Pourquoi ne m'as-tu rien dit ?

— C'était une affaire entre femmes.

— Tu as toujours peur de moi, c'est ça ?

— Aurais-je des raisons ?

— Non, jamais de la vie. Il est vrai que nous pensons différemment, mais, dans un sens, je te fais davantage confiance qu'à moi-même. Si ce bébé naît, Akram considérera qu'elle a une dette éternelle envers toi.

— Dieu a répondu à la prière d'Akram. Je n'ai rien à voir là-dedans.

Akram était euphorique. Je n'avais jamais vu quelqu'un d'aussi heureux.

— Quand Ali a appelé pour dire que tu venais, j'ai demandé à Massoud de courir à la boulangerie et de rapporter des choux à la crème. Je me souviens combien tu les aimes.

Nous étions en train de préparer le dîner. Akram sortit deux grosses boîtes blanches du réfrigérateur.

— Juste ciel, Akram ! Tu as assez de choux à la crème pour nourrir une armée !

— Massoud est tellement heureux qu'il aurait acheté la boulangerie entière si je le lui avais demandé !

— Tu lui as dit pour la prière ? lui demandai-je, persuadée du contraire.

— Je l'ai dit à tout le monde !

— Il ne s'est pas fâché contre moi ?

— Fâché ? Pourquoi ?

— Je ne sais pas... Une prière chrétienne !

— Ça lui est égal ! La prière a fonctionné, non ? Nous allons avoir un bébé ! C'est tout ce qui compte. Il dit que Marie est citée dans le Coran comme une femme remarquable et qu'il n'y a pas de mal à lui demander son aide.

Le bonheur d'Akram m'arrivait comme une gifle en plein visage, mais je culpabilisais de prendre ombrage de sa joie.

— Qu'est-ce que tu as, Marina ? Ali est fâché contre toi ? Parce que s'il l'est, je...

— Ali n'est pas fâché.

Je disposai les choux dans un plat de service, ils sentaient bon. Akram n'avait pas le droit d'être aussi favorisée quand d'autres jeunes mamans comme Sheida croupissaient à Evin. Ce n'était pas juste.

– Mais tu as l'air si triste, Marina. Qu'est-ce qui ne va pas ?

– Je suis désolée. Je suis ravie pour toi, mais je ne peux pas m'empêcher de penser à une amie, Sheida. Elle était enceinte et s'est fait arrêter avec son mari. Ils les ont condamnés à mort. Leur bébé, Kaveh, est né en prison. Il va avoir un an dans quelques mois. Il est adorable. La peine de Sheida a été commuée en prison à perpétuité, et son mari est toujours condamné à mort. Sheida veut envoyer son fils chez ses parents, mais elle n'arrive pas à s'en séparer. Il est toute sa vie. Le pauvre petit n'a jamais vu autre chose qu'Evin.

– C'est terrible. Pourquoi est-elle en prison ?

– Je ne sais pas exactement. Nous n'en parlons pas, mais je crois qu'elle est liée aux Moudjahidine.

– Les Moudjahidine sont des terroristes, Marina. Des diables.

– Sheida n'est pas un diable. C'est une femme et une mère très triste. Diaboliser quelqu'un ne justifie absolument pas de lui faire subir des choses diaboliques. Ce qui est injuste est injuste, dans les deux sens. Je suis sûre que Sheida ne mérite pas la prison à vie.

– Je vais parler à Ali. Il peut peut-être faire quelque chose pour elle.

– Ça ne coûte rien de demander, mais je ne crois pas qu'il puisse faire grand-chose. Ce n'est pas lui qui l'interroge. Il a déjà essayé d'aider des gens, mais il ne réussit pas toujours.

L'eau du samovar bouillait.

– Viens Marina, allons prendre le thé et manger des choux.

Je la serrai dans mes bras pour lui montrer combien elle m'était précieuse. Il y avait tant de tristesse et de douleur à Evin que j'en oubliais comment être heureuse.

Quatre mois plus tard, les parents d'Ali nous invitèrent à dîner pour notre anniversaire de mariage. Nous leur rendions visite environ une fois tous les 15 jours depuis que nous étions mariés, et ils étaient toujours extrêmement gentils avec moi. La grossesse d'Akram se déroulait bien ; elle devait accoucher trois mois plus tard.

— Tu offres un cadeau à ta femme pour votre premier anniversaire de mariage ? demanda M. Mousavi à son fils à la fin du repas.

Ali avait prévu de m'emmener quelques jours sur la côte caspienne.

— Mais ce n'est pas dangereux ? m'inquiétai-je.

— Seuls mes parents sont au courant. Nous logerons dans la maison de mon oncle au milieu de nulle part. Mon oncle ne le saura même pas. Il croit que mes parents y vont, et comme il est lui-même en voyage d'affaires, nous aurons la maison pour nous deux. Qu'en penses-tu ? Tu veux y aller ?

J'acquiesçai. Il proposa de partir sur-le-champ. Sa mère avait préparé une valise pour moi.

Il emprunta la voiture de M. Mousavi, une Peugeot blanche, et nous prîmes la route avant dix heures du soir.

— Comment cette idée t'est-elle venue ?

— Tu m'as dit un jour aimer la côte caspienne, et j'avais envie de faire quelque chose de spécial avec toi. Nous avons besoin de nous échapper d'Evin. La maison appartenait à l'un des ministres du shah avant la révolution. Le propriétaire a quitté le pays à peu près à la même date que le shah. Le gouvernement de la révolution islamique a confisqué sa maison de Téhéran, ou plutôt son palace, ainsi que sa maison près de Ramsar et les a mises en vente. Mon oncle a acheté la maison un très bon prix.

– Elle doit être magnifique.

– Elle l'est, tu verras. Dis-moi, pourquoi tu aimes tant cette côte ?

Je lui racontai les étés de mon enfance. À Téhéran, tout était fade et ennuyeux, mais à la mer, tout était plein de vie.

Je prenais l'air par la vitre ouverte. Au début du voyage, je ne sentais que la poussière et les gaz d'échappement, mais au fur et à mesure que nous roulions vers les monts Elbourz sur les routes montagneuses, les peupliers et les érables libéraient leurs parfums. Je respirais l'essence d'un monde disparu, d'un monde libre, d'une vie de bonheur et de toutes les belles choses qui pour moi n'existaient plus.

– Quand tu étais au front et moi au 246, j'ai entendu dire qu'une de mes amies, Taraneh Behzadi, avait été condamnée à mort.

– Taraneh Behzadi ? Ça ne me dit rien.

– Ce n'est pas toi qui l'interrogeais. Elle m'a dit que son interrogateur s'appelait Hossein, de la quatrième division. J'étais allée voir sœur Maryam pour qu'elle te prévienne. C'est comme ça que j'ai appris ton départ au front.

– Marina, je ne peux pas intervenir dans les affaires des autres divisions. Quand bien même j'étais ton interrogateur, je n'ai pas obtenu ta réduction de peine facilement.

– Elle est morte. On l'a exécutée.

– Je suis désolé.

– Vraiment ?

– Oui. Je suis désolé que ça se soit terminé ainsi, mais l'islam a ses lois ; elle les a enfreintes, elle en a été punie.

– Ses crimes étaient-ils affreux au point de justifier son exécution ?

– Ce n'est pas à moi d'en décider. Je ne la connaissais même pas. Je ne sais même pas ce qu'elle a fait.

– Dieu donne la vie et Lui seul peut la reprendre.

– Marina, tu as le droit d'être en colère. C'était ton amie et tu as voulu l'aider. Mais même si j'avais été sur place, je ne crois pas que j'aurais pu la sauver. Les interrogateurs, les tribunaux également, commettent des erreurs. J'ai essayé d'aider des gens dont les condamnations me paraissaient excessives, mais je n'y suis pas toujours parvenu. J'ai bien essayé d'aider Mina, non ? Et ça n'a pas marché.

– Taraneh ne méritait pas la mort.

J'eus la vision de Taraneh avec ses grands yeux couleur d'ambre et son triste sourire. Ali regardait la route fixement.

– J'ai entendu une chose horrible et je voudrais savoir si c'est vrai !

– Quoi ?

– Tu crois que les vierges vont au paradis quand elles meurent ?

– Marina, je sais où tu veux en venir.

– S'il te plaît, réponds-moi.

– Non, je ne crois pas cela. Et Dieu seul décide qui va au paradis et qui va en enfer. Pas moi. On ne viole pas les jeunes filles avant de les exécuter. Tu ne dois pas croire tout ce que l'on raconte.

Il faisait nuit et je ne distinguais pas les traits de son visage, mais sa respiration s'accéléra.

– Quand tu étais sur le point d'être exécutée, tu t'es fait violer ?

– Non.

J'avais envie d'ajouter : « Pas avant l'exécution, mais six mois après », mais je m'abstins.

– Marina, je comprends ta colère, mais je te promets que ton amie ne s'est pas fait violer.

Ses mots ne me réconfortèrent absolument pas.

À notre arrivée, il était deux heures du matin. Ali sortit de la voiture pour ouvrir un grand portail en fer forgé, et nous nous engouffrâmes sous une voûte d'arbres le long d'une allée pavée. La propriété, boisée, me rappela en beaucoup plus vaste notre maison au bord de la mer. On entendait les criquets et le vent bruisser entre les branches. Une fois le moteur arrêté, je pus enfin entendre la mer et les vagues s'échouer sur le rivage, rythmant le silence de la nuit.

De couleur blanche, la maison faisait deux fois la taille de celle de mes parents. De chaque côté de l'escalier du perron trônait un lion de pierre gros comme un chien. Ali tourna la clé dans la serrure et nous entrâmes. Le salon était meublé de fauteuils de style français et de tables basses avec des plateaux de verre. Le sol était jonché de tapis de soie persans. Un grand escalier, comme dans *Autant en emporte le vent*, menait à l'étage qui comptait six chambres à coucher. Ali choisit la plus grande, avec vue sur la mer. Un grand lit bateau occupait le milieu de la pièce, flanqué de deux tables de nuit ; il y avait également une coiffeuse et une armoire. Tout était d'une propreté immaculée, ce qui me laissa penser que son oncle et sa famille avaient dû quitter la maison récemment. Je tirai les rideaux de dentelle blanche pour ouvrir une fenêtre et perçus l'odeur des embruns. Je me demandai ce qu'il avait bien pu advenir des anciens propriétaires. Ils avaient dû tellement se plaire ici que cette propriété devait leur manquer quel que soit l'endroit où ils se trouvaient.

— Tu es sur la liste des mises en liberté conditionnelle, annonça Ali, debout derrière moi.

— Qu'est-ce que ça veut dire ?

— Que tu seras officiellement libre dans trois mois environ.

Officiellement libre. Quel terme étrange ! Comme si j'étais véritablement libre. Je ne comprenais pas ce que signifiait « liberté » pour Ali, lui qui me privait de ma liberté pour toujours. Je ne répondis rien.

— Tu n'es pas contente de cette nouvelle ?

— Je ne sais pas, Ali. Je ne sais plus quoi penser. Même si je suis officiellement libre, je ne peux aller nulle part.

— Mais si, tu pourras. Nous irons chez nous. Les choses s'arrangent. D'ici à ta libération, il n'y a plus rien à craindre.

Il m'attrapa par les épaules et me fit pivoter face à lui. Il me caressa les joues et se rendit compte que je pleurais.

— Pourquoi pleures-tu ?

— Je ne sais pas. Ce sont les souvenirs, je crois. Je n'y peux rien.

Le regard d'Ali était la plupart du temps dénué d'expression, mais de temps en temps j'y percevais des éclairs intenses qui me terrorisaient. Je baissai les yeux. Quand je les relevai, il regardait par la fenêtre, le dos tourné.

– Marina, tu me hais toujours ? demanda-t-il en se retournant.

– Plus maintenant. Je te haïssais au début, mais plus maintenant.

– M'aimeras-tu un jour ?

– Je ne sais pas, mais je sais que tant que tu travailleras à Evin et que tu feras du mal aux gens, je ne pourrai pas t'aimer. Et n'oublie pas que tu m'as forcée à t'épouser. Je suis ta captive.

– Je ne veux pas que tu me considères comme ton ravisseur.

– Mais c'est pourtant la vérité.

– Non, c'est ta perception de la vérité.

– Que veux-tu dire ?

– Tu ne comprends pas ? Tu serais morte si je ne t'avais pas secourue. Tu pensais réellement pouvoir t'en tirer comme ça ? Crois-tu vraiment que Hamehd et les autres en seraient restés là ? Tu es naïve. Je te désirais, mais je ne suis pas si égoïste. S'il y avait eu un autre moyen, je t'aurais laissée partir et je me serais probablement tiré une balle dans la tête. Dans un sens, nous sommes tous deux captifs. Avant la révolution, j'ai passé trois ans en prison comme prisonnier politique. Je sais ce que c'est que de vouloir rentrer chez soi. Laisse-moi pourtant te dire une bonne chose : ta « maison » n'est plus telle que tu l'as quittée, ou même si elle l'est, toi tu n'es plus la même. Ta famille ne te comprendra jamais ; tu seras seule pour le restant de tes jours. Je perds mon temps à t'expliquer tout cela, parce que tu es encore jeune et inexpérimentée. Tu n'as nulle part où aller. Le seul endroit sur terre pour toi, c'est moi, et pour moi, c'est toi.

Nous allâmes nous coucher, mais je ne parvenais pas à fermer l'œil. Je regardais le clair de lune se refléter sur le sol. Ali s'était endormi en me tournant le dos. Son épaule gauche se soulevait au rythme de sa respiration. J'avais dit à Taraneh que je n'avais pas subi de viol avant l'exécution, et c'était vrai. Cependant, Hamehd et les autres gardes savaient que j'étais chrétienne. Pour eux, vierge ou pas, j'irais en enfer de toute façon. Taraneh le savait, mais elle avait posé la question car, quoiqu'elle ait accepté sa condamnation à mort, elle cherchait désespérément à se raccrocher au plus petit espoir de mourir dignement. Ali m'avait assuré que les jeunes filles n'étaient pas violées avant de se rendre au peloton d'exécution. Mais lui-même ne considérait pas qu'il m'avait violée. De son point de vue, il m'avait contrainte au mariage pour mon bien. Il avait peut-être violé d'autres jeunes filles au nom du *sigheh* sans réfléchir plus avant. Je voulais bien croire qu'il n'avait jamais rien fait de tel, que j'étais la seule qu'il ait forcée à agir contre sa volonté, mais je n'avais aucun moyen de connaître la vérité.

Je me glissai hors du lit et marchai jusqu'à la plage. La mer Caspienne m'appelait comme une vieille amie. De petites vagues battaient les rochers, et les étoiles scintillaient entre les nuages. Je m'étais cru prête ; je m'étais dupée en pensant pouvoir supporter tous ces deuils. Il n'en était rien et je souhaitais partir, mue par un désir puissant de disparaître. J'entrai dans la mer ; les vagues étaient aussi douces qu'autrefois. Ici, je pourrais n'être qu'un souvenir, mais alors, tout ce que je savais serait perdu.

La voix de l'ange retentit :

– *La vie est précieuse, ne renonce pas, vis.*

– J'ai eu besoin de toi, je t'ai appelé et tu n'es pas venu. Maintenant, tu viens me dire de ne pas abandonner ? Ne pas abandonner quoi ?

– La vie est précieuse, ne renonce pas, vis !

– Que feras-tu si je plonge et que j'aspire de l'eau au lieu de l'air ? Tu me laisseras mourir, cette fois, et tu viendras me reprocher de m'abandonner au désespoir et à la douleur ? Ou tu souriras en me rendant coupable de tout ce que j'ai fait ou pas fait et en me renvoyant à ce supplice ?

Le vent me frôla et s'engouffra dans les bois et la vallée de Sefid Roud, la « rivière blanche », avant de poursuivre silencieusement à travers le désert pour atteindre l'océan.

Je retournai à la maison, dégoulinante. Ali m'attendait au portail qui menait à la mer en pleurant. Je me demandai pourquoi je ne parvenais pas à l'aimer et à oublier le passé. Il fallait que je me laisse aller comme un enfant qui découvre comment flotter dans l'eau pour la première fois.

– Je me suis réveillé et tu n'étais pas là, dit-il en me soulevant.

J'étais pleine de sable. Il me transporta comme une petite fille.

Nous rentrâmes à Evin au bout de cinq jours. Rien n'avait changé. Quatre semaines passèrent, et, fin août, je commençai à me sentir très malade. Je vomis pendant plusieurs jours. Ali décida de prendre rendez-vous avec le médecin de sa mère. Elle me fit passer des examens et m'apprit que j'étais enceinte de huit semaines. Je ne m'étais jamais imaginé pouvoir tomber enceinte. Quand j'avais accepté d'épouser Ali, j'en avais envisagé les conséquences sur ma propre vie, celle de mes parents et celle d'André. Je n'avais pas considéré la possibilité d'avoir des enfants. Maintenant, une autre vie était en cause : celle d'un innocent. Un bébé aurait besoin de moi, devrait compter sur moi et, que je le veuille ou non, aurait besoin de son père.

Ali m'attendait dans la voiture. Il exulta quand il apprit la nouvelle.

— Es-tu heureuse ?

Sa question m'énerva. Je n'étais pas contente, et ce n'était pas juste. Le bébé dans mon ventre ignorait tout de ma vie. Il n'avait besoin que de mon amour et de mon attention. Dans un sens, j'étais son ange gardien. Je ne pouvais pas me dérober.

— Je suis heureuse, mais c'est aussi un choc.

— Allons chez mes parents. J'aimerais le leur annoncer tout de suite.

Je savais qu'il faudrait le dire aux miens aussi et prévenir André. Qui allait me jeter la pierre ?

À peine arrivé chez ses parents, Ali téléphona à Akram. Ils étaient au comble de la joie, et je fus touchée de les voir heureux. Sa mère me donna des conseils toute la soirée sur les différentes étapes de la grossesse. J'avais l'impression de connaître davantage la mère d'Ali que la mienne. Je désespérais tellement de trouver le bonheur et de vivre normalement que je souhaitais pouvoir m'oublier et aimer Ali. C'était, hélas, impossible. Je ne pourrais jamais effacer ce qu'il avait commis, pas seulement envers moi, mais envers les autres.

— Tu devrais rester ici, dit la mère d'Ali. Tu as besoin de repos et d'une alimentation équilibrée.

Je refusai, mais elle insista. M. Mousavi s'en mêla.

— Elle peut rester où bon lui semble. Elle est la bienvenue chez nous. C'est sa maison autant que celle d'Ali, mais elle veut peut-être rester auprès de son mari. La grossesse n'est pas une maladie. Elle va bien.

Akram arriva et m'embrassa affectueusement. Elle devait accoucher le mois suivant, et comme elle était plutôt petite, son ventre paraissait démesurément grand. Nous allâmes discuter tranquillement dans son ancienne chambre.

– Marina, je n'ai jamais été aussi heureuse de ma vie ! C'est merveilleux ! Nos enfants vont grandir ensemble, ils auront pratiquement le même âge.

Je me détournai d'elle.

– Qu'y a-t-il ?

– Rien. C'est juste que j'ai tout le temps la nausée.

– Tu es heureuse d'être enceinte ?

Je n'avais pas envie d'entendre cette question et encore moins d'y répondre. Cela me brisait le cœur, car je savais que je ne désirais pas cette grossesse. Je faisais tout mon possible, mais je n'y arrivais pas, et cela me faisait mal.

– Tu ne veux pas de l'enfant, c'est ça ?

– Non, mais je ne supporte pas de réagir comme ça. Dieu sait si j'ai essayé !

– Ce n'est pas ta faute. Tu as peur. Viens, sens mon enfant bouger.

Elle posa ma main sur son ventre et je sentis son coup de pied.

– Ton bébé va grandir et bouger comme le mien. C'est la plus belle expérience du monde. Donne-toi une chance. Je suis sûre que tu aimeras ce bébé plus que tu ne l'imagines. Je serai avec toi et je t'aiderai. Ne t'inquiète pas. Et Ali t'aime profondément, tu es tout pour lui.

Akram était vraiment devenue comme une sœur, et, que je le veuille ou non, je faisais partie de la famille. Je me sentais plus aimée et plus choyée avec eux que je ne l'avais jamais été dans mon ancienne vie. Leur amour me faisait culpabiliser, car je me rendais compte que je les aimais en retour. Or l'amour n'est pas censé rendre honteux. L'amour n'est pas un péché, et cependant je le vivais ainsi. Cela signifiait-il que j'aimerais Ali un jour ? Et que j'avais complètement trahi mes parents et André ?

Cette nuit-là, dans l'obscurité d'une cellule, Ali et moi étions restés réveillés.

– Marina, je démissionne demain.

Je fus surprise de l'entendre, même si je m'y attendais. Bien qu'Ali parlât rarement de ses activités, je vivais à Evin et j'avais pu me rendre compte combien son travail était frustrant. Je l'avais remarqué quand, suite à la mort de Mina dont je lui avais fait le reproche, j'avais senti combien son champ d'action était limité. Il avait perdu la bataille contre Hamehd.

– Pourquoi ?

Il ne voulait pas en parler, mais j'estimais que j'avais le droit de savoir. Ali s'était disputé avec le procureur de Téhéran, Assadollah-eh Ladjevardi, dont Evin dépendait.

– Avec Assadollah, nous sommes amis de longue date. Il a aussi été fait prisonnier à Evin sous le shah. Mais maintenant, il va trop loin. J'ai essayé de mener les choses à ma façon à la prison, mais je n'y suis pas arrivé. Il ne veut rien entendre.

J'avais rencontré Ladjevardi à deux reprises : lorsqu'il était venu faire le tour de la fabrique où je travaillais et quand Ali et moi l'avions croisé alors qu'il se garait. Il était venu nous saluer chaleureusement. Ali me l'avait présenté, et il avait répondu qu'il avait entendu parler de moi et qu'il était enchanté de faire ma connaissance. Il nous avait souhaité beaucoup de bonheur et m'avait confié qu'il était fier que je me sois convertie à l'islam.

— Je t'avais promis une belle vie quand nous nous sommes mariés. Et je vais te l'offrir, loin d'ici. Je vais travailler avec mon père, et nous mènerons une vie normale. Tu as été courageuse, patiente et forte ; je t'en savais capable. Maintenant, il est temps de rentrer chez nous. Il me faut trois semaines pour terminer ce que j'ai à faire.

Soudain, quitter Evin devenait une réalité, mais je n'en ressentis aucune joie. Je savais que je resterais prisonnière d'Ali à vie.

— Je dois le dire à mes parents.

Je ne me voyais pas taire mon mariage plus longtemps, pas avec l'enfant que je portais.

Nous entendîmes des coups de feu au loin. Ali m'avoua qu'il repensait souvent à la nuit où j'avais failli mourir.

— Si j'étais arrivé ne serait-ce que quelques secondes plus tard, c'était fini. Je ne te l'ai jamais dit, mais j'en fais parfois des cauchemars. Toujours le même : j'y suis, et c'est trop tard. Tu es par terre, couverte de sang.

— C'est ce qui aurait dû se passer.

— Non ! Dieu m'a aidé à te sauver.

— Et les autres, alors ? Eux aussi étaient attendus par des gens dehors. Des gens qui les aimaient et qui ne voulaient pas qu'ils meurent, comme tu ne voulais pas que je meure.

— La plupart d'entre eux l'avaient cherché.

— Non, c'est faux ! Tu n'es qu'un être humain, comment peux-tu dire que tu connaissais toutes les données ? Prendre des décisions sur la vie et la mort nécessite une compréhension totale du monde que nous n'avons pas. Seul Dieu peut prendre ce genre de décisions. Il est le seul à tout connaître.

J'étais en pleurs et dus m'asseoir pour reprendre ma respiration.

— Je suis désolé. Je ne défends pas la violence, mais parfois il n'y a pas le choix. Si quelqu'un te tient en joue et que tu as l'occasion de tirer pour te défendre, tu le fais ou tu te laisses mourir sans te battre ?

— Je ne tuerai jamais un être humain.

— Dans ce cas, les méchants vaincront et tu perdras.

— Si le prix de la victoire est de tuer, je préfère perdre. Ceux qui seront témoins de ma mort ou qui en entendront parler sauront que je suis morte parce que j'ai refusé de céder à la haine et à la violence. Ils s'en souviendront et un jour, peut-être, ils trouveront un moyen pacifique de vaincre le diable.

— Marina, tu vis dans un monde idéal qui n'a rien à voir avec la réalité.

Contrairement à Ali, je ne dormis pas de la nuit. Il me semblait qu'il commençait à prendre conscience que la violence ne servait à rien — torturer et exécuter des adolescents n'apporterait jamais rien de bon. Cela ne pourrait jamais plaire à Dieu, en aucune façon. Sans doute était-ce la raison de son attitude envers moi : il m'avait sauvée de la mort et épousée pour manifester, d'une manière étrange et tout à fait personnelle, son opposition à l'égard de ce qui se passait à Evin.

Le lundi 26 septembre, j'allai avec Ali dîner chez ses parents. Deux semaines s'étaient écoulées depuis sa démission. Pendant le repas, il m'apprit que nous quitterions Evin la semaine suivante pour retourner nous installer chez nous.

Il était onze heures quand nous saluâmes tout le monde et sortîmes. Comme il faisait froid, les parents d'Ali ne nous accompagnèrent pas. La porte de métal donnant sur la rue grinça en se refermant. Nous marchâmes jusqu'à la voiture, garée à cent cinquante mètres dans une rue plus large. Un chien aboya. Le moteur bruyant d'une moto vint soudainement troubler le calme. Je vis qu'elle fonçait sur nous. Deux silhouettes noires surgirent, et aussitôt je compris. Ali le sut instinctivement aussi. Il me poussa, je perdis l'équilibre et tombai. Des coups de feu retentirent. L'espace d'un instant, entre la vie et la mort, une masse noire en apesanteur s'abattit sur moi comme au ralenti. Puis je distinguai une lueur et sentis une douleur dans les os. Ali gisait sur moi. Je me retournai avec difficulté.

– Ali, ça va ?

Il grommela, en état de choc, et me regarda avec douleur. Mon corps et mes jambes se réchauffèrent étrangement, comme enveloppés dans une couverture.

Ses parents accoururent.

– Une ambulance ! m'écriai-je. Appelez une ambulance !

Sa mère se précipita à l'intérieur ; son tchador blanc avait glissé sur ses épaules, dévoilant ses cheveux gris. Son père s'agenouilla à côté de nous. Ali me demanda si j'allais bien. J'avais mal, mais je n'avais rien de cassé. J'étais couverte de son sang.

– Je vais bien.

Ali agrippa ma main.

– Père, renvoie-la chez ses parents, parvint-il à articuler.

Je le tenais contre moi, la tête appuyée contre ma poitrine. S'il ne m'avait pas poussée, les balles m'auraient atteinte aussi. Il venait à nouveau de me sauver la vie.

— Dieu, je Vous en supplie, ne le laissez pas mourir !

Il sourit.

Je l'avais haï, j'avais été en colère contre lui, j'avais essayé de lui pardonner et de l'aimer, en vain.

Il luttait pour respirer, son torse se soulevait avant de retomber. Il s'immobilisa d'un coup. Le monde continuait de tourner, mais sans nous. Nous étions du mauvais côté. Je voulais traverser la mort et l'en ramener.

Les gyrophares d'une ambulance... Une douleur abdominale... Et un grand fondu au noir...

Je suis dans une forêt avec mon bébé dans les bras. Un magnifique petit garçon aux grands yeux noirs et aux joues roses. Il attrape mes cheveux en riant. Je ris aussi et, levant les yeux, je vois l'ange de la mort. Je cours vers lui. Il sourit de son air doux et familier. Son odeur m'enveloppe. J'ai l'impression que je l'ai vu la veille, comme s'il ne m'avait jamais quitté.

— Allons nous promener, propose-t-il.

Nous empruntons un sentier dans la forêt. Je le suis. C'est une belle journée et on dirait qu'il vient de s'arrêter de pleuvoir. Les feuilles des arbres sont couvertes de gouttes de pluie. Il y a des buissons de roses partout. Je tombe et le vois disparaître derrière un arbre. Je presse le pas pour essayer de le rejoindre. Je le retrouve sur mon rocher aux prières. Je m'assois à ses côtés.

— Tu as un fils merveilleux.

Le bébé se met à pleurer et je ne sais pas quoi faire.

— Il a probablement faim. Tu devrais l'allaiter.

Et comme si j'avais fait ça toute ma vie, je lui donne le sein. Il boit, un sourire aux lèvres.

J'ouvris les yeux. J'étais sous perfusion. Je regardais les gouttes et le tube planté dans ma main droite. J'étais allongée dans le noir, éclairée par une veilleuse, sur un lit blanc tout propre, un téléphone posé sur ma table de nuit. J'attrapai le combiné de la main gauche en m'étirant et ressentis une forte douleur dans le ventre. Je me rallongeai en prenant une profonde inspiration. La douleur s'estompa. Je collai le combiné à mon oreille. La ligne était coupée. Des larmes jaillirent de mes yeux.

La porte s'ouvrit sur une lumière aveuglante. Une femme entra.

— Où suis-je ?

— Tout va bien, vous êtes à l'hôpital. De quoi vous souvenez-vous ?

— Mon mari est mort.

Mon mari est mort. Dieu du ciel, pourquoi cela fait-il si mal ?

La femme quitta la chambre et je fermai les yeux.

Il est mort, parti, et je me sens seule. Terriblement seule. J'ai presque le même sentiment qu'au moment de voir le corps d'Arash jeté dans un camion par les soldats. J'aimais Arash, je n'ai jamais aimé Ali. Qu'est-ce qui m'arrive ?

C'était le chagrin, renié, mais indéniable.

J'entendis qu'on m'appelait. J'ouvris les yeux et découvris un homme chauve à la barbe grise d'âge moyen. Il se présenta comme médecin et me demanda si j'avais mal. Il m'apprit que j'avais perdu mon enfant. Je m'effondrai.

Pendant deux jours, j'oscillai entre rêves, cauchemars et réalité, sans pouvoir déterminer ce qui était réel ou pas. À un moment de trouble, entre images floues et voix lointaines, je m'aperçus que M. Mousavi était assis près de mon lit. Je lui touchai l'épaule, il me regarda. La chambre était inondée de soleil.

– C'est trop lourd pour tout le monde, dit-il en pleurant. Nous devons pourtant nous en remettre à Dieu.

J'aurais voulu comprendre la volonté de Dieu, mais cela m'était impossible.

M. Mousavi continua de parler, mais sa voix me parut de plus en plus lointaine, jusqu'à s'effacer complètement. Je fis un rêve dans lequel André et moi nous tenions par la main sur la plage. Il y avait Taraneh, Sarah, Gita et Arash. Plus tard, je me retrouvai devant notre maison de vacances, face à la route. Ali s'éloignait de moi en me disant au revoir de la main. Je courus comme une folle pour le rattraper en criant son nom, mais il avait disparu.

Je me réveillai au contact de quelque chose de froid sur le front. C'était la main d'Akram, debout près de moi. Elle avait de gros cernes noirs et pleurait en silence. Je ne savais plus où j'étais. Elle me rappela que j'étais à l'hôpital. Je lui demandai si Ali était bien mort. Elle se glissa dans le lit à côté de moi en sanglotant et me prit dans ses bras.

Quand je recouvris finalement ma lucidité, M. Mousavi vint me dire qu'il s'occupait de ma libération, mais que je devais retourner à Evin pendant un temps. Il ajouta qu'Ali avait laissé un testament quelques jours avant son décès où il me léguait tout ce qu'il avait. Je lui fis part de mes réticences quant à la légitimité de ce legs.

– Tu n'as toujours pas l'intention d'informer ta famille de ton mariage, n'est-ce pas ?

Je ne réagis pas.

– Tu as rendu mon fils très heureux. Tu mérites de recommencer une nouvelle vie.

Assis sur une chaise près de mon lit, il tenait un chapelet de prières avec des perles d'ambre que je reconnus comme appartenant à Ali. Je questionnai M. Mousavi sur l'état de Fatemeh Khanoum. Il me dit qu'elle était très forte.

– Et Akram ?

– Elle est venue te rendre visite voici deux jours, mais tu n'étais pas en état.

– Oui, elle est venue...

Je m'en souvenais.

– Elle a accouché d'un garçon, dit M. Mousavi fièrement, souriant malgré son chagrin.

– Quand ?

– Elle a eu des contractions après l'annonce de la mort d'Ali.

Akram était dans le même hôpital que moi. Elle avait eu des saignements importants, maintenant maîtrisés, et le bébé avait fait une petite jaunisse, mais il se rétablissait.

Avant de me raccompagner à Evin, M. Mousavi m'emmena voir Akram et son bébé qu'elle avait prénommé Ali. En chemin, nous passâmes devant une grande baie vitrée derrière laquelle il devait y avoir une trentaine de bébés dans leur berceau. Certains dormaient, d'autres pleuraient. M. Mousavi en pointa un du doigt. Il hurlait, le visage rouge et fripé : c'était le petit Ali. Je voulus le prendre dans mes bras, et l'infirmière me l'apporta. Il s'arrêta de pleurer dès que je me mis à le bercer. Il se mit à sucer mon manteau car il avait faim. Incapable de contenir mes larmes, je l'emportai dans la chambre d'Akram. Elle lui donna le sein.

Mon bébé était mort. Je l'aurais adoré s'il était né, mais le sort voulait que je ne le nourrisse jamais, ne change jamais ses couches, ne joue jamais avec lui, ne le voie jamais grandir.

Quand je pénétrai dans le bureau du 246 et enlevai mon bandeau, une garde que je n'avais jamais vue auparavant me regarda fixement. Du haut de ses quarante ans passés, elle me dévisageait d'un air narquois.

– Ah, la célèbre Marina ou, devrais-je dire, Fatemeh Moradi-Bakht, te voici enfin ! Retiens bien une chose : c'est moi qui commande ici et tu n'auras pas de traitement de faveur. Tu es comme les autres. Compris ?

Je répondis d'un hochement de tête.

– Où est sœur Maryam ?

– Les sœurs qui exerçaient comme gardes révolutionnaires à Evin ont été mutées. Je suis sœur Zeinab, membre des comités islamiques. C'est nous qui nous occupons dorénavant de la prison. D'autres questions ?

– Non.

– Va dans ta chambre.

Le monde trouvait toujours moyen de me donner tort. Mais j'étais trop fatiguée pour verser une larme. Dans la chambre 6, tout le monde me fit bon accueil. La voix de Bahar couvrit toutes les autres :

– Les filles, faites-lui une place. Marina, tu vas bien ?

Je la regardai dans les yeux, et toutes les voix se turent.

Quand je revins à moi, j'étais étalée par terre, dans un coin, une couverture sur moi, et Bahar, à côté, lisait le Coran.

– Bahar.

Elle sourit.

– Je croyais que tu étais dans le coma. D'où viens-tu ?

Je lui rapportai l'assassinat d'Ali et elle en fut choquée.

– Il a eu ce qu'il méritait.

– Non, Bahar. Il ne méritait pas ça.

– Tu ne le détestes pas pour ce qu'il t'a fait ?

Pourquoi tout le monde me posait cette question ?

– Il n'était pas abject. Il y avait du bon en lui. Il était seul et triste ; il avait envie de changer, d'aider les autres, mais il n'a pas su s'y prendre – ou pas pu – à cause de gens comme Hamehd qui l'en ont empêché.

– Tu dis n'importe quoi. Il t'a violée.

– Je l'ai épousé.

– Tu désirais te marier avec lui ?

– Non.

– Il t'a forcée.

– Oui.

– Légal ou pas, un viol est un viol.

– Bahar, rien n'a de sens. Je me sens coupable de tout.

– Rien n'est ta faute.

Je lui demandai des nouvelles de son fils, Ehsan, et elle me dit qu'il faisait la sieste. Elle était sans nouvelles de son mari.

Deux semaines plus tard, on m'appela par haut-parleur. M. Mousavi m'attendait dans le bureau. Sœur Zeinab lui fit signer un papier stipulant qu'il me raccompagnerait avant dix heures du soir.

– Je t'emmène dîner chez moi, m'informa-t-il aussitôt dehors. Ces nouvelles sœurs ne sont pas sympathiques.

– Non, pas du tout.

M. Mousavi paraissait préoccupé. Une fois la barrière passée, il s'inquiéta de savoir comment j'allais. Il précisa que sa famille se portait mieux ; Dieu leur avait donné la force, et le bébé d'Akram les occupait beaucoup. Il prit ensuite une grande inspiration pour m'apprendre, de source sûre, que l'ordre d'assassiner d'Ali venait de l'intérieur. Je n'en crus pas mes oreilles.

– Hamehd ?

– Oui. C'est un des leurs, mais nous n'avons aucune preuve.

Je lui appris qu'Ali avait des problèmes avec Assadollah-eh Ladjevardi. Selon M. Mousavi, l'ordre venait de lui.

– Vous pouvez faire quelque chose pour traîner les responsables en justice ?

– Non, comme je te l'ai dit, nous n'avons aucune preuve. Et il n'y aura jamais personne pour venir témoigner.

M. Mousavi avait perdu son fils unique, et les assassins, collègues de son fils, allaient en réchapper. Cela lui était extrêmement douloureux. Quelle ironie qu'Ali soit mort pratiquement de la même façon que les jeunes gens exécutés à Evin ; le même peloton avait tiré sur Gita, Taraneh, Sirus, et maintenant sur Ali.

– J'ai une autre nouvelle à t'annoncer, Marina, poursuivit M. Mousavi. J'ai essayé d'obtenir ta libération et je n'ai pas pu.

– Pourquoi ?

– Parce que les intégristes comme Ladjevardi, très influents à Evin, estiment que tu ne dois pas retourner à ton ancienne vie. Une telle décision compromettrait ta foi en l'islam. Selon eux, tu es l'épouse d'un martyr assassiné par les Moudjahidine et, à cet égard, tu dois être protégée contre les infidèles et épouser un bon musulman le plus vite possible.

– Plutôt mourir.

Je ne pouvais pas croire de telles inepties.

– Tu n'as pas besoin d'en arriver à ces extrémités, Marina, fit-il en secouant la tête. J'ai promis à mon fils que je te ramènerais chez toi et je tiendrai ma promesse. Il faut que j'aille m'entretenir avec l'imam. Je pense pouvoir le convaincre d'établir ton ordre de libération. Cela va en excéder certains, et ils feront tout leur possible pour me mettre des bâtons dans les roues. Cela risque de prendre plus longtemps que prévu, mais tout ira bien. Tu dois rester forte. Il se peut que je ne puisse jamais traîner les assassins d'Ali en justice, mais je te protégerai, parce que tel était son souhait.

– Vous m'emmènerez sur la tombe d'Ali ?

Il m'en fit la promesse.

– Marina, l'aimais-tu un peu ?

Je fus étonnée de sa question. Je ne m'attendais pas à ce qu'il soit aussi direct avec moi.

– Peu de temps avant sa mort, il m'a demandé si je le haïssais et je lui ai répondu que non. Je ne peux pas dire que je l'aimais, mais je me souciais de lui.

311

Je n'étais jamais allée chez ses parents sans lui. J'avais l'impression qu'il allait entrer dans la pièce d'une minute à l'autre. Après le dîner, la mère d'Ali voulut me parler en privé dans l'ancienne chambre d'Akram. Elle referma la porte derrière elle, s'assit sur le lit et m'invita à la rejoindre. Elle me confia que M. Mousavi faisait tout son possible pour que je retourne chez mes parents. Je répondis que j'étais au courant.

– Je sais qu'il te l'a dit, mais je voulais te le dire moi-même. C'était le dernier souhait d'Ali, et c'est très important pour nous.

Elle m'avoua avoir perdu espoir de jamais le revoir après son arrestation par la Savak et son emprisonnement à Evin. Elle était honorée de son statut de mère de martyr, mais elle en était également terrifiée. Elle n'avait pas demandé à perdre son fils unique. Son départ au front avait ravivé sa terreur, mais son retour lui avait redonné foi en l'avenir. Elle pensait qu'il était en sécurité à Téhéran.

– Mais regarde ce qui s'est passé, sanglotait-elle. Les gens avec qui Ali travaillait l'ont poignardé dans le dos. Ils étaient censés le protéger. Des collègues en qui il avait confiance. Et dire que nous ne pouvons rien contre eux. Il a survécu au shah et à la guerre pour se faire lâchement assassiner. Nous ne pouvons qu'honorer son dernier vœu, et je te promets que nous le ferons. Nous pensons aussi qu'Akram te doit son bébé. Le petit Ali est un miracle. Il est notre espoir.

On frappa à la porte, Akram entra avec son bébé. Il avait grandi depuis l'hôpital. Avec ses bonnes joues roses et ses grands yeux noirs, il était magnifique. Je le pris dans mes bras en songeant à mon propre bébé.

J'étais reconnaissante d'avoir pu le tenir, ne serait-ce qu'en rêve.

Quelques jours plus tard, M. Mousavi me conduisit au cimetière de Behesht-eh Zahra où Ali était enterré. Behesht-eh Zahra se trouve au sud de Téhéran, sur la route de Quom, ville célèbre pour ses écoles coraniques. Akram nous accompagnait. Assises à l'arrière, nous nous tenions la main en silence. Il y avait deux heures de trajet. La route traversait le désert en une grande ligne droite. Nous roulions sur les traces de pluie de la nuit précédente, sous un ciel dégagé. La tête appuyée contre le dossier, je songeais aux êtres chers que j'avais perdus dans ma vie, mais Ali tenait une place à part. Il était différent de tous ceux que j'avais connus. Je ne pouvais pas changer ce qu'il m'avait fait ni ce qui s'était passé entre nous. Il était mort au moment où il avait commencé à se transformer. Tant d'innocents avaient perdu la vie derrière les murs d'Evin. Ils gisaient désormais sous terre dans des tombes anonymes. Ali avait participé à cela, mais il était mort injustement. Les intégristes, responsables de sa mort, l'avaient assassiné parce qu'il était devenu une menace pour eux ; il avait essayé d'améliorer les choses, il avait tenté de se libérer.

Au cimetière, je ne parvins pas à me concentrer. J'étais plongée dans une grande confusion. Akram me ramena à la réalité en me disant que nous venions d'entrer dans la partie réservée aux martyrs, Golzar-eh Shohadah. Quelques arbres poussaient çà et là. Il était presque midi et il faisait chaud, malgré une légère brise. Je transpirais au milieu de ces tombes, de ces pierres de marbre ou de ciment qui s'étendaient à perte de vue. La plupart des hommes enterrés ici étaient des victimes de guerre et ils étaient morts jeunes.

M. Mousavi et Akram s'arrêtèrent. Nous étions arrivés sur la tombe d'Ali. Son père s'agenouilla et posa les mains sur la pierre de marbre blanche. Ses épaules se mirent à trembler et ses larmes à couler. Sur la plaque gravée, on pouvait lire :

Seyed Ali-eh Mousavi
Courageux soldat de l'islam
21 avril 1954 – 26 septembre 1983

Akram mit ses mains sur les épaules de son père et se voila le visage avec son tchador.

Trois photos encadrées d'Ali étaient posées sur la tombe : sur la première, il était âgé de huit ou neuf ans et souriait, un pied posé sur un ballon de foot, mains sur les hanches ; une autre le montrait à seize ans avec une barbe naissante et l'air sérieux ; sur la troisième, il était tel que je l'avais connu, la barbe fournie et soignée, avec un grand nez et des yeux noirs intenses et tristes. Quelques roses rouges artificielles entouraient les photos ; de chaque côté, un pot de géraniums rouges. Les yeux pleins de larmes, je m'assis sur les graviers à côté de la tombe et récitai dix *Je vous salue, Marie*, pour lui, mon mari, un musulman enterré à Golzar-eh Shohadah. Ce nom signifiait « le jardin fleuri des martyrs ». Je voulais lui accorder mon pardon, même si je savais que le pardon ne venait pas tout d'un coup, mais qu'il mûrissait peu à peu. Et mon pardon n'effacerait pas la douleur qu'il m'avait causée. Aussi longtemps que je vivrais, cette douleur resterait en moi, mais mon pardon m'aiderait à transcender le passé et à faire face à tout ce qui s'était passé. Je devais le laisser s'exprimer pour me libérer moi-même.

À quelques tombes sur la droite, une vieille femme bossue nettoyait la surface d'une plaque de marbre à l'aide d'une éponge jaune dégoulinante de savon. Elle versa ensuite de l'eau claire sur la tombe avant de l'essuyer avec un chiffon sec. Elle se livra ensuite au même rituel sur la tombe d'à côté. Un vieil homme en chemise blanche et pantalon noir était assis entre les deux tombes et psalmodiait quelque chose, faisant glisser les perles de son chapelet entre ses doigts tout en regardant la vieille femme.

Personne ne nettoierait jamais les tombes de Taraneh, de Sirus ou de Gita. Jamais leurs amis ou parents ni même de simples passants ne pourraient s'arrêter, honorer leur mémoire et prier pour eux. Pourtant, moi, je me souvenais d'eux, et puisque j'avais survécu, je devais trouver un moyen de conserver leur mémoire vivante. Ma vie leur appartenait plus qu'à moi-même.

Je me redressai, sortis mon rosaire de ma poche et le déposai sur la tombe. Akram me demanda ce que c'était.

— Mon chapelet de prières.

— Il est magnifique. Je n'ai jamais vu des perles de chapelet pareilles.

— Elles sont spécialement dédiées aux prières à Marie.

En retournant vers la voiture, je jetai un œil sur les tombes qu'avait nettoyées la vieille femme avec autant de soin. Elle avait disparu avec le vieil homme. Sur l'une des tombes était inscrit le nom de Reza Ahmadi, et sur l'autre celui de Hassan-eh Ahmadi ; ils étaient nés et morts le même jour. Jumeaux, ils avaient été tués ensemble sur le front.

Je me rendis compte combien que j'étais accoutumée à la mort. Dans l'univers où j'évoluais, elle touchait les jeunes gens beaucoup plus que les personnes âgées.

Après avoir déposé Akram chez elle, M. Mousavi me reconduisit à Evin en me promettant qu'il ferait de son mieux pour obtenir ma libération le plus vite possible.

À la fin du mois d'octobre, profitant d'un jour de visite, Sheida confia Kaveh à ses parents qui le ramenèrent avec eux. Il avait dix-neuf mois, et ce petit garçon énergique nous avait donné beaucoup de joie. Comme il ne savait pas prononcer mon nom, il m'appelait tante Manah. Quand Sheida revint de la visite sans son fils, on aurait dit qu'elle avait perdu son âme. Elle s'assit dans un coin et se balança d'avant en arrière pendant des heures. Elle finit par s'endormir d'épuisement.

Quelques jours plus tard, je confiai toutes les affaires de Taraneh à une amie qui arrivait au bout de sa peine de dix-huit mois afin qu'elle les rende à ses parents, ainsi que Taraneh me l'avait demandé. Je commençais à perdre espoir de sortir un jour de prison.

Le jour de Noël 1983, il neigeait. J'observais les flocons tourbillonner à travers les barreaux. Les vêtements accrochés dehors se couvrirent de neige en un clin d'œil. Quand notre heure de marcher dans la cour sonna, la plupart des filles se contentèrent de récupérer leur lessive et retournèrent immédiatement à l'intérieur à cause du froid. Il ne fallait pas compter sur nos tongs pour nous protéger. Je proposai à Bahar et à Sarah de leur ramener leurs vêtements. L'air était encore plus glacé que je ne l'avais imaginé, mais j'aimais sentir les flocons sur mon visage. La cour était déserte. J'ôtai mes chaussettes et mes tongs et demeurai immobile. Je me laissai envahir par la neige qui recouvrait mes pieds nus. C'était Noël. La naissance du Christ. Un jour de joie et de célébration, de chants, de bonne nourriture, de cadeaux. Je me demandai comment le monde pouvait continuer à tourner comme si de rien n'était, comme si tant de vies sacrifiées ne comptaient pas.

Au bout d'un moment, je sentis mes pieds me brûler. Un instant plus tard, ils étaient complètement engourdis. Je me revis attachée au poteau, le soir de mon exécution. Evin m'avait arrachée à mon chez-moi, à moi-même, et m'avait transportée au-delà de la peur ; la prison m'avait fait traverser la douleur au-delà de ce qu'un être humain était capable d'endurer. J'avais déjà fait l'expérience de la perte et du deuil. Ici, le deuil devenait un état permanent qui maintenait ses victimes la tête sous l'eau. Dans ces conditions, comment envisager une vie future ?

Le mieux était d'arrêter de réfléchir, les pensées n'apportaient que le désespoir. Je devais continuer de croire qu'un jour je rentrerais chez moi.

Trois mois plus tard, le 26 mars 1984 au matin, le haut-parleur émit un craquement suivi par l'appel de mon nom :

– Marina Moradi-Bakht, viens au bureau.

Je m'attendais à tout. Ils pouvaient décider de me laisser partir ou me convoquer devant un peloton d'exécution, ou peut-être s'agissait-il d'une visite de M. Mousavi.

– Marina, tu vas rentrer chez toi, je le sens, dit Bahar.

– On ne peut rien prédire ici.

– Marina, Bahar a raison. C'est le jour, renchérit Sheida.

Sarah m'embrassa en riant et en versant des larmes.

– Marina, dis à ma mère que je vais bien. Dis-lui que je reviendrai un jour.

– Vas-y, Marina, cours ! s'écrièrent les filles en me poussant dans le couloir.

Je passai les grilles et, avant de monter les marches qui menaient au bureau, je me retournai et vis les mains de mes amies s'agiter à travers les barreaux pour me dire au revoir. Dès que j'eus pénétré dans le bureau, sœur Zeinab appela la responsable de la chambre 6 par haut-parleur pour lui demander d'apporter mes affaires.

– Tu as gagné, proféra sœur Zeinab. Je n'aurais jamais cru qu'ils te laissent partir si vite.

– J'ai perdu beaucoup d'amis, j'ai perdu mon mari, j'ai perdu mon bébé, et vous pensez que j'ai gagné ?

Elle baissa les yeux.

Je rentrais chez moi. Enfin !

Le père d'Ali, sa mère, Akram et le bébé m'attendaient dans une petite pièce à la sortie. M. Mousavi me sourit.

– Ai-je tenu ma promesse ?

– Oui. Comment avez-vous fait ?

– J'ai parlé à l'imam. Ladjevardi s'était opposé à ton départ, mais j'ai réussi à convaincre l'imam qu'il était juste de te laisser partir.

Il fit une pause avant d'ajouter :

– Tu te souviendras de moi ?

– Oui. Et vous ? De quelle manière vous souviendrez-vous de moi ?

– Tu resteras pour moi une fille forte et courageuse, dit-il en essuyant ses larmes.

Il me demanda de lui téléphoner en cas de nécessité. Il garderait tout l'argent que me réservait Ali à la banque pendant une année au cas où je changerais d'avis. Il avait fait de son mieux, mais il m'expliqua que je ne pourrais pas quitter le pays avant quelques années ; c'était la règle pour tous ceux qu'on libérait d'Evin.

Je dis à M. Mousavi qu'Ali m'avait promis d'aider Sarah. Je lui suggérai de demander à Mohammad de veiller sur elle, et il me le promit.

– Si j'ai un conseil à te donner, poursuivit M. Mousavi, ne va pas rendre visite à toutes les familles de tes amies codétenues. Va juste en voir une ou deux, pas plus. Hamehd va t'avoir à l'œil, et si tu lui donnes la moindre raison de t'arrêter, il le fera. Si cela devait se produire, je ne pourrais peut-être pas t'aider. Reste chez toi. Évite d'attirer l'attention.

– Je resterai à la maison.

M. Mousavi proposa de m'accompagner à Luna Park où ma famille m'attendait, mais je lui dis que je préférais marcher et le remerciai de sa gentillesse. J'avais besoin de prendre l'air – et mon temps – pour me préparer aux retrouvailles avec mes parents.

Luna Park, situé à deux kilomètres au sud d'Evin, était un parc d'attractions. Le gouvernement s'en était approprié une partie qu'il utilisait comme base. Des navettes faisaient le trajet pour les visiteurs de la prison. Quand un prisonnier était libéré, sa famille devait venir l'attendre dans le parc.

Je sortis d'Evin. Pouvoir marcher, simplement, jusque chez moi m'apparut comme une étrangeté suprême. Je n'osais pas encore me réjouir. Une rafale chargée de pluie m'arriva en plein visage. J'ajustai mon tchador pour descendre les marches qui conduisaient jusqu'à la rue, calme et étroite. Je marquai une pause et levai les yeux au ciel pour observer la course des nuages dans le vent. Je m'émerveillai devant un petit coin de ciel bleu dont la pâleur se détachait sur les teintes grisonnantes des nuages. Je suivis la route des yeux ; une voiture blanche déboucha au coin de la rue. L'automobiliste s'arrêta pour me dévisager et continua son chemin. Mes chaussettes étaient trempées dans mes tongs, j'avais les pieds gelés.

Un garde armé était perché sur la tour de guet.

— Mon frère, quel est le chemin pour Luna Park ?

Il m'indiqua la direction. Il y avait des flaques d'eau partout. De temps en temps, je croisais un piéton. Quelqu'un passa à côté de moi, d'un pas rapide et assuré. Un parapluie tournoya, prenant soin de m'éviter. Au coin d'une rue, un vieillard en haillons se tenait contre un mur décrépi, mains jointes en prière devant son visage.

Je ne savais pas encore ce que je dirais à mes parents. En deux ans, j'avais subi la torture, frôlé la mort, je m'étais mariée, j'étais devenue veuve et j'avais perdu un enfant. Je me demandais comment je ferais pour trouver les mots et raconter. Et André… Je craignais qu'il ne m'aime plus, après tant de temps.

Je remarquai une fille devant moi. Elle portait un gros sac de plastique semblable au mien et elle était chaussée de tongs trop grandes d'au moins trois pointures. Elle s'arrêtait régulièrement pour regarder les montagnes derrière elle. Elle ne semblait pas faire attention à moi. Quand elle atteignit la route à traverser pour atteindre Luna Park, le feu était vert, mais elle ne s'engagea pas. Je fis halte quelques pas derrière elle. Elle laissa passer plusieurs feux verts sans bouger. Elle regardait les voitures s'arrêter au rouge et redémarrer.

– Pourquoi tu ne traverses pas ?

Elle se retourna, surprise, et me dévisagea sous la pluie. Je lui souris.

– Je sors également d'Evin. Nous pouvons traverser ensemble, lui proposai-je.

Elle me sourit timidement et nous traversâmes en nous tenant la main, la sienne était encore plus froide que la mienne.

À peine avions-nous atteint l'entrée de Luna Park qu'un garde révolutionnaire nous fit signe de nous arrêter. Il pestait contre la pluie. Il nous demanda nos noms, sortit une feuille mouillée de sa poche, vérifia sa liste et nous laissa passer. Nous avancions les yeux grands ouverts. À part quelques baraquements dans le fond, l'endroit ressemblait à un immense parking désert, protégé par des gardes révolutionnaires. Je ne voyais aucun visage familier, mais ma nouvelle compagne s'élança vers un homme et une femme en larmes qui venaient d'arriver. Quelques minutes plus tard, j'aperçus mes parents. Je courus me jeter dans leurs bras et ne pus m'en détacher. En marchant vers la voiture, ma mère commença à se battre avec son parapluie qui refusait de s'ouvrir.

– Maman, que fais-tu ?

– Ce stupide parapluie est coincé.

– Nous sommes presque à la voiture.

– Tu es trempée. Je ne veux pas que tu prennes froid.

Elle voulait me protéger de la pluie. Au cours de ces deux dernières années, elle n'avait rien pu faire pour moi. Elle avait dû se sentir impuissante, probablement encore plus que moi. Le parapluie finit par s'ouvrir et, bien que nous ayons pratiquement atteint notre but, je le lui pris.

Dégoulinante, je montai dans la voiture pour découvrir André au volant. Il se retourna et me sourit. Il ne m'avait pas oubliée. Il avait tenu sa promesse et m'avait attendue. Il m'aimait. Je me sentis heureuse, enfin. Il avait fallu que nous soyons séparés pour nous rendre compte combien nous tenions l'un à l'autre.

– Avec un temps pareil, pourquoi ne nous ont-ils pas laissés venir te chercher à la porte de la prison ? s'insurgea ma mère. Regarde comme tu es trempée, tu vas tomber malade ! Enlève tes chaussettes.

– Maman, ne t'en fais pas. Je vais bien. Je me changerai à la maison.

– Je t'ai fait de nouveaux vêtements. Ils t'attendent dans ton armoire.

Pendant mon séjour en prison, mes parents avaient déménagé. Ils habitaient la maison d'une amie, Zenia, qui vivait seule dans un grand pavillon comprenant cinq chambres à coucher et situé dans un beau quartier. Ils avaient trouvé un arrangement qui convenait aux deux parties : Zenia n'était plus isolée, et mes parents cessaient de payer un loyer exorbitant pour une petite surface. Le prix de l'immobilier avait considérablement augmenté après la révolution, affectant la classe moyenne. Les familles qui n'étaient pas propriétaires avaient du mal à payer le loyer.

– Comment s'est passé le déménagement ? demandai-je à ma mère.

– Bien. Nous avons dû vendre quelques affaires. Zenia a déjà beaucoup de meubles, et il n'y avait pas assez de place pour tout. André nous a gentiment aidés le jour du déménagement. Dieu merci, il a un pick-up. Je ne sais pas comment nous nous serions débrouillés sans lui.

– Tu as toujours le pick-up ?

– Oui.

Je m'étonnai qu'il ait toujours le même véhicule. Mon séjour à Evin avait beau m'avoir semblé une vie entière, après tout, je n'y étais restée que deux ans, deux mois et douze jours.

Chapitre 18

Dans ma nouvelle chambre, chez Zenia, les murs, comme les rideaux, étaient roses, ma couleur préférée. Une immense baie vitrée occupait presque tout un pan de mur avec vue sur le jardin. Je m'imaginais bien lire un livre ou des poèmes sur l'un des deux fauteuils placés devant la baie. Une petite coiffeuse sur laquelle étaient posées deux photos de moi complétait le mobilier. Sur la première photo, j'avais huit ans : appuyée contre l'Oldsmobile bleue rutilante de mon père, vêtue d'une robe d'été blanche, je fixais intensément l'objectif avec un sourire interrogateur. Je n'en revenais pas d'avoir été aussi jeune. Sur la seconde, j'avais treize ans : à bicyclette devant la maison de ma tante, en tee-shirt bleu et short blanc, je m'apprêtais à rejoindre Arash sur la plage. Les deux photos avaient été prises par mon frère.

Je n'avais plus mon lit d'enfant, mais un canapé-lit recouvert d'un tissu de tweed brun. Je passai ma main sur tous les meubles. Ils étaient réels, et pourtant j'avais l'impression d'être dans un rêve. Ma vie à Evin me hantait toujours ; je venais de pénétrer dans un monde, dans un endroit que je nommais ma maison et que j'avais tant voulu retrouver, mais qui me paraissait étranger et intangible.

Tout est vrai. Je suis chez moi. Je suis de retour. C'est fini. Le cauchemar est terminé. Quelle bonne idée d'avoir déménagé ! C'est un nouveau commencement. Je dois oublier le passé.

Je sortis mes affaires du sac en plastique. Je fus tentée de tout jeter à la poubelle, mais je savais que j'en serais incapable. Au sommet de la pile se trouvait mon foulard blanc de mariée ; mon alliance était enveloppée à l'intérieur. Je pris une grande inspiration pour le déplier et je revis l'image d'Ali dans mes bras luttant jusqu'au dernier souffle. J'aurais tant voulu que le monde soit simple et être capable de trancher entre le bien et le mal. Je remballai l'alliance et planquai le tout dans un coin au fond de mon armoire. Je me dirigeai ensuite vers la baie. La pluie avait cessé. Le soleil perçait derrière les nuages. Le jardin était caché par de hauts murs de briques. La piscine, vide, était entourée de buissons de roses en boutons. Quelqu'un frappa doucement à la porte.

– Entrez, fis-je sans me retourner, les yeux rivés sur le jardin.

C'était André. Il arriva dans mon dos et me prit par les épaules. Je sentis l'odeur de son eau de Cologne et la chaleur de son corps.

– Je m'étais préparé à l'idée de te voir revenir avec un bébé et je ne t'aurais pas moins aimée. Rien ne peut nous séparer.

Je ne bougeai pas. Il ne pouvait pas être au courant pour le bébé, et il avait pourtant prononcé la parole dont j'avais le plus besoin. Il avait dû entendre dire que les filles se faisaient violer en prison. Je retins mes larmes.

– Je ne suis pas enceinte.

– Tu as été torturée ?

– Oui. Tu veux savoir pourquoi je me suis convertie ?

Je voulais qu'il sache ce qui m'était arrivé, mais je ne savais pas comment le lui annoncer.

– Cela n'a pas une grande importance pour moi. Tu l'as fait parce que tu y étais contrainte, n'est-ce pas ?

– Oui.

– Je t'aime.

– Je t'aime aussi, lui dis-je en me retournant.

C'était la première fois que nous nous déclarions ouvertement notre amour.

Il me prit dans ses bras et ses lèvres se posèrent sur les miennes. À cet instant, Evin se transforma en un vague souvenir qui ne me retenait plus captive.

Ce soir-là, nous étions tous réunis autour de la table. Ma mère avait préparé un ragoût de bœuf au céleri accompagné de riz. Au début, le silence n'était troublé que par le bruit des couverts et les quintes de toux.

– Dieu merci, il a plu aujourd'hui. Il faisait trop sec. Le gazon était triste, il est bien mieux maintenant, intervint Zenia, de sa voix chaleureuse et musicale.

Blonde aux cheveux courts avec des yeux foncés, elle devait mesurer environ un mètre cinquante pour cinquante kilos.

– Plus il pleut, plus les roses sont belles, ajouta Houshang Khan, un ami de la famille de Zenia qui dînait avec nous.

Sisi, l'un des chats de Zenia, s'était glissé sous la table et se frottait à ma jambe. Je plongeai ma main dessous pour lui gratter la tête et il lâcha prise.

Mon père ne levait presque pas les yeux de son assiette, sauf de temps en temps pour poser brièvement son regard sur moi. J'essayais de lire l'expression de son visage. Chaque fois qu'il m'avait rendu visite en prison, il avait semblé dévasté, mais maintenant que tout était revenu dans l'ordre, il était aussi impassible que d'habitude. Il était certainement plus facile pour tout le monde de se conduire comme si rien ne s'était passé. Je m'interrogeai sur ce silence, me demandant s'ils me protégeaient ou si c'était eux qu'ils protégeaient.

La mère d'Ali avait cuisiné le même plat le soir de l'assassinat de son fils. Je ne pouvais pas parler d'Ali à ma famille, pas plus que de mon mariage et de sa mort. Je me sentais étrangère, un peu comme une invitée dont on ne faisait pas grand cas. La visite terminée, j'étais censée dire poliment au revoir et rentrer chez moi. Chez moi : chez les Mousavi ou à Evin ?

Cette nuit-là, je ne parvins pas à trouver le sommeil. J'observais les ombres sur les murs de cette nouvelle maison. Ali m'avait sauvé deux fois la vie le soir de son assassinat. La première en me poussant ; la seconde en faisant promettre à son père de me faire rentrer chez moi. Si M. Mousavi ne m'avait pas aidée, j'aurais passé le reste de ma vie en prison ou, pire, Hamehd m'aurait mariée à l'un de ses amis et je n'aurais eu comme issue que le suicide.

Quand il était revenu du front, Ali m'avait menacée d'arrêter mes parents et André si je refusais de l'épouser. Je l'avais cru. À présent, j'en doutais. Ce n'était peut-être qu'une menace. Si c'était le cas, j'aurais pu l'éconduire sans faire courir de risque aux autres. Que se serait-il passé si j'avais dit non ?

Allongée sur mon lit, à l'abri des quatre murs, comme il me paraissait plus facile d'être courageuse !

Le lendemain, je me mis à la recherche de mes livres – la plupart étaient des cadeaux d'Albert, le vieux libraire – et de la boîte dorée qui contenait l'histoire de ma grand-mère. Je ne retrouvai rien. J'allai questionner ma mère, assise au salon, une cigarette à la bouche.

– Maman, je ne retrouve pas mes livres. Où sont-ils ?

Elle secoua la tête et me regarda comme si c'était la requête la plus sotte qu'elle ait jamais entendue.

– Tes livres ? Tu n'as donc pas appris la leçon ? Tes livres étaient aussi dangereux que des grenades dégoupillées. Tu imagines dans quel état de terreur nous étions quand tu t'es fait arrêter ? J'ai détruit tous les livres que les gardes n'avaient pas emportés. Cela m'a pris des jours, mais je m'en suis débarrassée.

Comme elle ne pouvait pas les brûler parce que nous n'avions ni cheminée ni jardin, elle en avait déchiré les pages qui, mélangées avec de l'eau dans une essoreuse, avaient fini par former une pâte qu'elle avait incorporée aux ordures.

Je m'écroulai dans un fauteuil en pensant à ces merveilleux mots qui avaient fini en purée.

Des livres à l'eau, des mots noyés, réduits au silence.

C'étaient les livres la série des *Narnia* que je regrettais le plus, car Albert me les avait dédicacés.

– Il y avait une boîte dorée sous mon lit. Qu'est-elle devenue ?

– Les écrits de ta grand-mère ? Réfléchis, Marina ! Si les gardes étaient revenus et les avaient trouvés ?

Des pages entières écrites en russe ! Qu'auraient-ils pensé ? Il nous aurait fallu des années pour leur prouver que nous n'étions pas communistes.

Je n'accusais pas ma mère, elle avait réagi par peur. C'était l'œuvre de la révolution islamique.

Le malheur était une chose étrange qui pouvait prendre une variété de formes, et je me demandai si quelqu'un avait réussi à toutes les identifier et à les répertorier.

À l'occasion de mon dix-neuvième anniversaire, ma mère invita quelques amis et des membres de la famille. Avant l'arrivée des invités, je fis l'inventaire des vêtements dans mon armoire : du noir, du bleu marine, du marron, le tout à manches longues. C'était déprimant. Je n'avais pas quatre-vingts ans. J'avais envie d'une robe décolletée de couleur vive ; je désirais l'enfiler, me regarder dans le miroir et retrouver la jeune fille que j'étais autrefois. Je voulais la porter et reprendre ma vie là où je l'avais laissée.

J'allai trouver ma mère pour la remercier des vêtements qu'elle m'avait faits, lui dire qu'ils me plaisaient, mais que j'avais envie d'une robe gaie pour mon anniversaire. Je lui demandai la permission d'emprunter une de ses vieilles robes de cocktail. Elle en avait une rose, avec un bustier, que j'adorais. Elle serait probablement un peu grande, mais je pourrais l'ajuster. J'avais appris à coudre à Evin. Elle accepta. Après une demi-heure de couture, la robe m'allait comme un gant. Je glissai mes pieds dans une paire de chaussures à talons. J'avais l'intention de me réconcilier avec la vie.

Les invités me souriaient, m'embrassaient et me disaient que j'étais superbe. J'étais heureuse de les voir, mais je sentais une distance. J'étais la fille revenue d'une longue absence face à ceux dont la vie s'était poursuivie normalement. Des blancs ponctuaient nos conversations.

– Marina, tu es ravissante. Comment vas-tu ? demandait quelqu'un.

– Très bien, merci, répondais-je.

S'ensuivait un sourire forcé pour tenter de masquer une gêne évidente.

– Oh, ces pâtisseries sont délicieuses. C'est ta mère qui les a faites ?

Ce n'était pas leur faute. Tout le monde était gentil et poli, mais restait sur sa réserve. Personne ne voulait savoir. Père Nicolas nous avait rejoints pour jouer des chansons folkloriques russes à l'accordéon, et mes parents l'accompagnaient. Cela me faisait plaisir d'être entourée de visages souriants, familiers, d'amis et de la famille, au rythme de mélodies qui avaient bercé mon enfance. Ali ne s'était pas trompé quand il avait évoqué le retour de prison. Chez moi ; cela ne voulait plus dire la même chose, car je n'étais plus la même. L'innocence tranquille de mon enfance et le confort d'autrefois avaient disparu à jamais.

Après le dîner, ma marraine, Siran, s'assit près de moi. C'était quelqu'un de sage et j'aimais entendre son avis. Elle était élégamment habillée d'un chemisier crème et d'une jupe marron bien coupée.

– Comment vas-tu ?

– Comme neuve.

– Heureuse d'entendre que tu n'as pas perdu ta langue. Tu peux être fière de toi. La plupart des gens qui sortent d'Evin se cloîtrent dans leur chambre et ne parlent plus à personne. Tu as hérité de la force de ta grand-mère.

On joua une valse et des danseurs se mirent à tour-noyer autour de nous.

– Pourquoi personne ne me pose de questions sur ces deux années ?

– La réponse est simple : nous avons peur de demander parce que nous avons peur de savoir. Je crois que ce sont des réflexes de défense naturels. Peut-être que si nous n'en parlons pas, si nous faisons comme si ça n'existait pas, c'est pour tenter d'oublier et d'effacer la honte.

J'avais espéré que mon retour simplifie les choses. Il n'en était rien. Je détestais le mutisme que je provo-quais autour de moi. Je voulais me sentir aimée. Comment l'amour pouvait-il se frayer un passage dans le non-dit ? Le silence et l'obscurité étaient semblables : le noir était l'absence de lumière, et le silence l'absence de voix et de sons. Comment me diriger au milieu de tout cela ?

Après mon anniversaire, je décidai de me remettre à mes études et de passer mon baccalauréat. Il fallait que je reprenne ma vie en main. Je pouvais étudier à la maison et passer les examens. André terminait ses études et venait m'aider tous les jours pour les maths et la physique. Il me racontait ses cours, me parlait de ses professeurs, de ses amis, et parfois m'emmenait dîner chez des amis ou à des fêtes d'anniversaire. Ce fut notre période « flirt ».

À cette époque, les gardes révolutionnaires tenaient les points stratégiques de la ville. Ils arrêtaient les véhicules à différentes heures de la journée, plus parti-culièrement le soir, et contrôlaient les gens au hasard. Un homme et une femme sans lien de mariage ou d'engagement seuls dans une voiture étaient considérés comme criminels. Pour ne pas enfreindre la loi, et même si nous n'avions pas encore officialisé notre relation, André demanda aux prêtres d'écrire une lettre stipulant que nous étions engagés. Il la conservait dans sa voiture en cas d'arrestation et d'interrogatoire.

J'étudiais environ dix heures par jour, dans ma chambre ou en faisant le tour de la piscine un livre à la main. J'occupais sans doute tout mon temps et mon esprit aux mathématiques et à la science pour éviter de penser au passé. Mon père travaillait du matin au soir, à raison de six jours par semaine. Il était toujours employé chez oncle Partef. Ma mère passait ses journées dans la cuisine, devant sa machine à coudre ou à faire la queue chez l'épicier. J'évitais de me trouver sur son chemin.

Un beau jour, alors que je me trouvais dans le jardin avec André, il approcha sa chaise de la mienne et me prit par les épaules. Des moineaux volaient autour de nous, et le parfum des roses rouges, roses et blanches embaumait l'air.

– Quand nous marions-nous ? demanda-t-il.

À Evin, Mohammad m'avait prévenue que je n'avais pas le droit d'épouser un chrétien. Conformément à la loi islamique, une musulmane ne peut pas se marier avec un chrétien, mais un musulman a le droit d'épouser une chrétienne. Le gouvernement ne tiendrait pas compte du fait que j'avais été forcée à me convertir à l'islam ni du contexte exceptionnel de ma situation. Selon la tradition musulmane, si je confessais avoir renoncé à l'islam pour retourner au christianisme, je mériterais la mort.

— Tu sais que si nous nous marions et qu'ils le découvrent, je serai condamnée à mort et peut-être toi aussi.

Le vent fit tourner les pages du livre de maths posé sur la table.

— Tu te souviens de notre première rencontre ? Au bureau de la paroisse ? J'ai eu le coup de foudre. Ce jour-là, j'ai acquis la certitude que tu m'étais destinée. Et j'ai tout de suite su que je voulais prendre soin de toi. Quand ils t'ont emmenée, j'ai toujours cru que tu reviendrais. Nous sommes faits l'un pour l'autre. C'était écrit.

Je caressai ses doux cheveux blonds, son visage, et l'embrassai.

— Il ne s'est pas écoulé un jour à Evin sans que je veuille te retrouver. Même si je savais que cela pourrait ne jamais arriver, j'ai gardé espoir.

À cette occasion, André me révéla qu'une semaine avant ma libération, le 19 mars, ma famille avait reçu un appel de la prison, tôt dans la matinée, pour annoncer qu'on me laisserait sortir ce jour-là. Il s'était précipité avec mes parents à Evin, ils avaient attendu toute la journée et s'étaient fait renvoyer sans aucune explication. Je fus choquée de l'apprendre de sa bouche ; personne ne m'en avait informée avant. Ce retard était-il le résultat d'une lutte acharnée entre Ladjevardi et M. Mousavi ? Si tel était le cas, cela signifiait que M. Mousavi s'était vraiment battu, et j'étais certaine qu'il n'aurait jamais remporté la victoire sans le soutien de l'ayatollah Khomeiny.

— Nous nous sommes fait un sang d'encre. Nous ne savions pas ce qui les avait fait changer d'avis, et les gardes ne voulaient rien nous dire. Puis ils ont rappelé le 26 mars et nous nous sommes précipités à nouveau.

À l'entrée, ils nous ont dit d'aller attendre à Luna Park. J'ai garé ma voiture à proximité, et tes parents ont marché jusqu'au parc. J'attendais au volant. Je me réjouissais, mais comme rien n'était sûr, j'essayais de calmer mes espoirs. Quelques minutes plus tard, un civil barbu est venu me dire : *Salam aleikoum*. Je l'ai salué en retour. J'ai cru qu'il voulait un renseignement, mais il s'est penché à ma vitre pour me dire : « N'oubliez pas que vous n'avez pas le droit d'épouser Marina. » Je lui ai demandé qui il était et comment il me connaissait, mais il m'a répondu que cela n'avait pas d'importance. Il a répété : « Je vous préviens, elle est musulmane et vous êtes chrétien, vous ne pouvez pas vous marier. » Et il est parti.

Après cet étrange entretien, André s'était senti encore plus inquiet. Il était sous le choc. Même s'il savait que les gardes connaissaient notre relation, puisqu'il m'avait retrouvée à l'église le jour où j'avais obtenu de m'y rendre, et avait compris que les autorités m'auraient à l'œil, sa peur s'était muée en colère. Le fait qu'il épouse la femme qu'il avait choisie était une affaire personnelle qui ne regardait que lui. Il m'aimait et c'était tout ce qui comptait.

– Marina, je comprends la situation. Je prends un risque en t'épousant. Pourtant, c'est bien mon intention. Nous ne céderons pas. Nous ne faisons rien de mal. Nous sommes amoureux, et nous voulons nous marier. Jusqu'où faudra-t-il les laisser aller ? Nous devons rester fermes dans notre décision.

Il avait raison.

Je devinai que le barbu devait être Mohammad. Je savais parfaitement que ce mariage pouvait sonner mon arrêt de mort, mais, ironiquement, je devais risquer ma vie pour me la réapproprier. À Evin, j'avais frôlé la mort et Ali m'avait sauvée. Pourtant, il ne m'avait pas rendu ma vie ; il l'avait gardée pour lui. J'avais payé de ma vie pour rester vivante. Je devais me battre pour la récupérer.

Quand j'annonçai ma décision à mes parents, ils me crurent folle. La plupart des prêtres se prononcèrent contre notre mariage. Pourtant, nous fixâmes la date au 18 juillet 1985, un an et demi après ma libération. Famille et amis essayèrent à plusieurs reprises de nous en dissuader. En dernier recours, mes parents demandèrent l'aide de Houshang Khan, un homme sage et bon pour qui j'avais le plus grand respect. Quand il vint frapper un soir à la porte de ma chambre, il me trouva sur mon canapé en train de lire. Il entra, referma la porte derrière lui et prit place dans un fauteuil. Après s'être penché en avant, il posa les coudes sur ses genoux et planta ses yeux dans les miens.

– Ne le fais pas.

– Quoi ?

– N'épouse pas André. Je sais que vous vous aimez, mais les temps sont troublés. Tu le paieras de ta vie. Donnez-vous du temps. Les choses peuvent évoluer. Cela ne vaut pas le coup de mourir.

Ses mots firent exploser la rage que j'avais trop longtemps contenue.

– Vous n'avez aucun droit de me dire qui je dois épouser ou pas ! Ni vous, ni mes parents, et certainement pas le gouvernement ! Je ferai ce que je veux ! Je ferai ce qui est juste ! Assez de compromis !

Je n'avais jamais haussé le ton de cette façon. Je n'avais jamais été impolie envers une personne âgée. Je savais que je m'étais mal comportée. Houshang Khan devint livide. Quand il quitta ma chambre, j'éclatai en sanglots. Je ne laisserais pas le gouvernement diriger ma vie. Ils m'avaient emprisonnée, torturée physiquement et psychologiquement. Ils m'avaient obligée à me convertir et à épouser un homme que je ne connaissais pas. J'avais assisté à la souffrance et à la mort de mes amis. Tout ce qui m'importait maintenant, c'était de vivre en accord avec moi-même. Je voulais leur montrer qu'en dépit de ma conversion forcée j'épouserais l'homme que j'aimais, même si je risquais à nouveau la prison et mettais ma vie en danger. Cette fois, je n'accepterais aucun compromis. Ils ne m'avaient pas détruite et ils n'y parviendraient jamais.

Le jour où je partis faire des courses avec André en vue des préparatifs du mariage, je tentai de lui raconter mon histoire avec Ali. Je savais qu'il comprendrait. Nous regardions les vitrines des joailliers. Il avait le droit de savoir, et j'avais envie de le lui dire. Une alliance en or qui avait l'air de deux anneaux entrelacés attira mon regard. Je demandai à la voir. Elle nous plut. De retour à la voiture, nous trouvâmes une amende sur le pare-brise. André m'avoua que c'était la première fois et cela nous fit rire.

Sur le chemin du retour, je réfléchissais à la façon de commencer. Il fallait raconter depuis le début, à partir du jour de mon arrivée à Evin. Cela impliquait que je revisite chaque seconde, chaque chose qui s'était passée. C'était au-dessus de mes forces. Je ne me voyais pas remonter le temps et revivre ça.

Cet été-là, mes parents se rendirent dans leur maison de vacances. Je les accompagnai avec André. Elle était aussi belle et paisible que dans mon souvenir, mais la joie de mon enfance avait disparu. Le lendemain matin, alors que tout le monde était encore endormi, je partis pour mon rocher aux prières. En apparence, rien n'avait changé : les arbres, les rayons du soleil dans les feuilles, la rosée sur mes chaussures et le bas de mon pantalon. Je m'allongeai sur le rocher pour sentir sa surface humide et rugueuse et revis le jour où j'étais venue prier avec Arash. Tant de choses avaient changé depuis. Je sortis ma première alliance de ma poche, m'agenouillai au pied du rocher et entrepris de détacher une pierre, mais elle ne bougea pas. J'essayai encore, mais les pierres étaient comme cimentées les unes aux autres. J'en avais mal aux doigts. Je courus à la maison, toujours endormie et silencieuse, mis à part les ronflements de mon père. J'entrai dans la cuisine sur la pointe des pieds, pris un couteau et retournai au rocher. Cette fois, je réussis à enlever trois pierres. Je déposai l'alliance dans la cavité et remis les pierres par-dessus. J'imaginai cette bague au milieu de milliers de prières.

Après notre retour à Téhéran, ma mère me fit un aveu dans la cuisine alors qu'elle faisait la vaisselle en me tournant le dos : lorsque mon père avait appris que j'étais devenue musulmane, il avait cessé de me considérer comme sa fille. Cela ne me surprit pas, mais j'en fus blessée. J'aurais aimé trouver chez moi réconfort et protection. Or les portes s'étaient refermées. La distance qui me séparait d'eux ne cessait de grandir. Ma mère s'essuya les mains et sortit de la cuisine. Même si je lui confiais mes secrets, je n'obtiendrais jamais ce que j'attendais d'elle ; j'avais besoin de sa compréhension. Sa vision du monde, et de ce qui était essentiel, différait de la mienne. Pourtant, je devais me garder de dire qu'elle avait tort et que j'avais raison.

Nous étions différentes, et c'était à moi de cesser d'espérer qu'elle se rallie à mes opinions. Je devais l'accepter telle qu'elle était, car je voulais qu'elle se comporte de la même façon envers moi. Je n'arrivais pas à comprendre ce qui l'avait poussée à me révéler ce que mon père pensait de ma conversion. Mon père ne m'en avait pas touché un mot, mais j'imaginai qu'elle trouvait juste que je connaisse ses véritables sentiments à mon égard.

Le jour de mon mariage, ma mère m'aida à me maquiller. C'était l'une de mes tantes qui avait confectionné ma robe. Je ne pus retenir mes larmes en la sortant de l'armoire. J'avais de la peine à croire que j'avais vécu assez longtemps pour vivre ce jour. À travers la baie, j'admirai les roses du jardin en adressant une prière à chacune de mes amies. Elles me manquaient toutes.

J'arrangeai ma robe sur le fauteuil pour ne pas la froisser tout en songeant à mon mariage avec Ali et combien j'étais terrifiée ce jour-là. Aujourd'hui, c'était différent ; c'était mon Jour.

Je me demandai si j'aurais des enfants avec André. L'idée d'une nouvelle grossesse m'effrayait. Je repensai aux moments que j'avais passés avec mon bébé dans mon rêve. Je revis ses yeux rieurs, ses balbutiements, sa petite main accrochée à mes cheveux et sa bouche tétant avidement.

André était parti tôt pour acheter des fruits frais et des rafraîchissements pour l'église. Il y aurait un apéritif d'honneur avec des gâteaux dans le hall de la paroisse après la cérémonie et la messe. Nous avions décidé que j'enfilerais ma robe de mariée à l'église et que je m'y rendrais tôt afin de ne pas attirer l'attention.

Mon père me conduisit à l'autel à travers l'église pleine de monde, et je me sentis plus heureuse que je ne l'avais jamais été. De grandes corbeilles de fleurs regorgeaient de glaïeuls blancs au pied de la nef, des visages me souriaient.

Nous prîmes des photos à l'intérieur et à l'extérieur. Nous parlâmes avec les invités en dégustant les gâteaux. Et il fut bientôt l'heure de rentrer chez nous. André louait un petit appartement depuis la mort de son père et le départ de sa tante, rentrée en Hongrie. Il se trouvait dans un gratte-ciel sur les collines de Jordan, dans le nord de Téhéran, avec vue sur les monts Elbourz et l'autoroute. J'enfilai mon manteau et mon foulard par-dessus ma robe de mariée avant de quitter l'église. Nous nous dirigeâmes vers la Fiat bleu marine d'André. Nous étions heureux et anxieux, nous espérions que tout irait bien. Il le fallait ; nous avions décidé de vivre notre vie.

Peu de temps après notre mariage, André trouva un emploi à la centrale électrique de Téhéran. Deux mois plus tard, nous louions un appartement en colocation avec mes parents pour partager les frais. La guerre entre l'Iran et l'Irak qui avait éclaté cinq ans auparavant empirait. Depuis le début des hostilités en septembre 1980, elle avait à peu près épargné Téhéran. La distance qui nous séparait de l'Irak était une protection. Les noms de rues des quartiers résidentiels se transformaient en nom de jeunes morts au front. Avant mon emprisonnement, j'avais déjà remarqué ces changements, mais ils étaient discrets ; depuis ma libération, je me rendais compte du nombre croissant de rues portant le nom de victimes de guerre.

Peu avant notre mariage, des attaques aériennes avaient commencé à fondre sur Téhéran et d'autres grandes villes. Le premier bombardement nous prit par surprise, tôt un matin ; un missile avait pulvérisé un quartier résidentiel situé à moins de trois kilomètres de chez ma tante Zenia. Nous fûmes réveillés par une grosse explosion. Même si je ne compris pas tout de suite quelle en était l'origine, je sus que quelque chose de grave s'était produit. À partir de ce jour, les sirènes se déclenchèrent quotidiennement plusieurs fois par jour et au milieu de la nuit. Bien que personne n'eût réellement d'abris où se cacher car le gouvernement ne s'était jamais vraiment préoccupé d'en construire, les gens se protégeaient essentiellement en restant loin des fenêtres. À chaque attaque, les bris de vitres faisaient beaucoup de blessés et de morts.

La mort faisait partie du quotidien. Ceux qui pouvaient quitter la capitale pour se rendre dans de petites villes ou des villages le faisaient, mais la plupart n'avaient pas le choix. Pourtant, à l'instar d'une rivière qui trouve toujours son cours en creusant son lit dans les canyons, la vie réussit à se frayer un chemin vers la « normalité », luttant obstinément contre la peur. Les adultes allaient travailler et envoyaient leurs enfants à l'école, mais les embrassaient plus longuement avant de les quitter. Les bombardements avaient détruit des écoles et tué des centaines d'écoliers derrière leur pupitre ou dans les cours de récréation. Sur le front, Saddam Hussein était passé aux armes chimiques comme le sarin et le gaz moutarde.

Lorsque nous nous rendions à l'église ou chez des amis, il n'était pas rare de voir un grand trou à la place d'une maison encore debout la veille. Parfois, il ne restait qu'un escalier qui menait au vide ou un mur recouvert de papier peint à fleurs.

Deux années s'étaient écoulées depuis ma libération quand, un mercredi matin, alors que je m'apprêtais à partir faire des courses, mon porte-monnaie à la main, le téléphone sonna.

— Puis-je parler à Marina ? demanda une voix inconnue.

— C'est moi.

— Marina, j'appelle depuis Evin.

La terre s'arrêta de tourner. Je posai mon porte-monnaie par terre et pris appui contre le mur.

— Nous vous prions de venir à Evin samedi prochain pour répondre à quelques questions. Rendez-vous à l'entrée principale à neuf heures du matin et ne soyez pas en retard.

— Quelles questions ?

— Vous verrez bien. N'oubliez pas, neuf heures samedi matin.

Je ne pouvais plus bouger. Je ne parvins même pas à reposer le combiné. Ainsi, depuis Evin, ma vie n'était qu'un rêve. Il était temps de me réveiller et de retourner à la dure réalité. Ils n'avaient pas convoqué André. Je finis par raccrocher et retournai dans notre chambre. Il n'y avait personne à la maison. Je rassemblai mes esprits pour réfléchir à ce qui allait se passer. J'essayai de me convaincre que ce n'était qu'une visite de routine. En vain. Harassée de fatigue, je m'allongeai sur le lit et m'endormis. La voix de ma mère me réveilla ; elle me secouait l'épaule.

— Pourquoi dors-tu avec ton manteau et ton foulard ?

J'étais sonnée, puis le coup de téléphone me revint en mémoire et je lui rapportai la conversation.

– Comment ?

Elle avait vraiment l'air de n'avoir pas compris ce que je lui racontais. Je recommençai ; elle blêmit.

Je ne réussissais qu'à dormir. Je m'empêchais de penser à Evin. Penser ne me mènerait à rien. Parfois, quand je me réveillais pour aller à la salle de bains ou boire un verre d'eau, je trouvais André assis près de moi, les yeux fixant le vide, le visage pâle et le corps inerte. Il savait qu'il ne pouvait rien faire, il devait me laisser y aller. La maison était plongée dans un silence angoissant.

Le samedi matin, je dis au revoir à André, brièvement, sans le regarder dans les yeux. Je ne voulus pas d'étreinte, car je savais que je n'arriverais plus à le quitter. Nous avions fait un choix dont je connaissais les conséquences, et il fallait nous y tenir. Mon père me conduisit jusqu'à l'entrée principale de la prison. Je n'avais pas voulu faire courir de risque à André. Mon père était silencieux. Je le priai de repartir aussitôt et le regardai disparaître à l'angle de la rue. Je me demandai s'ils allaient me torturer. Pourquoi feraient-ils une chose pareille ? En tant que musulmane convertie au christianisme et mariée à un chrétien, je méritais la mort. Ils ne chercheraient pas à me soutirer des informations, j'étais là pour la peine capitale. « Je mourrai dignement », pensai-je, et c'est au moment où je m'entendis prononcer cette phrase que je compris que l'essentiel était de rester fidèle à soi-même. Je n'avais pas de doute non plus quant au fait que Taraneh était morte dignement, quoi qu'on lui ait fait.

Après avoir ajusté mon tchador, je m'avançai vers un garde posté devant la porte. Je me présentai. Il prit mon nom et entra dans la prison. Il revint quelques minutes plus tard et me demanda de le suivre. Les lourdes portes de métal se refermèrent sur moi. Nous pénétrâmes dans une petite pièce. Il prit un téléphone et composa un numéro.

– Elle est ici.

Ce furent ses seules paroles.

C'était peut-être le dernier jour de ma vie, Hamehd allait probablement venir m'accueillir. Je me fis la promesse de garder la tête haute. La porte s'ouvrit et Mohammad entra. J'en fus soulagée.

– Marina, ça fait plaisir de te revoir. Comment vas-tu ?

– Très bien. Merci. Et vous ?

– Grâce à Dieu, je vais bien. Suis-moi.

Je lui emboîtai le pas. Il ne me demanda pas de me bander les yeux. Il y avait des fleurs partout, ce qui semblait incongru à Evin. Il me conduisit dans une pièce avec un bureau et cinq ou six chaises. Un portrait de Khomeiny était accroché au mur.

– Assieds-toi, je te prie. Raconte-moi ce que tu fais depuis que tu es sortie d'ici.

– Pas grand-chose. J'ai repris mes études et passé mon baccalauréat.

– C'est très bien. Et quoi d'autre ?

– Rien de spécial.

Il sourit et hocha la tête.

– Tu t'es mise dans de beaux draps à nouveau ! Et tu sais de quoi je veux parler, mais tu as beaucoup de chance d'avoir des amis ici. Hamehd avait des projets pour toi, mais nous l'avons empêché de les mettre à exécution.

– Que voulez-vous dire ?

– Quand il a su pour ton second mariage, il a essayé d'obtenir ta condamnation à mort auprès du tribunal de la révolution islamique. Tu savais à quoi tu t'exposais, n'est-ce pas ?

– Oui.

– Et tu l'as quand même fait ?

– Oui.

– Tu appelles ça du courage ou de la bêtise ?

– Ni l'un ni l'autre. J'ai fait ce que je croyais juste.

– Cette fois-ci, tu as eu de la chance. Les intégristes comme Hamehd ont perdu de leur pouvoir à Evin. Je crois que l'assassinat d'Ali a permis de se rendre compte qu'ils étaient allés trop loin. Ali m'avait chargé de te surveiller s'il lui arrivait malheur, et bien que je sois opposé à ton mariage, j'honore son souhait. Mais je ne le ferai pas une seconde fois. Je t'ai fait venir ici pour te mettre en garde. La prochaine fois, tu réfléchiras à deux fois.

– J'apprécie votre geste.

– Les Mousavi ont demandé de tes nouvelles. Je les ai prévenus de ta visite. Ils sont venus te voir.

La porte s'ouvrit et la famille Mousavi entra. J'étais heureuse de les voir. Le petit Ali avait grandi ; il était adorable. Il me jeta un regard suspicieux. Akram m'étreignit.

– Je suis content de te voir en forme, Marina. Tout va pour le mieux ? demanda M. Mousavi.

– Oui, merci.

– Tu t'es remariée. Es-tu heureuse ?

– Oui, monsieur.

– Tu es très obstinée. Tu aurais pu t'attirer de graves ennuis sans notre soutien.

– Je sais, monsieur, et je vous en remercie.

– Je n'ai pas touché à ton argent. Si tu le veux, il est à toi.

– Non merci, ça va.

– Voici ta tante Marina, Ali. Va lui faire un bisou, dit Akram à son jeune fils.

Il s'avança lentement vers moi.

– Viens Ali. Tu es un grand garçon maintenant !

Il vint plus près, me donna un baiser sur la joue et courut vers sa mère.

Mme Mousavi pleurait et je la pris dans mes bras. Ma vie aurait été totalement différente si Ali n'était pas mort. Ils seraient restés ma famille comme ils l'avaient été pendant quinze mois. Je n'avais jamais souhaité de mal à Ali. Je me sentais coupable de ne l'avoir ni aimé ni haï, mais c'était fini, et je n'y pouvais rien. Mes sentiments à son égard avaient toujours été partagés entre colère, frustration, peur et incertitude.

Je repartis d'Evin par l'autoroute et hélai un taxi. J'en avais réchappé, comme si la mort me repoussait, me protégeait. Et je n'en comprenais pas la raison. Le monde bougeait et miroitait devant moi et je me demandais pourquoi j'avais survécu quand d'autres avaient succombé. Sarah n'avait pas obtenu sa libération. Je n'avais pas eu la présence d'esprit d'en parler à M. Mousavi ; aurait-il pu faire quelque chose pour elle ?

De retour chez moi, passé le portail, je me retrouvai dans les bras d'André qui me serra en tremblant.

– Dieu merci, Dieu merci ! Tu vas bien ? Je ne peux pas croire qu'ils t'aient laissée. Que s'est-il passé ?

Je lui racontai que j'avais subi un interrogatoire de routine comme tous ceux qui avaient fait de la prison à Evin.

– Ils t'ont demandé si tu t'étais mariée ?

Je mentis :

– Non, ils l'ignorent. Ou alors ils le savent et ferment les yeux.

– Tu crois qu'ils ne nous embêteront plus ?

– Je ne sais pas, mais ils devraient nous laisser tranquilles pendant un moment. D'un autre côté, ils sont tellement imprévisibles. Difficile de savoir ce qu'ils feront demain.

Je savais que si les intégristes comme Hamehd regagnaient du terrain à Evin, ma situation basculerait à nouveau.

La guerre me terrifiait, non seulement à cause des attaques aériennes, mais aussi parce que, dans quelques mois, André partirait faire son service militaire. Or nous entendîmes parler d'un projet gouvernemental qui dispensait les diplômés de l'enseignement supérieur d'effectuer leur service militaire en échange de trois années d'enseignement en université dans des villes reculées. Cela constitua notre seul espoir. André qui venait d'obtenir sa maîtrise pouvait peut-être échapper au front. Il postula et fut accepté.

Nous devions déménager à Zahedan, une ville du Sud-Ouest près des frontières pakistanaise et afghane. Il serait professeur à l'université du Sistan et du Baluchistan et devait s'y rendre un mois avant le début des cours pour régler sa situation administrative et s'installer. Nous y allâmes ensemble, car je n'avais jamais visité cette partie de l'Iran. J'étais également curieuse de découvrir ma future maison.

Le vol Téhéran-Zahedan durait une heure et demie. Je collai ma tête au hublot et découvris une terre désertique. Je remarquai un point vert dans le lointain qui grossissait au fur et à mesure de la descente de l'avion. Des bâtiments en briques d'argile surgissaient du sable comme des champignons, cherchant l'ombre des très rares arbres.

Après l'atterrissage, un taxi nous conduisit vers le centre-ville. Le soleil, en l'absence du filtre de la pollution et de l'humidité, était d'une intensité difficile à supporter. À ma grande surprise, la route de l'aéroport était en très bon état. Une fois à Zahedan, je découvris une multitude de petits magasins le long de rues étroites. Sur les trottoirs, de nombreux passants déambulaient en vêtements traditionnels. Les hommes portaient de longues chemises sur de larges pantalons flottants ; les femmes, des robes brodées jusqu'aux chevilles et des foulards dénoués. Un chameau mâchonnait tranquillement au bord de la route en regardant la circulation d'un air placide. Je n'en avais jamais vu de près. En approchant des quartiers plus récents et prospères, je vis de grandes maisons construites dans des matériaux nobles. Plus au nord, les immeubles redevinrent petits, avec des façades en briques de terre. À la limite de la ville, j'aperçus des collines rocheuses qui avaient l'air de grottes. Le chauffeur expliqua qu'elles avaient été creusées par les personnes qui les habitaient. Je vis une bande de jeunes garçons courir pieds nus après un vieux ballon en plastique en riant. Pour répondre à la question du chauffeur, André expliqua la raison de notre venue à Zahedan.

— C'est le shah qui a fait construire l'université, précisa le chauffeur. C'est une très bonne chose pour nous. Maintenant, les gens éduqués comme vous arrivent de Téhéran et d'autres grandes villes pour enseigner aux enfants d'ici et aux autres venus de loin.

En mars 1987, nous chargeâmes la voiture avec toutes nos affaires avant de nous embarquer sur la route de Zahedan pour un voyage de mille six cents kilomètres. Au bout de deux heures, notre petite Renault 5 jaune me parut seule au monde, cernée par le sable au milieu de ce paysage uniforme et sur cette route rectiligne. Quand nous faisions des haltes pour nous dégourdir les jambes, je me rendais compte à quel point le désert était calme sans le ronronnement constant du moteur. Au bord de la mer, même par temps calme, on entend toujours le murmure des vagues. En forêt, même quand les animaux ne font plus de bruit, il y a toujours le bruissement des feuilles dans les arbres. Dans le désert, le silence est absolu. Au coucher du soleil, je vis la boule rouge disparaître à l'horizon et la fraîcheur de la nuit remplacer la chaleur de la terre et du vent. Une fois la nuit tombée, j'admirai les myriades d'étoiles qui scintillaient. Sur ce bout de terre si reculé, il n'y avait ni reflet ni écho, tout semblait hors du temps.

Le logement que nous allions occuper se trouvait sur le campus de l'université. Les maisons n'étaient pas luxueuses, mais solides, propres et confortables. Nous avions tout le nécessaire, mis à part l'eau, non potable car trop chargée en minéraux. Nous devions donc nous rendre à l'usine de purification deux à trois fois par semaine pour remplir nos conteneurs. Elle se trouvait à dix minutes de chez nous.

André était très pris par son travail. Il enseignait, préparait ses cours, corrigeait les copies. La solitude et le silence du désert m'aidaient à faire le vide sur mon passé. J'accomplissais chaque jour des tâches ordinaires comme nettoyer la maison, cuisiner et, quand j'avais terminé, je recommençais. J'écoutais rarement la radio, je ne regardais pas la télévision et ne lisais pas. Je n'avais plus de livres, et bizarrement cela ne me manquait pas. J'étais épuisée, un peu comme une marathonienne qui aurait couru des heures, aurait franchi la ligne d'arrivée et se serait écroulée. Mon cerveau faisait ce qu'il avait à faire et je me concentrais sur mon travail : lessive, ménage, cuisine, tout était toujours prêt à temps.

André avait de merveilleux collègues d'université que nous retrouvions de temps en temps avec leur famille. Ils étaient très gentils avec nous. Ils ne connaissaient rien de mon passé, et je pouvais avoir des conversations légères comme discuter cuisine ou décoration.

La guerre ne touchait pas Zahedan qui était assez éloignée de la frontière avec l'Irak, mais les attaques sévissaient toujours sur Téhéran et quelques autres villes. Je téléphonais chaque jour à ma mère pour prendre de leurs nouvelles. J'avais beau apprécier dormir sans être réveillée par des explosions susceptibles de me réduire en pièces, je me sentais comme une traîtresse. Je suppliai mes parents de venir quelque temps à Zahedan, mais mon père refusa en raison de son travail. Je le priai de laisser venir au moins ma mère, mais il dit qu'il n'y avait pas de quoi s'inquiéter. Selon lui, Téhéran était une ville suffisamment grande, les risques de recevoir un missile semblaient faibles. Ma mère me téléphona pourtant un matin.

– Maman, tu vas bien ?

– Ça va. J'habite chez Marie pour quelques jours. Je suis plus en sécurité ici.

Marie habitait un appartement en hauteur dans une copropriété à proximité de chez mes parents. Cela n'avait aucun sens.

– Maman, qu'est-ce que tu racontes ? Tu seras plus en sécurité ici, à Zahedan. À Téhéran, rien n'est sûr où que tu sois.

– Crois-moi. Je suis mieux ici.

– Maman, dis-moi ce qui se passe ou je saute dans le premier avion !

– Notre rue a été bombardée hier matin.

Mes parents vivaient dans une ruelle ; je ne voyais pas comment ma mère avait pu en réchapper si une bombe avait explosé dans leur rue.

– Où est-elle tombée exactement ?

– Sur la première maison à l'angle.

À quatre maisons de chez eux, et elle n'était pas blessée ?

– Ils n'ont plus de maison. Il ne reste qu'un grand trou noir. Je ne connaissais pas ces gens. Des gens calmes, ils avaient notre âge. Le mari était au travail. Sa femme et leur petit-fils ont été tués. Deux automobilistes qui passaient à ce moment-là aussi. Quelques voisins ont été légèrement blessés, mais pas beaucoup, la plupart étaient au travail ou sortis faire des courses.

J'essayai de me figurer la scène que ma mère était en train de me décrire, mais je n'y parvins pas.

– Le mari est rentré ; il n'avait plus de famille, poursuivit ma mère. Il ne reste qu'un trou. Quelques minutes avant l'explosion, les sirènes ont donné l'alerte. J'étais au téléphone avec ta tante Negar qui m'a dit : « Voilà l'alerte, raccroche et file te mettre à l'abri. » Je me suis glissée entre le frigo et le placard.

Et c'est arrivé. Une énorme détonation. J'ai pensé que j'avais explosé. Ensuite, il y a eu un silence de mort, j'ai cru que j'étais sourde. Je suis sortie. Il y avait du verre partout. Et même de la poussière de verre. Il y avait aussi des morceaux entiers plantés dans les murs comme des flèches. La maison a résisté, mais elle était sens dessus dessous. J'ai retrouvé des bouts de la porte de ton placard dans la cour.

Quand la guerre cessa enfin, en août 1988, j'étais enceinte de quatre mois. Le gouvernement iranien avait accepté la résolution du conseil de sécurité de l'ONU ; un cessez-le-feu fut proclamé entre l'Iran et l'Irak. Il n'y avait pas de vainqueur. Plus d'un million de personnes avaient été tuées.

Entre le milieu et la fin des années 1980, l'organisation des Moudjahidine-e Khalgh avait rassemblé sept mille de ses membres en Irak pour combattre aux côtés de l'armée de Saddam Hussein et affaiblir le gouvernement iranien. Je n'arrivais pas à comprendre comment les Moudjahidine avaient pu se rallier à un homme qui avait massacré autant d'Iraniens. Peu après le cessez-le-feu, les Moudjahidine basés en Irak attaquèrent la province de Kermanshah, située dans l'ouest de l'Iran. Ils croyaient pouvoir rassembler assez de forces pour renverser le régime islamique, mais les gardes révolutionnaires les contrèrent facilement et remportèrent la victoire, faisant de nombreux morts. Les survivants se replièrent en Irak. Après cet événement, des centaines de prisonniers d'Evin, accusés de sympathiser avec les Moudjahidine, furent exécutés.

J'eus de terribles nausées pendant les trois premiers mois de ma grossesse. Je vomissais souvent. À partir du quatrième mois, je me portai mieux. Je commençai à sentir le bébé remuer dans mon ventre et cela m'émouvait aux larmes ; je n'avais pas imaginé que je l'aimerais autant. Je voulais donner un bébé en bonne santé à André.

Ma mère me proposa de venir m'aider à la naissance. Le berceau du bébé était prêt, et ses petites affaires l'attendaient soigneusement pliées dans le placard.

À la fin du huitième mois, je me rendis à l'hôpital pour une échographie. Zahedan était une petite ville, et mon gynécologue qui se trouvait là assista à mon échographie. Comme la tête du bébé était trop grosse, le docteur diagnostiqua une hydrocéphalie, anomalie sévère résultant de l'augmentation de la quantité de liquide dans le crâne du fœtus. L'échographe, cependant, pensait que la grosseur du crâne ne signifiait pas nécessairement que le bébé fût hydrocéphale. Il fallait d'autres facteurs. Étendue sur le lit, j'écoutais les deux médecins argumenter à propos de mon bébé.

– Nous devrions juste perforer le crâne et sortir le bébé par voie normale, rien ne justifie une césarienne.

André et moi n'y tenions plus. J'avais peur et j'étais en colère. Je n'avais pas l'intention de perdre mon enfant, pas cette fois. Je voulais rentrer à Téhéran pour prendre un second avis, mais c'était trop tard, la compagnie ne m'accepterait pas sur le vol. Et ce serait trop dangereux de faire le trajet en voiture, je ne pouvais pas risquer d'accoucher dans le désert.

Un collègue d'André avait un ami qui travaillait pour la compagnie aérienne. Il réussit à nous acheter des billets. Nous partirions bientôt pour Téhéran où j'irais voir la gynécologue d'une de mes cousines.

J'allai directement de l'aéroport à l'hôpital. Après une nouvelle échographie, le docteur m'annonça que le bébé allait bien – il avait juste une grosse tête. Cependant, il ne voulut pas prendre de risque et recommanda une césarienne. Rendez-vous fut pris pour le 31 décembre 1988. Je n'étais pas complètement rassurée, craignant qu'il ne se trompe. Je tenais désespérément à ce que mon bébé aille à terme, j'avais besoin de le nourrir et de l'entendre pleurer. J'avais besoin que cette vie en gestation soit en sécurité dans mon ventre. Je voulais qu'il naisse et qu'il vive.

Notre fils, Michael, naquit le 31 décembre 1988. Quand j'ouvris les yeux après mon opération, je sentis une douleur insupportable, j'avais la nausée, les lèvres sèches et un goût amer dans la bouche. André me dit que le bébé se portait bien. Je le pris dans mes bras et repensai à la tristesse de Sheida au moment de la séparation d'avec son fils. Je comprenais maintenant ce qu'elle avait dû ressentir.

L'ayatollah Khomeiny est mort le 3 juin 1989. Il souffrait d'un cancer et venait de subir une opération. Le peuple savait que sa mort était imminente. J'étais assise sur mon lit à Zahedan en train d'allaiter Michael qui avait cinq mois quand j'appris la nouvelle à la radio. Le présentateur pleurait. Je revis deux ans d'Evin en flash-back. La révolution était censée sonner le glas d'Evin, mais elle avait perpétré et renforcé les horreurs commises en silence derrière les murs de la prison. Khomeiny était responsable de la mort de Gita, de Taraneh, de Sirus, de Leila, de Mina et de milliers d'autres. Pourtant, sa mort ne me réjouit pas. Dans un sens, j'avais pitié de lui. À quoi cela pouvait-il servir de juger un homme mort ? J'étais certaine que, à l'instar d'Ali, il n'était pas seulement mauvais. J'avais entendu dire qu'il était sensible à la poésie et qu'il était lui-même poète. Il avait changé la face du monde, mais personne ne pouvait encore mesurer l'effet de son action sur l'Histoire. On ne le découvrirait qu'avec le recul et une analyse détaillée de sa politique et de ses conséquences dans le temps. Je priai pour le repos des âmes de ses victimes afin que les familles endeuillées puissent trouver la force et le courage de continuer, et pour que l'Iran devienne un pays meilleur.

Michael s'était endormi. C'était un merveilleux bébé. Il ignorait qu'un homme du nom de Khomeiny avait changé la vie de ses parents, et je me demandai en quoi la mort de celui-ci allait nous affecter et quelles séquelles elle laisserait dans le pays. De nombreuses personnes pensaient que le gouvernement islamique ne lui survivrait pas, qu'une lutte de pouvoir entre les différentes factions mettrait fin au régime.

Le jour des funérailles de Khomeiny, une journée particulièrement chaude, une marée humaine de neuf millions de personnes, toutes vêtues de noir, se déversa dans les rues de Téhéran pour converger vers la grand-route conduisant au cimetière de Behesht-eh Zahra. Je vis le cortège à la télévision. Je n'avais jamais vu une foule si dense. Les gens pleuraient, gémissaient et se frappaient la poitrine à la manière des Chiites avec leurs martyrs. La seule chose que j'avais en tête, c'étaient les vies sacrifiées d'inno-cents, les jeunes gens emprisonnés à Evin, victimes de la révolution. Or le convoi funéraire n'avait pas l'air de s'en préoccuper. Khomeiny était leur imam, leur chef, leur héros, l'homme qui avait osé défier l'Occident. Je tentai de comprendre pourquoi son peuple l'avait tant aimé, comment la haine si puissante de l'Occident pouvait justifier la mort et l'emprisonnement de tant d'enfants. J'en conclus que cette adoration n'avait rien à voir avec l'amour, mais ressemblait à une admiration craintive et pleine de terreur envers un homme issu d'une famille pauvre à travers lequel ils avaient trouvé la force de se redresser ; une autorité pour s'opposer à un monde qui les avait trop longtemps persécutés.

La foule entourait le camion des obsèques qui transportait son corps, chacun voulant un morceau de son linceul ou juste apercevoir son cercueil. Le véhicule funéraire était englouti par une masse noire que les forces de sécurité essayaient d'éloigner à coups de lances d'incendie, en vain. Le moteur d'un hélicoptère vint assourdir, dans un nuage de brume, de poussière et de chaleur, les hurlements et les gémissements, et l'engin atterrit devant le camion. Pendant le transfert du cercueil jusqu'à l'hélicoptère, la foule s'en empara et il fut endommagé. Des dizaines de mains surgirent pour déchirer des bouts de linceul, et à un moment on aperçut même une jambe de Khomeiny. Son corps fut finalement transporté à bord de l'hélicoptère, qui dut s'y reprendre à plusieurs fois avant de décoller à cause de la foule.

Quelques heures plus tard, un nouvel essai fut tenté avec des hélicoptères militaires. Ils approchèrent du site et se posèrent. On sortit d'un cercueil en métal le corps de Khomeiny recouvert du linceul avant de le déposer sur le sol, selon la tradition Chiites, et l'on procéda à l'inhumation au milieu des quelques autres milliers de martyrs.

Les mois passèrent, et le régime islamique survécut à la mort de Khomeiny. L'ayatollah Ali Khamenei prit sa place de guide suprême de l'Iran. Il avait été président pendant deux mandats. Le règne de la terreur continua. Le nombre d'arrestations diminua ; non pas qu'il y eût plus de liberté, mais le peuple connaissait désormais le prix à payer pour critiquer le régime. Ceux qui osaient encore s'exprimer étaient rapidement réduits au silence. Les femmes connurent une succession de « durcissements » et de « relâchements ». Tous les deux mois, les gardes révolutionnaires resserraient l'étau en n'autorisant aucun maquillage et en inspectant les hijabs non conformes. S'ensuivait une période où le rouge à lèvres et quelques mèches dépassant du foulard étaient tolérés.

André et moi étions conscients du danger qu'il y avait à rester en Iran, mais nous n'avions pas trouvé le moyen de fuir. À ma libération, on m'avait dit que je ne pourrais pas quitter le pays avant trois ans. Et ce délai dépassé n'induisait pas la levée automatique de la restriction. Il fallait que je fasse ma demande de passeport. Le bureau de délivrance des passeports me remettrait une lettre à l'attention d'Evin afin que la prison me délivre une autorisation de quitter le territoire. Quant à André, il ne pouvait pas partir avant d'avoir terminé ses trois ans d'enseignement à Zahedan. Ma situation était plus compliquée que la sienne, mais tant que je n'avais pas essayé, rien n'était joué.

Je fis une demande de passeport qui, comme je m'y attendais, me fut refusée. Je présentai la lettre que l'on m'avait remise au bureau des passeports à Evin. À la prison, on me dit que je pourrais quitter l'Iran contre une caution de cinq cent mille tomans, soit l'équivalent de trois mille cinq cents dollars américains, comme garantie de mon retour. Si je revenais dans l'année, la somme me serait rendue ; sinon, elle serait reversée au gouvernement. À cette époque, André recevait un salaire mensuel de sept mille tomans, soit environ soixante dollars. Ce n'était pas suffisant.

Je demandai à mon père de nous prêter de l'argent. Nous les avions aidés, lui et ma mère, en payant la moitié de leur loyer après avoir quitté Téhéran pour Zahedan. Mon père avait vendu la maison de vacances et disposait sur son compte en banque du double de ce dont j'avais besoin.

— Papa, je te demande juste de nous prêter cet argent. Je ne t'en ai jamais demandé avant. Dès que nous aurons trouvé un pays libre qui nous accepte et un travail, nous te rembourserons.

— Tu crois que c'est facile à l'étranger ? La vie est dure. Comment sais-tu que vous allez réussir ?

— Je le sais, parce que nous sommes travailleurs et que Dieu est grand. Il nous viendra en aide.

Cela le fit rire.

— Permets-moi de te raconter une petite histoire. Deux pêcheurs s'embarquent en mer sur un petit bateau. L'eau est calme au moment de quitter la côte, mais le temps change une fois en pleine mer. Ils sont pris dans une tempête. « Que faisons-nous maintenant ? », demande l'un d'eux alors que le bateau tangue dangereusement. « Nous allons prier Dieu pour qu'il nous aide parce qu'Il est grand et puissant. Il peut nous sortir de là », répond l'autre. « Dieu a beau être grand, cher ami, ce bateau est tout petit », dit le premier pêcheur. Et ils sombrent tous les deux.

Je n'en crus pas mes oreilles. Bien qu'il ignorât ce que j'avais vécu en prison, il savait que j'avais été prisonnière politique et que je n'avais aucun avenir en Iran. J'étais condamnée à vivre dans la crainte et je n'avais pas le droit de suivre des études universitaires à cause de mon passé politique. J'avais besoin de sa contribution, il avait les moyens de m'aider et il me la refusait.

— Tu tiens plus à l'argent qu'à ta fille ! Je t'ai dit que je te rembourserais et je le ferai. Je ne te le demanderais pas si je pouvais faire autrement.

— Non, dit-il.

Je dus admettre la triste vérité concernant mon père : il ne ferait jamais aucun sacrifice pour moi. J'ignorais pourquoi il réagissait ainsi. Toute ma vie, j'avais ressenti une distance entre nous sans me l'avouer ouvertement, pensant qu'il avait du mal à exprimer ses sentiments. Je ne me souvenais pas qu'il ait jamais manifesté de l'amour ou de l'affection à qui que ce soit, pas même à mon frère ou à ma mère. J'avais observé du coin de l'œil les marques d'affection paternelle chez les autres ; des pères aimants qui le montraient, des pères capables de grands sacrifices pour leurs enfants. J'avais occulté le fait que le mien était différent ; j'avais toujours fait semblant de croire qu'il était gentil, généreux, et affectueux.

Je songeai à M. Mousavi. Je savais qu'il me suffisait de décrocher le téléphone et de l'appeler. Je ne doutais pas qu'il me donne l'argent qu'Ali m'avait légué. Cependant, je m'abstins de le lui demander ; je tenais à tirer un trait sur cette partie de ma vie. J'aurais souhaité que ma famille se comportât avec moi comme l'avait fait celle d'Ali, mais je savais que mon vœu ne se réaliserait pas.

Le père d'André avait travaillé dans une fabrique de meubles à la fin de sa vie. Avec l'aide du propriétaire de l'usine, il avait, en partenariat avec d'autres ouvriers, investi dans l'achat d'un terrain afin d'y construire une petite copropriété. À son décès, le chantier n'avait pas encore démarré, et pourtant André avait continué de faire des versements. Un jour, nous reçûmes un appel d'une femme qui travaillait à l'usine pour nous informer du début des travaux. Nous répondîmes que nous avions l'intention de quitter le pays, mais que nous avions des soucis financiers. Elle proposa de racheter notre part avec cinq cent mille tomans de plus-value. C'était exactement ce dont nous avions besoin.

André reçut son passeport dès la fin des trois ans effectués à Zahedan. Je me rendis à Evin et leur remis la caution en échange de mon passeport. Nous avions entendu parler d'une agence de réfugiés catholiques à Madrid et optâmes pour l'Espagne. Nous achetâmes nos billets d'avion, vendîmes ce que nous possédions – c'est-à-dire pas grand-chose – et convertîmes notre argent en dollars. Pourtant, notre départ n'était pas garanti. À l'aéroport, il n'était pas rare que les gardes révolutionnaires empêchent les gens de partir, malgré leurs passeports valides. Nous ne nous sentirions libres que lorsque l'avion aurait franchi la frontière iranienne.

Nous devions prendre le premier vol du matin, le vendredi 26 octobre 1990. Mes parents nous accompagnèrent à l'aéroport de Téhéran la veille à minuit. Michael, qui avait maintenant vingt-deux mois, geignait et pleurnichait pendant que j'essayais de lui enfiler ses vêtements, puis il s'endormit dans mes bras dès que la voiture se mit à rouler. La ville était déserte.

Je regardais le paysage défiler : les rues étroites de Davoudieh, le quartier résidentiel que nous habitions depuis notre retour de Zahedan, et les larges avenues du centre-ville avec leurs magasins. J'avais des souvenirs à chaque coin de rue. Ma vie en Iran m'avait façonnée. J'y laissais des pans de mon cœur et de mon âme. C'était la terre où reposaient ceux que j'aimais – et je devais la quitter. L'Iran ne nous offrait aucun avenir, tout juste un passé. Je voulais que mes enfants connaissent un jour la maison que j'avais habitée, la rue qui conduisait à mon école, le parc dans lequel j'avais joué et l'église qui m'avait apporté la foi et la paix. Je voulais qu'ils voient la mer Caspienne, le pont reliant les deux rives du port et les rizières au pied des montagnes. Je désirais qu'ils connaissent le désert ; sa sagesse et sa solitude. Pourtant, je savais que cela ne se produirait probablement pas. C'était un départ sans retour.

Une fois passé la place Azadi, devenue une porte de la ville, et ses grands monuments blancs, symboles de Téhéran construits sous le règne du shah, je sus que c'était un au revoir définitif. Je jetai un dernier coup d'œil aux sommets enneigés des monts Elbourz, difficilement visibles de nuit.

À l'aéroport, mon père gara la voiture et nous marchâmes en silence jusqu'au terminal. Nous étions très en avance, en prévision des longues files aux contrôles de sécurité. Les gardes révolutionnaires ouvrirent chacun de nos bagages et les fouillèrent de fond en comble. La loi interdisait d'emporter des antiquités, des bijoux en grande quantité ou de grosses sommes d'argent. Tout se passa calmement. Je saluai mes parents de la main. Tout le monde pleurait.

L'avion Swiss Air décolla dans l'air froid et l'obscurité du petit matin. Nous ne tardâmes pas à passer la frontière ; les femmes ôtèrent leur hijab et se maquillèrent. J'écoutais le ronronnement lancinant du moteur, les yeux fermés. Je me demandai si le paradis avait un bureau des objets perdus ; j'avais laissé beaucoup de choses derrière moi, dont la boîte à bijoux argent que ma grand-mère, avec son sens pratique inné, utilisait pour le sucre et qu'elle gardait sur la table de la cuisine. Elle la tenait de son mari. Je ne pouvais pas m'empêcher de penser que, chaque fois qu'elle sucrait son thé, cela lui rappelait tout ce qu'ils avaient vécu. Il y avait aussi la flûte d'Arash, le collier qu'il n'avait jamais eu l'occasion de m'offrir et ma première alliance. Peut-être qu'ils n'étaient pas perdus et qu'un jour je les retrouverais sous la mousse et les pierres de mon rocher aux prières, dans l'étrange forêt où vivaient les anges.

Épilogue

Le 28 août 1991, après avoir passé huit jours à Madrid et dix mois à Budapest dans l'attente de papiers administratifs, nous embarquâmes sur Swiss Air pour l'aéroport de Zurich, étape transitoire avant Toronto. J'avais appris quelques rudiments d'anglais à Michael et lui avais parlé d'un merveilleux pays, appelé le Canada, où les hivers enneigés seraient l'occasion de faire de gros bonshommes de neige, où les étés tempérés permettraient de nager dans des lacs bleus. Il restait agrippé à moi, les yeux grands ouverts, dans l'excitation du départ. Des étudiants canadiens patientaient dans la queue pour le transit. Je les enviais, me demandant ce que ça faisait d'être canadien.

— J'ai hâte d'arriver à Toronto, dit l'un d'eux.

— Moi aussi, renchérit un autre. C'était super ici, mais rien de tel que de rentrer chez soi.

À entendre ces adolescents aux sourires insouciants, je fus convaincue que nous nous plairions au Canada. Nous y ferions notre nid et nous vivrions libres en toute sécurité, nous y élèverions nos enfants et les regarderions grandir. Nous en ferions notre chez-nous.

Postface

Zahra Kazemi est morte à Evin le 11 juillet 2003.

Le 23 juin 2003, la photojournaliste irano-canadienne avait été interpellée alors qu'elle photographiait une manifestation étudiante devant Evin. Très vite, la nouvelle de son état critique s'est répandue : elle était dans le coma.

Quelques jours après sa mort, une commission d'enquête a été mise en place à la demande du président iranien, Mohammad-eh Khatami. Le fils de Mme Kazemi et des hauts fonctionnaires du ministère des Affaires étrangères canadien ont demandé le rapatriement du corps au Canada. Le gouvernement a admis qu'elle avait été battue à mort, mais, résistant à la pression internationale, il a fait inhumer son corps en Iran. Aucun médecin indépendant n'a été autorisé à pratiquer une autopsie. Les autorités iraniennes ont arrêté quelques agents des renseignements, soupçonnés d'être responsables de la mort de Zahra, mais les ont aussitôt relâchés.

Un interrogateur des services secrets iraniens du nom de Mohammad Reza Aghdam Ahmadi a été désigné comme meurtrier présumé et jugé, puis acquitté. Selon les avocats de la famille Kazemi, dont Shirin Ebadi, Prix Nobel de la paix, Aghdam Ahmadi a servi de bouc émissaire.

Le 31 mars 2005, le Dr Shahram Azam, médecin urgentiste de l'hôpital Baghiattulah de Téhéran, a rendu publiques les déclarations qu'il avait faites un an plus tôt à un haut fonctionnaire du ministère des Affaires étrangères canadien en Suède : Zahra avait été sauvagement violée, lacérée et frappée ; elle avait deux doigts et le nez cassés, trois ongles arrachés, une fracture du crâne, un orteil écrasé et les pieds flagellés.

Je ne connaissais pas Zahra Kazemi.

Au milieu du mois de juillet 2003, vers huit heures du matin, j'ouvris ma porte d'entrée pour prendre le journal. C'était une magnifique journée : le soleil brillait, mes roses et mes clématites étaient en fleurs ; je décidai de lire mon journal dehors. Je le sortis de son plastique bleu, le dépliai et tombai sur la photo d'une belle femme souriante au regard intense. Curieuse, je me précipitai sur l'article. Chaque mot était comme le nœud d'une corde qui m'enserrait la gorge.

J'avais commencé à raconter mon histoire en janvier 2002 et je venais de terminer mon troisième brouillon ; mes souvenirs à Evin étaient donc très présents dans ma mémoire. Je savais que le cauchemar d'Evin se perpétrait toujours derrière les hauts murs de cette prison. La photo de Zahra avec son merveilleux sourire raviva une douleur chez moi. Elle était morte comme Mina. La photo de mon amie n'avait jamais fait la une d'un journal. Le monde s'intéressait au cas de Zahra parce qu'elle était canadienne. S'il avait ouvert les yeux plus tôt, s'il s'en était inquiété, Zahra ne serait pas morte. Et combien d'innocentes auraient été épargnées ! Or le monde était resté silencieux en partie parce que des témoins tels que moi avaient eu peur de s'exprimer. Il était temps que cela cesse. Je ne laisserais pas la peur me bâillonner plus longtemps.

Le 31 mars 2005, Michelle Shepard, amie et reporter au *Toronto Star* en charge du Moyen-Orient, du terrorisme et des questions de sécurité, m'appela dans la matinée. Je fus très heureuse d'entendre sa voix, mais elle me prévint qu'elle avait une très mauvaise nouvelle à m'annoncer.

— Tu devrais t'asseoir pour écouter ce que j'ai à te dire.

C'est ce que je fis. Et elle me parla du rapport du Dr Shahram Azam sur Zahra. Si seulement j'avais pu la sauver. Si j'avais pu mourir avec elle. Ma mort n'aurait cependant servi à personne. J'avais une histoire à raconter. Zahra avait donné un nom et un visage aux prisonnières politiques d'Iran ; à mon tour de leur donner des mots.

Remerciements

Franchement, je ne sais pas par où commencer ni comment ; je devrais peut-être inventer des mots, parce que « Je remercie » et « Je suis reconnaissante » non seulement semblent ordinaires et inappropriés, mais me donnent l'impression de commettre une traîtrise.

André, l'homme de ma vie : je pense sincèrement que tu es l'être le plus honnête et le plus fidèle que Dieu ait jamais créé. Ta bonté défie les lois de la nature. Tu as cru en moi et m'as donné la force et l'espoir de survivre. Je sais combien il t'a été difficile d'accepter que je laisse parler mon cœur en écrivant ce livre ; pourtant, tu m'as toujours soutenue. Merci pour ton amour indéfectible, ta confiance et ton pardon.

Michael et Thomas : merci d'être là, de m'avoir permis d'être mère, merci de ce cadeau plein d'amour. Avec vous, je suis entière. Merci de partager votre énergie et votre émerveillement avec moi, et merci pour votre patience pendant les heures passées à écrire.

Beverly Slopen, mon incroyable agente qui fait des miracles : tu es venue à ma rescousse, tu as permis à ce livre d'exister et tu l'as rendu accessible au monde.

Tes conseils avisés m'ont guidée dans les difficultés. Je ne pourrai jamais exprimer la profondeur de ma gratitude.

Mes merveilleux éditeurs : Diane Turbide et David Davidar (Penguin Canada), Eleanor Birne et Roland Philipps (John Murray Publishers/UK), Liz Stein et Martha Levin (Free Press/US). Merci pour votre formidable soutien, vos commentaires fondés et vos questions. Convaincus que je devais raconter mon histoire, vous m'avez guidée avec sagesse.

Jim Gifford : apparu miraculeusement dans ma vie, tu m'as encouragée, puis tu es devenu mon professeur et mon ami. Grâce à toi, mon manuscrit s'est finalement transformé en livre. Je te suis reconnaissante à vie.

Michelle Shepard : tu m'as permis de prendre du recul et de regarder en face mon histoire, écrite avec tes mots. Tu m'as fait creuser plus profondément dans ma mémoire et me souvenir de détails impossibles à retenir, m'aidant à affronter ce qu'inconsciemment je voulais éviter. Tu occupes une place particulière dans mon cœur.

Rachel Manley : inutile que j'essaie d'expliquer ce que tu représentes pour moi, j'échouerais. Tu es mon mentor, mais plus encore, tu t'es comportée comme une mère, une sœur et une meilleure amie. Merci de ton soutien et pour les plus incroyables et les plus beaux articles reçus à propos de ce livre. Tu es une grande écrivaine, poétesse, professeure, et un vrai esprit libre.

Scott Simmie : nous en connaissons un rayon sur la perte, la lutte et le chagrin. Et nous avons trouvé liberté, bonheur et réconfort dans l'écriture, ainsi que dans les parfums inattendus des roses et des jonquilles qui donnent chaleur et vie à la solitude profonde que la mort laisse dans son sillage.

Joan Clark : tu dois être un ange, je ne peux pas expliquer ta gentillesse autrement. Ta minutie pour les détails est phénoménale. Tu m'as aidée à reconstituer le puzzle de ma mémoire fragmentée, me permettant de faire un bond en avant avec mon histoire. Ton amitié est une précieuse bénédiction.

Steven Beattie : quand je perdais pied, tu rebondissais pour me redonner espoir. Merci d'avoir cru en ce travail et en ma capacité de le mener au bout. Merci pour tes corrections et ton soutien inestimable.

Olive Kayama : merci de m'avoir posé les bonnes questions et de m'avoir encouragée.

Chers père Nicola, père Antoniazzi et père F. : vous connaître est un cadeau. Merci de vous être souvenus, d'avoir partagé et de m'avoir inspirée avec vos mots. Un remerciement spécial au père Nicola pour son invitation à Bethléem et pour sa traduction de l'article de Michelle Shepard en italien.

Lee Gowan : tu m'as appris presque tout ce que je sais de l'écriture. Je rêverais d'écrire comme toi. Tu m'as remonté le moral quand je perdais espoir d'arriver au bout de l'histoire. Tu m'as ouvert des portes. Merci de ta gentillesse sans limites et de ton altruisme.

Gillian Bartlett : tu m'as aidée à prendre confiance en mon écriture. Je n'ai jamais rencontré quelqu'un d'aussi gentil, énergique, généreux et sage que toi. Ton amour de la vie se communique à tous ceux qui t'approchent et fait de ce monde un endroit meilleur et plus heureux.

Karina Dahlin, Kim Echlin, Kent Nussey et tous mes amis et instructeurs de la School of Continuing

Studies à l'université de Toronto : sans votre aide et votre soutien, ce livre n'aurait pas vu le jour. Aussi passionnés que moi face au pouvoir de la littérature, vous partagez l'idée que la parole est un pas vers la guérison de notre monde en proie à la violence.

Martha Batiz Zuk et Sonia Worotynec : merci pour votre amitié, votre confiance en mon travail, pour tous vos retours constructifs qui m'ont éclairée quand j'hésitais sur la direction à prendre. Et merci pour tous vos e-mails qui m'ont permis de garder un lien avec le monde pendant que je travaillais à mon manuscrit. Votre aide m'a été précieuse. Martha, tu m'as réconfortée quand j'allais mal, et si je devais me choisir une sœur, tu serais en tête de liste.

Les femmes du club de lecture : Romana Dolcetti, Keran Eckert, Neva Lorenzo, Flavia Silano, Joanne Thomson, et Dorothée Whelan. Nous avons partagé nos lectures pendant quatorze ans, et quel parcours ! Vous m'avez accueillie dans votre cercle quand je n'étais qu'une étrangère ; vous m'avez traitée comme l'une des vôtres, comme une cousine retrouvée ; vous m'avez ouvert votre cœur, avez partagé vos conseils de mère et vos meilleures recettes. Vous avez lu la première mouture de mon manuscrit et m'avez grandement encouragée.

Mary Lynn Vanderwielen : merci de m'avoir reconnue comme écrivaine et pour le travail d'édition méticuleux sur la première mouture de mon manuscrit.

Lynn Tobin : merci beaucoup d'avoir agi comme une sœur. Je chéris notre amitié.

Un grand merci à mon boss, à mes collègues et aux habitués du Swiss Chalet pour leur soutien, leur gentillesse et leur compréhension.

Et Zahra Kazemi. Votre mort brutale est la confir-mation que l'histoire des prisonnières politiques en Iran doit être racontée ; vous nous avez donné un nom et un visage, et maintenant, grâce à vous, le monde a pris connaissance des horreurs perpétrées à Evin. Paix à votre âme.

Je dédie ce livre à toutes mes *hambands*.

Je me souviens de vous toutes. Vous me manquez toutes. Je vous aime toutes.

Pardonnez mon trop long silence et beaucoup d'autres fautes encore.

Faites de nouvelles découvertes sur
www.pocket.fr

- Des 1ers chapitres à télécharger
- Les dernières parutions
- Toute l'actualité des auteurs
- Des jeux-concours

POCKET

Il y a toujours
un **Pocket** à découvrir

Imprimé en France par

à La Flèche (Sarthe)
en février 2010

POCKET – 12, avenue d'Italie - 75627 Paris cedex 13

N° d'impression : 56482
Dépôt légal : avril 2009
Suite du premier tirage : février 2010
S18570/04

Imprimé en France par

à La Flèche (Sarthe)
en février 2010

POCKET – 12, avenue d'Italie - 75627 Paris cedex 13

N° d'impression : 56482
Dépôt légal : avril 2009
Suite du premier tirage : février 2010
S18570/04